吉永匡史 著

律令国家の軍事構造

同成社 古代史選書 20

目次

律令国家の軍事構造

序章　本書の視角と構成

一　問題の所在

国家はその成立にあたり、自らが形作ろうとする秩序と相反する他の秩序が、その支配領域内部に存在することを許さない。そして国家はいったん成立すると、その過程で構築した秩序を、自らが保持する権力を行使することで維持し、かつ自らが展開（発展）するのに障害となるあらゆる要素を排除することに努める。そもそも国家、そして社会は、個々の主体の間におけるコミュニケーション——これはいわゆる「対話」だけでなく、個人（およびその集合体）が他者（他の集合体）と何らかの「はたらきかけ」を相互に行うことによって生じる諸関係を含み、親和・対立の双方がある——の連鎖が重層化し、これを構造としてもつ総体であるが、国家の秩序、および社会の秩序いずれにおいても、その枠組をなし、規範となるのは法である(1)。

そして法は、秩序の構成分子である個々の人間に対し、強制力をもつものとして立ち現れる。国家（統治機構）が法を施行するのであれば、それは国家権力によって遂行される。法の強制力はさまざまな形をとって発現するものの、その根源は暴力である。手段としての暴力は法を措定、もしくは法を維持するのであって(2)、その最も激しい形態が、軍事力の行使である。軍事力をもって遂行される戦争は多様なあり方をとるが、その結末は、新たな秩序（法）が生み出されるか、旧来の範囲を拡大して秩序（法）を適用・維持することに帰着するという側面をもつ。

よって、国家・社会・法・秩序・権力・暴力（軍事力）といったファクターは不可分であり、総合的に論じられるべき性格を有している。またその視点も、権力や法を行使する立場だけでなく、その行使を容認する立場にも立脚しなければならない。(3)ただこのように考えてみると、暴力の最も激しい形態である軍事力――さらに軍事力には公・私の区分があるが――、そのなかの国家の軍事力を考察することは、先に述べたファクターのすべてと密接にかかわっていることに気付く。国家の軍事力はどのようにとらえられ、いかにして維持・管理されるのか。この問題は、現代においてもますます難題として人類に重くのしかかっているが、これを解決する有効な手段の一つは、人類の歴史を紐解き、各時代の軍事力のあり方や特質を抽出し、現在と照らし合わせて思索を重ねることであると考える。

本書では、主として古代の日本を対象とし、その軍事力のあり方を検討する。特に、七世紀後半から八世紀にかけて構築された律令国家は、日本史上はじめて成文法にもとづく徴兵制を全国に布いた国家であった。日本という国家の初期形態において、国家的軍事力がどのような過程を経て生まれ、法にもとづき管理・運用されたのか。本書において解明すべき点は、ここにある。

律令国家の軍事力と一口にいっても、大きく二つに分類される。一つは、為政者を都で直接警護することを主目的として設置された、衛府を代表格とする中央軍事力。二つ目は、各国に置かれた軍団を基本とした地方軍事力である。本来であれば両者をともに詳しく検討すべきであるものの、ここで注意を喚起したいのは、衛府の主力をなす衛士は軍団兵士が都まで上番することを建前としており、(4)中央軍事力が地方軍事力を基盤としているという点である。中央軍事力の意義を軽視するつもりはまったくないが、地方軍事力の解明と位置づけを行わねば、国家的軍事力の本質が明らかにならないと考える。地方軍事力は、国家の軍事力の大枠を規定するものであり、それがどのように法で管理・運用されていたのか、そして支配体制のなかでどのように位置づけられていたのか、という点を明らかにすることは、本書の基本的な問題意識を想起したとき、きわめて重要な課題であると考える。したがって本書のテーマである「律令国家の軍事構造」とは、以上のような筆者の問題意識から、地方軍事力を主としたものとなっている点を、ここで断っておきたい。

では、どのような手法で検討を進めていくのか。本書では、軍事力がどのように法――特に律令――に規定され、実際に運用されていたのかということ、そして支配体制のなかで軍事力がいかなる位置を与えられ、その一部として機能していたのか、という視角を中枢に据え、考察を行っていきたい。

具体的には、法制比較を主な手法とする。日本の律令法は、唐のそれを母法として成立した。よって日本律令の性格を考えるにあたっては、日唐律令の比較研究が有効な手段となる。本書では、軍事力の顕現を示す国家の法制・施策を、唐制と比較して相対化することを通じ、古代日本における軍事力の特色を浮かび上がらせていきたい。これにより一国史の狭い見方から解放され、世界史的な視点で軍事力を考える手がかりを導き出すことができると考える。かつて宮崎市定氏は、「日本史も東洋史も西洋史も、本来は範囲の区別ではなかったはずで、単に重点を異にしたる世界史でなければならぬ」と述べた(5)。本書ではその精神を継承し、日本を主軸に据えつつも、同時にまた日本史も世界史のなかの一つの地域史であるという視点を常に意識して、日本律令国家の軍事構造を明らかにしたい。

それでは次に、本書の基本的検討課題である軍団制を中心としつつ、律令軍事体制の研究史を概観し、その問題点を指摘したい。

二　律令軍事研究の課題

日本古代における軍事制度・軍事組織にかんする研究は、大変分厚い蓄積がある。特に七～八世紀の律令国家形成期・確立期の軍事システムについては、官司制・官人制にもとづく中央集権国家体制下において、公・私を問わず軍事力のあり方や性格をどのようにとらえるのか、また日本という国家のはじまりにおいて、国家的軍事力がどのように編成されていき、それが東アジア地域において如何様な特色をもっていたのか、という重要な問題をはらんでいるといえるだろう。

これまで律令国家の軍事システムについての研究は、その根幹である律令軍団制を中核にして進められてきた。戦前における研究で現在でも影響を与えているのは、栗田寛氏の研究である(6)。栗田氏は、古代に設置された地方軍事力である軍団の分布や統括官について検討を行い、基礎的な理解を学会に提供した。その後研究が盛んとなるのは、一九六〇年代に入ってからである。

まず、直木孝次郎「律令的軍制の成立とその意義」(7)、米田雄介「軍団の成立と特質」(8)が挙げられる。本書第一部第一章で詳細に論じるように、律令軍団制は八世紀初めに施行された大宝律令によって成立したが、直木・米田両氏は軍団の設置目的を、対内的要因、すなわち七世紀以前より各地域で大きな力を有していた地方豪族の勢力を削ぎ、中央集権国家が国家的軍事力を再編成することにあるとした。しかし、この見解には次の三つの点で問題があったと考える。

(a)あくまで日本を中心に論じており、激動する東アジア地域との関係が充分考慮に入れられていない。

(b)制度の模範とした中国（唐）の「府兵制」[9]をはじめとするシステムに対する理解や、律令における軍事関係の篇目である軍防令などの個別検討が不充分である。[10]

(c)中央政府と地方豪族の関係を、二項対立のみでとらえようとしている。

(a)については、石母田正『日本の古代国家』（岩波書店、一九七一年）によって、国際的契機が日本に与えた影響を重視し、東アジアの国際関係において日本の古代国家を位置づけるという視座が提示された。そしてその後の諸研究によって、国際的契機は契機の枠を超え、変革の主要因に据えられていく。[11]

こうした意識の変化をうけ、従来の対内的要因を偏重するスタンスとは異なり、朝鮮半島の新羅や、中国大陸の唐との関係性、すなわち対外的要因を重視する村岡薫「律令国家と軍事組織」[12]、下向井龍彦「日本律令軍制の基本構造」[13]が発表された。村岡氏は律令軍事体制が対外的な征軍を想定して編成されたとし、下向井氏は新羅に対する侵攻を想定した朝貢（＝従属）の強要を、軍団制のみならず律令軍事体制の目的とみなし、八世紀の古代国家はそのための軍国体制であると位置づけたのである。

右の説については、松本政春『律令兵制史の研究』（清文堂出版、二〇〇二年）の「序論」において、批判的見解が示された。松本氏の指摘で重要なのは、以下の三点である。

(d)下向井氏の律令軍制論は、石母田氏らの所説をふまえて導き出された、「やや理念型的な傾向を持つものであることは否定できない」。

(e)国内における軍団の役割を、きわめて低くとらえている。

(f)藤原仲麻呂政権による新羅征討計画は長期の準備期間を要しており、征討行動に必要不可欠な細則である「行軍式」は中央に常備されておらず、八世紀半ばになって初めてつくられている。[14]

右の諸点をふまえ松本氏は、律令軍団制は対外的脅威から国土を防衛するために構築されており、さらに七世紀後半の軍事政策も同様であると位置づけたのである。[15] こうした、律令軍団制を対外的脅威に対する防衛軍とする見方は、笹山晴生氏もあらためて提示しており、[16] 穏当な見解とみなしてよいだろう。

以上のような研究史の状況をふまえ、ここでさらに各問題点について掘り下げて考えてみたい。

まずとりあげたいのは、(a)の解決に深くかかわる、石母田氏の所説である。同氏の所説で注意しなければならないのは、国家は「日本列島内部の歴史の進行および階級対立の所産」[17] であり、その成立において国際的交通という契機はあくまで変化の特殊な〝一つの契機〟であると位置づけていた点である。いっぽうで近年では、国際的契機が律令国家および律令軍事体制成立の主要因であるととらえられているように感じる。吉田晶氏はこうした近年の風潮に対し、次のように述べている。[18]

だが国際的契機がその社会に対して画期的な意味を持ちうるのは、その社会内部に存在する諸矛盾と連動する限りにおいてであって、それと連動しない場合、国際的契機は素通りするだけで、その社会に何の画期ももたらすことはない。

「社会内部に存在する諸矛盾」をどのようにとらえるかが問題ではあるものの、吉田氏のこの指摘は重要であると考える。近年の研究では、国際的契機を重要視した結果、列島内諸勢力の消長と相互関係、それによってもたらされる権力構造の変化、支配の変質と社会矛盾、といった側面をやや軽視してはいないだろうか。今後は、対外的要因を充分にふまえたうえで、研究史の初期から指摘されてきた対内的要因を再検証し、新たな律令軍事体制像を描かなくてはならないと考える。

そしてさらに、ここまで使用してきた対内的・対外的という用語についても留保をつけておく必要があるように思う。対内的・対外的という概念は、各研究者によってその内実に差はあるのだろうが、日本列島、八世紀以後ならば律令国家の統治下の内外、というイメージでおおむね使用されているものと推測される。しかしこうした見方については、地図上で国境線が明確に引かれた、近現代の国家概念の影響を受けている側面は否定できない。上野千鶴子氏が記紀神話を事例に論じたように[19]、ウチとソトは境界の設定によって分節するのであり、その境界はこれを線引きする当人の意識によって変化する。日本古代の為政者が外界を見たときに、どこまでをウチと理解し、どこからをソトと認識していたのかという点は、ケースバイケースで問われなければならないと考える。たとえば天武天皇は、「凡そ政要は軍事なり」という古代史上著名な発言をしたが[20]、彼は六六三年の白村江の敗戦と、六七二年の壬申の乱という、性質の異なる二つの大きな戦争を経験している。ここで注意したいのは、白村江の敗戦におけるソトは大陸の唐・新羅であるが、壬申の乱でのソトは近江朝廷――すなわち列島内部の勢力――なのである。天武天皇はこのような二つの異質なウチとソトを身をもって体験した人物であり、先の発言はこの事実を前提に理解する必要がある[21]。したがって、対内的・対外的という用語で区分けすることに限界があるのは明らかであって、過剰にこの二項対立を重視することは、かえって本質を見誤ることにつながりかねないと考える。

次に研究史の問題点のうち、(b)・(c)・(e)については、実証的な研究がいまだ充分に深められていないと考える。これについては、史料的制約によるとも思われるが、制度面・実態面それぞれのあらゆる史料を柔軟に生かしつつ、これまで検討されてきた史料を再度見直していく必要があるだろう。

特に(b)については、唐の「府兵制」などのシステムを詳細に理解したうえで、日本との厳密な比較を行う必要がある。そのためには、日本令の母法である唐令の復原と各条文の逐条的比較研究が不可欠である。しかしながら、仁井田陞氏によって集成された『唐令拾遺』はもとより、一九九七年に公刊された『唐令拾遺補』の段階でも、軍事に深いかかわりをもつ軍防令・宮衛令の条文は充分に復原されているとはいえない。[22] そもそも確たる復原根拠となり得る史料が乏しいことから、現状で唐令条文をさらに復原することは、かなり難しい作業であるといわざるを得ないのである。

しかしこの状況も、一九九九年に戴建国氏が北宋天聖令に同定した『官品令』残本の全文が二〇〇六年に至り公表されたことによって[23]、大きく変化しつつある。唐令を復原するための根拠資料が、大幅に増加したのである。天聖令は各篇目ごとに、まず天聖七年（一〇二九）に「旧文」をもとに新規に立条された令文を掲げる第一の条文グループがあり（「右並因二旧文一、以二新制一参定」の文言で一括りにされる）、次いで「右令不レ行」という文言で括られる第二の条文グループが続く[24]。この「不行」の令については、唐開元二十五年令であるとする見解が有力であるものの[25]、いっぽうで異論もある[26]。ただ、仮に唐令そのものではないにしても、「不行」の令は開元二十五年令の状態をかなりの程度伝えていると考えられ、日唐令の比較研究は今後大きく進展するとみてよい。

今回発見されたのは田令以下の一二篇目（唐令の約三分の一）にすぎず、軍防令・宮衛令は含まれていない。しかし、一二篇目の唐令の復原を進めることで、唐令復原研究の手法自体のさらなる深化を図ることが可能となり、軍防令・宮衛令復原のための諸材料の抽出も期待できよう。そして、軍事力とかかわりの深い関市令・捕亡令が含まれていることから、この二篇目を詳細に検討することにより、法が規定する軍事力の様相とその位置づけを、より具体的に探求することができると考える。

また、軍事力の照準を具体的にどこに定めるのかというとらえ方ではなく、中央政府による地方支配の貫徹という大きな枠組みのなかで、税制や力役制度といった関連する諸研究の成果を充分に生かして実証的な考証を行い、支配という論理のなかに改めて位置づけ直さなければならない。その際、クラウゼヴィッツに代表される近代以降の軍事理論や概念を安易に当てはめるべきでないことは明らかである。[27] あくまで古代の史資料にもとづき、当時の軍事力の内実や法意識を実証的に解明すべきであると考える。

最後に(f)の式をめぐる問題は、日本において唐の律令格式が律令導入期に法としてどのように意識され、改変の手を加えられていったのかという問題につながってくる。八世紀の日本を律令国家とみなすのであれば、律令格式という法体系において軍事力がどのように個別的・全体的に位置づけられているのかということを、唐制と比較して古代日本を相対化する試みを通じて明らかにしなければならないのである。

三　本書の構成

前節で述べた先行研究の課題をふまえ、本書では全体を二部に分けて検討を進める。

まず第一部は「律令軍事体制の構造」と題し、計四章を通じて日本古代の軍事体制の実相とその特質について、平時体制と戦時体制双方の視角から検討するとともに、日唐軍防令の復原と比較研究を行う。

第一章「律令軍団制の成立と構造」は、律令軍事構造の基本をなす軍団制の成立過程とその性格・意義について、唐制との比較を通じて明らかにする。

第二章「射田と軍団」では、第一章で検討を留保した、地方軍事力にかかわる財源である射田をとりあげる。射田の運用実態の解明を通じて、国・郡・軍団の相互関係についての新たな知見を提示する。

第三章「日唐征討軍の内部秩序と専決権」は、養老軍防令25大将出征条とその対応唐令の比較検討を行い、中央政府が征討軍の内部秩序維持のためにどのような法規制を設けたのか、という点を解明する。

第四章「日唐軍防令と北宋天聖令」では、律令軍事体制の根本を規定する軍防令をとりあげ、唐令の復原と日唐令比較研究について、その手法と課題を検討する。また北宋天聖令によって得られた知見にもとづき、日唐軍防令の性格を探る。

第二部は「地方支配における軍事力」と題し、地方支配体制において軍事力の果たした役割を検討する。前半の二章では、国家体制の防備という視点に立脚し、律令国家の関のシステムを解明することを通じて、律令軍事体制の一端を明らかにする。後半の二章では、平時における軍事力発現の最たる例である犯罪者追捕を通じて、法と軍事力の関係について考える。

第五章「律令関制度の構造と特質」では、天聖関市令の公表をうけ、律令関制度の基本構造について唐と日本のあり方を比較検討し、差異と共通性が意味するものを考える。

第六章「律令制下における関剗の機能」は、前章の検討をふまえて、日本古代における関・剗の機能と軍事力の関係について検討する。

第七章「大宝律令施行前後における軍事構想―日唐捕亡令の比較検討を通じて―」は、捕亡令という篇目の歴史と北宋天聖捕亡令の構造を明らかにしたうえで、日本捕亡令の特質を考える。そして、捕亡令条文からうかがえる律令国家成立期の軍事構想の一端を明らかにする。

第八章「律令国家と追捕制度」は、地方軍事力の関与が明確に規定されている日本捕亡令の第二条と第三条について、復原した唐令との比較検討を行い、法に規定する地方軍事力のもつ治安維持機能の具体像を明らかにする。

最後に、終章「律令国家と軍事」において、律令国家の軍事構造の性格を位置づけることとする。

なお既発表論文は、本書への収載にあたり再度見直し、適宜修正を加えた。修正箇所は多岐にわたるため、煩を避けて個別に注記する形式はとっていない。よってこの点を諒解頂き、今後は本書の各章に依拠されたい。

注

(1) ここでいう法とは、成文法であることを必ずしも問わない。古代日本における法の基本的性格については、石母田正「古代法」(『石母田正著作集第八巻 古代法と中世法』岩波書店、一九八九年。初発表一九六二年)、および坂上康俊「古代の法と慣習」(朝尾直弘ほか編『岩波講座日本通史 第3巻 古代2』岩波書店、一九九四年)を参照。

(2) ヴァルター・ベンヤミン(野村修訳)「暴力批判論」(『暴力批判論 ヴァルター・ベンヤミン著作集1』晶文社、一九六九年)。

(3) ハンナ・アレント(山田正行訳)「暴力について」(『暴力について—共和国の危機』みすず書房、二〇〇〇年)、一三七頁。また、杉田敦『思考のフロンティア 権力』(岩波書店、二〇〇〇年)および盛山和夫『権力 社会科学の理論とモデル3』(東京大学出版会、二〇〇〇年)も参照。

(4) 養老軍防令12兵士向京条。衛府については、笹山晴生氏の代表的研究がある一方で、都城遺跡からは陸続と衛府関係木簡が出土しており、実態の解明が今後ますます進展することが期待される。笹山晴生『日本古代衛府制度の研究』(東京大学出版会、一九八五年)、市大樹「大宝令施行直後の衛門府木簡群」(『飛鳥藤原木簡の研究』塙書房、二〇一〇年。初発表二〇〇七年)参照。

(5) 宮崎市定「西アジア史の展望」(『西アジア遊記』中公文庫、一九八六年。初版の『菩薩蛮記』は一九四四年刊行)、一八二頁。

(6) 栗田寛「軍団の制 附健児の制」(栗田寛著・栗田勤編輯『栗里先生雑著』下巻、吉川弘文館、一九〇一年)。

(7) 『ヒストリア』二八号、一九六〇年。

(8) 同氏著『郡司の研究』(法政大学出版局、一九七六年、初発表一九七五年)。

(9) 西魏大統年間から唐天宝年間まで実施された兵制を「府兵制」という用語・概念でとらえることについては、平田陽一郎氏によって根本的疑義が提示されている。しかしこれについて論ずることは本書の趣旨から外れるため、ひとまずカギ括弧を付し、「府兵制」の語によって唐王朝前半期の兵制を表現することとしたい。平田陽一郎「唐代兵制＝府兵制の概念成立をめぐって―唐・李繁『鄴侯家伝』の史料的性格と位置づけを中心に―」（『史観』一四七冊、二〇〇二年）、同「西魏・北周の二十四軍と「府兵制」」（『東洋史研究』第七〇巻第二号、二〇一一年）参照。

(10) 日本史研究者の唐制に対する理解の不充分さについては、菊池英夫氏によって批判された。これに対し直木孝次郎氏は、「わたしたち日本史研究者は、この批判を謙虚にうけとめ、日唐の兵制史を再検討し、比較論の再建に努めなければならない」と述べている。菊池英夫「日唐軍制比較研究上の若干の問題―特に「行軍」制を中心に―」（唐代史研究会編『隋唐帝国と東アジア世界』汲古書院、一九七九年）、直木孝次郎「日唐兵制の比較について」（岸俊男編『中国都城制研究学術友好訪中団報告記録 中国の都城遺跡 日本都城制の源流を探る』同朋社出版、一九八二年）参照。

(11) 吉田孝「編戸制・班田制の構造的特質」（『律令国家と古代の社会』岩波書店、一九八三年。初発表一九七二年）などを参照。

(12) 歴史学研究会編『歴史における民族の形成』（青木書店、一九七五年）。

(13) 『史学研究』一七五号、一九八七年。

(14) 『続日本紀』天平宝字三年（七五九）六月壬子条。

(15) 松本政春「七世紀末の王権防衛構想―官人武装政策をめぐって―」（『日本史研究』五五五号、二〇〇八年）。

(16) 笹山晴生「七世紀東アジアの戦と日本の成立」（遠山一郎・丸山裕美子編『いくさの歴史と文字文化』三弥井書店、二〇一〇年）。

(17) 石母田正『石母田正著作集第三巻 日本の古代国家』岩波書店、一九八九年。初発表一九七一年）、三三一頁。

(18) 吉田晶「石母田古代史学の批判と継承」（『歴史学研究』七八二号、二〇〇三年）、一一頁。

(19) 上野千鶴子「〈外部〉の分節―記紀の神話論理学―」（桜井好朗編『大系 仏教と日本人 1 神と仏』春秋社、一九八五年）参照。

(20)『日本書紀』天武天皇十三年（六八四）閏四月丙戌条。

(21)この点は、拙稿「古代国家の軍事組織とその変質」（大津透ほか編『岩波講座日本歴史 第4巻 古代4』岩波書店、二〇一五年）でも指摘した。

(22)仁井田陞『唐令拾遺』（東京大学出版会、一九六四年。初版は東方文化學院、一九三三年）。仁井田陞著、池田温編集代表『唐令拾遺補』（東京大学出版会、一九九七年）。

(23)戴建国「天一閣蔵明抄本《官品令》考」（『宋代法制初探』黒竜江人民出版社、二〇〇〇年。初発表一九九九年）。天聖令の発見、および二〇〇六年の全面公開に至るまでの経緯については、大津透「北宋天聖令の公刊とその意義―日唐律令比較研究の新段階―」（『律令制研究入門』名著刊行会、二〇一一年。初発表二〇〇七年）に詳しい。天聖令の写真版と釈文は、天一閣博物館・中国社会科学院歴史研究所天聖令整理課題組校証『天一閣蔵明鈔本天聖令校証 附 唐令復原研究』上下冊（中華書局、二〇〇六年）によって学会に提供された。

(24)本書で唐令の復原を行うにあたっては、前者のグループの条文を宋令（具体的には宋1条、宋1と表記）、後者のグループを不行唐令（不行唐1条、不行唐1）と呼称する。

(25)戴氏前注(23)論文、および同「《天聖令》所附唐令為開元二十五年令考」（『唐研究』一四巻、二〇〇八年）、坂上康俊「天聖令の藍本となった唐令の年代比定」（大津透編『日唐律令比較研究の新段階』山川出版社、二〇〇八年）、岡野誠「天聖令依拠唐令の年次について」（『法史学研究会会報』一三号、二〇〇九年）を参照。

(26)黄正建氏は、雑令の条文は唐後半期以降の制度改変の影響を受けていると指摘する（「《天聖令》附《唐令》是開元二十五年令嗎?」『中国史研究』二〇〇七年第四期）。この点および建中令説に対しては、不行唐令を開元二十五年令とみる坂上康俊氏から批判がなされている（「天聖令藍本唐開元二十五年令説再論」『史淵』一四七輯、二〇一〇年）。

(27)クラウゼヴィッツ（清水多吉訳）『戦争論』上・下（中央公論新社、二〇〇一年）。クラウゼヴィッツの評価については、石川明人「戦争論と「殲滅」の問題―リデル・ハートのクラウゼヴィッツ批判―」（『北海道大学文学研究科紀要』一二九号、二〇〇九年）、および清水多吉ほか編『クラウゼヴィッツと『戦争論』』（彩流社、二〇〇八年）を参照。

第Ⅰ部　律令軍事体制の構造

第一章　律令軍団制の成立と構造

八世紀の日本は、高度に構築された法体系である律令にもとづいて支配され、地方軍事力として軍団という軍事専門の官司が全国に設置された。では、軍防令に詳細な規定をもつこの軍団制はいかなる性質をもち、地方支配構造内部の一システムとしてどのように機能していたのだろうか。この解明が、本章の目的である。

律令軍団制については分厚い研究の蓄積があるが、軍団の本質についての見解を整理すると、次の二つに大別される。第一に、地方豪族の勢力（軍事力）を削ぎ、国家の常備軍を設置することを目的とみる、対内的要因を重視する説。第二は、対外戦争のための、唐に倣った画一的軍隊の編成が主眼であったとする、対外的要因を重視する説である。前者は研究史の初期から説かれ、代表的論者としては直木孝次郎・米田雄介各氏が挙げられる(1)。後者は前者への批判として一九七〇年代半ばに村岡薫氏が提起した見解であり、これを継承する下向井龍彦氏は侵攻の具体的な目的を、新羅からの朝貢を軍事的に強要する点に求めている(2)。

このうち、朝鮮半島への侵攻を主目的とする説については、本書序章で詳しくみたように松本政春氏による批判がある(3)。くわえて北宋天聖令から得られた知見によって、再度検証する必要があるだろう。なぜなら大津透氏が論証したように、養老賦役令15没落外蕃条に対応する北宋天聖賦役令の不行唐12条に侵略後の占領地域に対する復除規定が存在することから、日本では継受の際、これを意図的に削除していたことが明らかとなったからである(4)。つまり大津氏の言葉を借りると、「朝鮮半島を支配下に入れることを想定していなかった」のであり、「国土は朝鮮半島に向けて拡張していない」ことからすれば、軍団制を積極的な対外戦略の主軸とみることは困難といえる。松本氏は軍団の本質を「侵攻に重点をおいた外征軍というより、外からの侵攻に備えた国土防衛軍である」と位置づけており[5]、対外的側面を重視すれば、氏の位置づけは妥当ともいえよう。

　しかしながら、先行研究のなかでの軍団制のとらえ方には大きな問題がある。というのも、これまでは結局軍事力の照準を具体的にどこに合わせるか、という視点のみが強調されてきたように感じられるからである。研究史の初期の段階で、石尾芳久氏は「社会の支配体制が軍事制度の類型を決定する」のであり、「支配体制と軍事制度との必然的関連」を重視すべきであると指摘した[6]。氏はマックス・ウェーバーの理論にもとづいてこのように論じたのだが、ウェーバーが提示した枠組に依拠することの当否はさておき、先に引用した指摘に限っては、現在でも重要であると考える。つまり、筆者なりに石尾氏の提言をふまえると、軍団制の本質を解明するには、中央政府による地方支配貫徹というシェーマの中に軍事力掌握をいかに位置づけるか、という視点からの検討が必要と考えるのである。

　また、律令国家を構築した天武系皇統が、壬申の乱という古代最大の内乱に勝利して成立した点も重要である。律令国家の形成を大きく促進させた白村江の敗戦が軍団制の創設に影響を及ぼしていないなどと述べるつもりはないが、既往の諸説では壬申の乱の具体的経験が天武朝以後一体どこに生かされているのか、という点がほとんど見えてこない。天武朝は、クーデターを成功させたいわば簒奪王朝である。白村江の敗戦と壬申の乱は、律令軍事体制の構築意図を考える上でともに重要なファクターではあるけれども、軍事改革の直接的要因としては、白村江の敗戦よりも、天武系皇統成立の契機であり、かつ正統性の根拠でもある壬申の乱を、より重視すべきではないだろうか。

　さらに、律令軍事制度を論ずるにあたって、兵制と軍制を明確に区別せずに検討を行ってきた点も問題となる。菊池英夫氏によると、日本がモデルとした唐制は、平時体制である兵制と臨時的戦闘体制である軍制が明確に区別されており、日本でも同様ではないかと推測される(7)。たとえば、「公私馬牛」を掌握する兵馬司について令釈が「知二私馬牛一者、為二征行之日差発一故」と注釈することから(8)、ひとたび征討軍が編成されれば、平時とは異質の支配論理が働くことがうかがえる。令釈は延暦年間の成立とされるが、八世紀において最も頻繁に大規模な征討軍が編成された時期にこのような注釈が施されたということは、延暦年間のみならず律令そのものに兵制と軍制の観念上の分離が貫徹されていた、と推測させるに充分である。よって、兵制と軍制の分離を念頭に置いた上で諸制度を検討し、軍団を位置づけ直す必要があるだろう。

　いくつか論点を指摘してきたが、これらのことをあわせて考えるならば、律令軍団制を検討するには、軍事面に限らず支配のあらゆる側面からのアプローチが必要であると考える。八世紀において治安維持機能を専ら掌る官司が存在しなかった以上、これまで軽視されがちであった平時における軍団の機能を、もっと詳細に見極める必要があろう。本章では以上の諸点を根幹に据え、軍団の官人、機構、その成立過程という三点から軍団制について再検討を行うこととしたい。

第一節　軍毅の職掌

養老職員令79軍団条は、軍団に属する官吏を次のように定めている(9)。

軍団

大毅一人。〈掌、検二校兵士一、充二備戎具一、調二習弓馬一、簡二閲陳列一事〉少毅二人。〈掌同二大毅一〉主帳一人、校尉五人、旅帥十人、隊正廿人。

ここからは六つの官職名が知られ、大毅および次官の少毅が軍団の責任者であることがわかる。彼らは史料上、「大少(小)毅」と併記されることが多かったが、養老三年(七一九)の軍団縮小にともなう改革で最小規模の軍団の長官が「毅」とされたため、[10]「軍毅」と総称されるに至った(以下本章では、便宜上軍毅と表記する)。[11]軍毅は外武官であり、[12]養老軍防令13軍団大毅条に「凡軍団大毅小毅、通取二部内散位、勲位、及庶人武藝可レ称者一充」と規定され、法制上は地方の散位・勲位保有者および「庶人」から任用されることとなっていた。ただ実際には、すでに指摘があるように地方豪族の就任が主であったと考えられる。[13]このような任用傾向でまず想起されるのは、郡司である。郡司と軍団がその淵源を一にすることは第三節で詳述するが、軍毅もまた官位相当の官ではないものの、奏任官であった。[14]しかし、郡司読奏などの特別な形で天皇との直接的な結び付きをうかがえる郡司とは異なり、[15]地方豪族の就任が大勢でありながらも軍毅の任用手続きは他の奏任官と同様であったとみられ、天皇との個別従属関係の強弱という点で郡司との間に明確な差違があった点は、留意すべきであろう。

この点は、軍毅の官人としての待遇・地位についても指摘できる。待遇面では、郡司のような初任時の叙位はなく、職田の支給規定もみえない。これは無位の軍毅が存在することや、[16]『類聚三代格』巻一五所収大同四年(八〇九)(九条家本『弘仁格抄』によると五年)五月十一日付太政官符に「(前略)、陸奥国四団軍毅十二人、常直二城中一不レ顧二私業一、既備二機速一曾無二微禄一。(中略)、伏請、准二郡司一将レ給二職田一者。(後略)」とあり、日々城中に直する軍毅には「微禄」すらもなく生活に困窮するため、郡司に倣って職田の給付を願っていることから確認できる。では何が待遇として与えられるかといえば、養老賦役令19舎人史生条に「其主政、主帳、大毅以下、兵士以上、(中略)、並免二徭役一」とあるように、兵士と同じく徭役を免除されるのみであった。軍毅の待遇は、甚だ低いといわざるを得ない。そこで注意を喚起したいのは、次の『続日本紀』養老三年四月乙酉条である。

制、諸大少毅、量二其任一、与二主政一同。自レ今以後、為二判官任一。

これは早川庄八氏が述べるように、二カ月後の六月辛未条（「初令二諸国史生・主政・主帳・大少毅把レ笏焉」）と深く関連するものであり、外官への把笏制度拡充に伴う序列明確化作業の一つと考えられる[17]。重要なのは、官人制の序列における軍毅の位置が、郡司の大領・少領と同位ではなく、三等官（判官）の主政相当とされている点である。そもそも軍団と郡司は選限・叙法が同じであり[18]、両者は国司所管の地方官司としてほぼ対等の位置に置かれたことが知られる。それにもかかわらず、官人序列内の個々の位置づけが前述のようであるのは、軍毅の地位が大少領のそれよりも低いことを明示している。これは先に挙げた賦役令19条で、軍毅が郡司主政・主帳と同様に徭役免であったこととの関係も想起されるが、むしろ軍毅という官職に対する中央政府の思惑が表れているとみてとるべきではなかろうか。すなわち、大少領のような地方行政における主体性（決定権）をもつ官職とはみず、実務官的な側面を軍毅の中にみていると考えられるのである。

このような性格をもつ軍毅をいかにとらえるかということが、軍団そのものの性格の理解に大きく関係することは間違いないだろう。軍毅について初めて詳細な検討を行った橋本裕氏は、軍毅は軍事指揮官としての性格が決して濃厚ではなく、かつての評の官人の軍事的地位を継承した存在であって、必ずしも地方の実情に明るい必要はなく、国司が国内軍事力を把握するためのパイプラインそのものであると位置づけた[19]。しかし橋本氏は、職掌についての検討を野田嶺志氏のそれに譲り、具体的な考察を行っていない。すでに北啓太氏が批判したように[20]、橋本氏は職掌についての詳細な検討を行うべきであった。これを行わずにその成立過程や郡司との関係を論じても、軍団の本質の解明には直結しないからである。そこで、橋本氏が依拠した野田氏の見解をみると、軍毅が軍隊指揮官であるという従来の見解を否定し、「軍毅は兵士徴発・引率・器粮管理を担当するものであり、軍団は、いうなれば器庫ともいうべきものであった」と結論している。[21] 軍毅の性格に対する位置づけの可否は以下の検討に譲るが、〝軍団＝器庫〟論には疑問が残る。以上の研究状況に鑑み、野田氏の検討と重なる点もあるが、軍毅の職掌について再検討を行っていきたい。

まず前掲職員令79軍団条の規定をみると、「掌、検二校兵士一、充二備戎具一、調二習弓馬一、簡二閲陳列一事」とあり、ここから四つの職掌が知られる。一つ目は、①兵士の検校である。『令集解』同条跡記に「行二決罰一者令レ習二郡司一也」とあるように、これは兵士が犯罪を犯した際の決罰といった行動管理を指すとみられる。具体的には、養老賊盗律54部内条に「凡部内有三一人為レ盗、及容二止盗者一、里長笞卌。（中略）、若軍役所有レ犯、隊正以上、両毅以下、准二部内征人冒名之法一、同二国郡一為レ罪」とあることや、[22] また『令義解』獄令2郡決条の注釈が「其兵士笞罪、両毅決レ之。若杖罪者、送二所在郡一也」と述べることを勘案すると、軍毅は兵士の管理責任を負い、これに対する笞罪専決権を保有したと考えられる。

二つ目は、②兵士の戎具管理である。兵士は軍団入営の際、養老軍防令7備戎具条に規定される様々な戎具を持参することになっており、[23] ほかにも弩など軍団に具備された武器・武具があった。軍毅は、これらの兵士が使用する戎具を管理したと考えられる。ここで注目したいのは、次の茨城県石岡市鹿の子C遺跡出土の漆紙文書である（二二二号文書）。本文書は延暦年間のものと推定され複数の断片から成るが、a断片のみを次に掲げる。[24]

大刀　鞆
脛裳　腰縄　頭纒
水甬　塩甬　小鉗　縄解
［　］部真村年□〔五カ〕十五

弓　□〔箭〕　大刀　鞆　弦□〔袋〕
□袴　脛裳　腰縄　頭纏
水甬　塩甬　小鉗　縄解
□麻呂年卌五
　箭　大刀　鞆
　腰縄　頭纏

これは人名および年齢を一行目に記し、次いで携行する戎具を三行にわたって列挙したものを一組として書き継いでいった帳簿の一部と考えられる。戎具は軍防令7条にみえるものと異同があるが、本文書は平川南氏によれば、延暦年間の蝦夷征討に際し、陸奥国へ向かう常陸国兵士の戎具検校簿であると推測される[25]。軍毅は、主帳にこのような帳簿を作成させ、戎具の管理を行ったのであろう。

続いて、三つ目は③兵士の弓射・乗馬技術の訓練、四つ目は④兵士の陣列の検閲である。ここでは④について、「陣列」を「簡閲」することの具体像が問題となろう。この「陣列」について北氏は、神亀元年（七二四）の海道蝦夷の反乱の際、征討の準備として改めて兵士に軍陣を試練していることから[26]、平時の軍団における軍陣訓練は征行時にそのまま機能する詳細なものではなく、集団行動のための基礎訓練にすぎなかったとする[27]。妥当な理解であろう。『令集解』同条古記は「簡閲」を「簡試一種也」と解することから、具体的な「陣列」指導は校尉以下が行い、最終的な完成度の向上を検閲という形で軍毅が行うものであったと推測される。

職員令からうかがえる①～④の職掌に加えて、令文からはさらに次の二つを指摘できる。養老捕亡令3追捕罪人条には、次のようにある。

凡追二捕罪人一、所レ発人兵、皆随レ事斟酌。使二多少堪一レ済。其当界有二軍団一、即与相知、随即討撲。若力不レ能レ制者、即告二比国比郡一。得レ告之処、審知二事実一、先須二発レ兵、相知除翦一。仍馳駅申奏。若其遅緩逗留、不レ赴二機急一、致レ使三賊得二逃亡一、及追討不レ獲者、当処録レ状奏聞。其得レ賊不レ得レ賊、国郡軍団、皆附レ考。

「当界」に軍団が存在する場合はともに追捕せよとする点や、その結果を考に附す点から、軍毅が罪人追捕の責務を負ったことは明白であり、⑤罪人追捕が指摘できよう（詳細は本書第八章にて論ずる）。

もう一つは⑥囚人逓送における護衛である。養老獄令14逓送条には、

凡逓二送死囚一者、皆令二道次軍団大毅、親自部領一。及余逓二送囚徒一、応二禁固一者、皆少毅部領。并差二防援一、明相付領。

とあり、囚人の逓送に軍毅がかかわったことが知られる。ただ注意しなければならないのは、『令義解』同条の注釈に「専使之外、軍毅別自部領也」とあり、軍毅が単独で部領するのではなく、別に専使が存在したとされる点である（この点は、次の防人部領使のケースが参考となる）。ゆえに軍毅の「部領」は、囚人の逃亡やその仲間による奪還を防ぐための護衛的意味合いが強いと考えられ、端的にその武力に由来する職務といえるだろう。天平年間の作成とされる伊勢国計会帳に軍団による「遠江国浮浪人」の逓送記載がみえるが[28]、これは「余逓二送囚徒一」の実例とみなすことができる。以上、律令から①～⑥の六つの職務が確認できたが、実態面ではどうだろうか。

天平十年度駿河国正税帳には、「当国防人部領使史生従八位上岸田朝臣継手、（中略）、防人部領安倍団少毅従八位上有度部黒背」とみえる[29]。防人の部領は国司が行うこととなっていたが、史生は国司の一員とみなされていたという鐘江宏之氏の指摘に従えば[30]、これは令の規定に合致するものであり、「部領」少毅有度部黒背は専使（「部領使」）の補佐を務めたと考えられる。これは先の職務⑥から分離派生したものと推測され、さらに拡大したとみられるのが次の事

例である。同正税帳には、「従陸奥国送摂津職俘囚部領使相模国余綾団大毅大初位下丈部小山、（中略）、俘囚部領大住団少毅大初位下当麻部国勝」とあり、俘囚移配のための「部領使」・「部領」双方を軍毅が務めていた。軍毅は囚人逓送に限らず、軍事的力量が必要な「部領」という国衙業務を担い、「部領使」を務めることも可能だったといえるのである。よって七つ目として、⑦軍事力を必要とする部領を挙げることができる。なお、ほかにも行幸の奉仕や大嘗祭の由機・須岐宮の造営、城郭の築造などがみえるが[31]、いずれも軍毅以外の官人も参加する臨時の任務であり、恒常的な職務とはなし得ないので、除外する[32]。

以上の検討から、軍毅独自の職掌として①〜⑦の計七つが指摘できた。これを整理すると、表1のように分類することができる。

A・Bはともに、あくまで平時における職務であるが、特にBは軍団の軍事力を背景としてなし得るものである。次節で述べるように、国司も兵士の管理を責務としていたことを考慮すると、軍毅は本来国司がなすべき軍事行政を請け負っているとみることができよう。したがって鐘江氏が述べるように、軍毅は国司構成員としての側面が強いといえそうである[33]。そこで注目したいのは、Aの軍団の内部業務がいずれも職員令のみに規定され、軍団機構の管理を具体化した上で一括して明文化している点である。これが何を意味するのかであるが、唐の折衝都尉（および果毅都尉）と比較することで、より一層明瞭になると思われる。

表1　軍毅の職掌

分　類	具体的な職掌
A　軍団の内部業務	①兵士の検校
	②兵士の戎具管理
	③兵士の弓射・乗馬技術の訓練
	④兵士の陣列の検閲
B　軍事力を必要とする国内行政	⑤罪人追捕
	⑥囚人逓送における護衛
	⑦軍事力を必要とする部領

［備考］このほかに、他の地方官も共通して行う官文書逓送業務、および行幸の奉仕といった臨時の雑務がある。

唐では、京師禁衛や辺境防備の兵力供給源として、折衝府という軍府が地方に設置されていた。折衝府は、すべての州ではなく京師周辺と辺境に重点的におかれた点が軍団と異なるが、同様に（変遷はあるものの）一千人前後の兵士を擁しており、折衝都尉はこの各折衝府の長官である。この折衝都尉の職掌について『唐令拾遺補』は、開元七年（七一九）令・同二十五年（七三七）令として次のように復原する（復旧唐衛府職員令一七条）。

毎レ府折衝都尉一人、〈掌下領二校尉以下宿衛及衛士以上一、総中判府事上〉左果毅都尉一人、〈掌二通判一〉右果毅都尉一人、（下略）

本条は『通典』巻二九職官一一から復原される。中村裕一氏による『記纂淵海』所引職員令の検討結果に従うと、『通典』の職掌記事は開元七年令もしくは同二十五年令をかなり忠実に引用しているとみてよい[34]。管見では永徽令を直接うかがわせる史料は見出せないが、開元年間には「府兵制」は崩壊の一途を辿り、ほとんど団結兵制に移行しつつあったことを考慮すると[35]、これは永徽令の規定をそのまま継承しているとみるのが穏当であろう。

さて本条は折衝都尉の職務を、校尉以下の宿衛の統括、および「府事」の総判と規定する。このうち前者については、軍毅の京師上番を想定していなかったため日本令では削除し[36]、後者の「府事」を具体化して軍毅の職掌を規定したと考えられる。では、その「府事」とは何かであるが、『旧唐書』巻四四職官三[37]には「諸府折衝都尉掌下領二五校之属一、以備二宿衛一、以従二師役一、総中其戎具・資糧・差点・教習之法令上」とみえ、行軍への従軍・戎具管理・府兵の徴兵など多彩な業務を含むものであったことがわかる。つまり唐職員令では折衝都尉について、職務の具体的な項目は最も重要な京師禁衛のみを挙げ、その他は「府事」の一語に収斂させたといえるのである。

これに対して軍毅は、たとえば〝団事〟のような一語ですませることはなく、四つの職務を明記した。これは一体何を意味するのであろうか。私見では、具体化することで権限を限定したのではないかと考える。軍毅が軍団兵士を率い征討軍に従軍すべきであったことは、軍令違反者の処罰を規定する養老軍防令25大将出征条に「大毅以下」とあることや、勲簿の作成時に所属の軍団名を明記したことから明白である（同令31中勲簿条）。いっぽう折衝都尉も同様であったことは、先の『旧唐書』の記事にくわえて、『新唐書』巻五〇志四〇兵に「凡発二府兵一、皆下二符契一、州刺史与二折衝一勘レ契乃発。若全府発、則折衝都尉以下皆行。不レ尽、則果毅行。少則別将行」とあることから確実であり、(38)これゆえに折衝都尉の職掌規定は、平時と戦時のそれを包括して表現可能な「府事」という表現をとらざるを得なかったのだろう。これに対し日本では、軍毅も折衝都尉と同じく戦時の任務を有していたにもかかわらず、その職掌をあえて平時のそれのみに具体化して規定した点に特徴がある。つまり中央政府は、軍団を設置するにあたって地方豪族の力を借りざるを得ない実情を充分認識した上で、戦時については明記せず、平時の業務のみを具体的に規定することで、実際に兵士を管理する軍毅の権限を国内業務に限定した、と考えられるのである。これは次節で述べるように、国司が軍団に対して強く権限を及ぼすための、いわば保障のようなものといえるだろう。

このように、中央政府は軍毅の軍団に対する職務を限定し、また軍事力を必要とする国衙行政をも請け負わせることで、軍毅をあたかも国府構成員のように位置づけようとしたことが明らかとなった。では、中央政府は軍毅に対し、主として何を求めていたのだろうか。

養老考課令67考郡司条は、軍毅の考課基準を次のように定めている。

> （前略）、其軍団少毅以上、統領有レ方、部下粛整、為レ上。清平謹恪、武藝可レ称、為レ中。於レ事無レ勤、武藝不レ長、為レ下。数有二愆失一、武用無レ紀、為二下々一。毎レ年国司、皆考対定、訖具記附二朝集使一、送レ省。其下々考者、当年校定即解。

本条は、省略した前半部で郡司を、引用した後半部で軍毅の評価基準を規定する。この部分は、諸衛主帥に対する考課基準を定める復旧唐考課令四六条（『唐令拾遺』では開元七年令として復原）とほぼ同内容であるが（ゆえに大宝令も同内容とみて問題なかろう）、日本令における論理を解明する必要があると考える。

まず上考からみていくと、「統領有レ方」は、本条の『令義解』・『令集解』はともに具体的内容について触れるところがないものの、養老考課令23条（衛府之最）の「部統有レ方」についての『令集解』同条古記から類推すると、兵士の装備・陣列を整え、守固のために所々に分配する際は苦楽が偏らないよう平等に差配することと理解できる。「部下粛整」については、先の職掌の検討から、兵士の行動管理を指すのだろう。次に中考以下だが、『令集解』本条穴記が「於二軍団一武藝亦謂レ能耳」と述べているように、問題となるのは「武藝」の内容である。すでに橋本氏が諸史料から明らかにしたように(39)、これは穴記所引或云が「問、文称二武藝一者、其身一人之才、為當、能調レ人之号歟。答、於二身才一云レ然耳」と述べるごとく、兵士を教習する能力ではなく、「身一人之才」、すなわち武器を操る個人技能を指すと考えられる。そこで注目したいのは、「武藝」の評価について古記が「可レ称、謂二上品可一レ為レ師也」と述べ、「上品」の技術を有しており兵士の個別技術の模範となる「師」たり得るか否か、を問題としている点である。これはあくまで明法家の解釈であり、条文の立法意図とは区別して考える必要があるものの、先の「武藝」の性質をもって条文の論理を読み解くならば、古記の理解は妥当であるとみなせるだろう。

したがって中央政府は、高度な「武藝」を有する軍毅が兵士の優れた模範となって兵士の管理を徹底し、非常時に即座に対応できる状態を維持しておくことを最も要求していたと考えられる。軍毅は兵士の個人技術の「師」という側面と、軍団機構全体の管理者という二つの側面をもっていたのである。

この事実は、一体何を意味するのだろうか。兵士については次節で詳述するが、平時軍団に上番するのは十番に分けたうちの一番のみ、すなわち最大規模の軍団（一千人）であっても百人だけであった。これをさらに分割守固させるのだから、（陣列教習も集団である以上必要ではあるが）目下平時において重要なのは、所々で守固する際に起こり得る不測の事態に対応する、個別軍事対応能力であるといえる。軍毅は、征討行動から罪人追捕に至るまで、大小を問わず何らかの軍事行動が必要とされた際、本来あるべき軍事力を最上の状態で即座に動員可能にしておく責務を負っていたのである。

以上、考課令の考察を職掌の検討結果に反映させると、Aが基本であり、その確立の上で随時Bが求められるのは間違いないと考えられる。それでは、軍毅は一体誰が軍団を直接的に使用するために、「師」および管理者を務めているのだろうか。これに答えるためには、兵士の任務、そして軍団と国司の関係について考えなければならない。

第二節　兵士の任務と軍団機構

平時における兵士の主要任務の制度的解明を試みたのは、野田嶺志氏である。氏は、日唐の兵役負担者の免除規定を比較検討することで、日本の軍団兵士の主要任務が国内上番であると位置づけた。私見もこの見解は妥当であると考えるが、問題となるのはその具体的内容である。そこで上番兵士の具体的任務について、中尾浩康氏の検討をふまえてまとめると(40)、表2のようになる。

一見して多岐にわたることがうかがえるものの、すべての兵士が毎日上番したわけではないことに注意する必要がある。軍団設置後まもない『続日本紀』慶雲元年（七〇四）六月丁巳条に「勅、諸国兵士、団別分為二十番一。毎レ番十日、教二習武藝一、必使二斉整一。令条以外、不レ得二雑使一。其有二関須レ守者、随レ便斟酌、令レ足二守備一」とあり(41)、兵士は「十番」に分かたれ、短いスパンで年に数回上番する勤務形態となっていた。

表2　軍団兵士の任務

任務	具体内容	典拠
守衛・守固	軍糧倉や武器庫等の守衛	養老軍防令6兵士備糒条 （参考）『続日本紀』天平十一年六月癸未条 『類聚三代格』延暦十一年六月十四日官符
	関（剗）の守固	養老軍防令54置関条
	主船司管轄外の官船看守およびその修理	養老営繕令13有官船条
修理・修造	倉庫の修理	養老軍防令39軍団置鼓条
	城隍の修理	養老軍防令53城隍条
	器仗の修理・製造	養老営繕令8貯庫器仗条 （参考）『続日本紀』天平宝字五年十一月丁酉条
	堤防の修理・修営	養老営繕令16近大水条
防援・逓送・追捕	蕃使出入の防援	養老軍防令64蕃使出入条 （参考）『続日本紀』慶雲二年十一月己丑条 『続日本紀』和銅七年十一月乙未条
	囚徒や浮浪人および軍物の逓送・防援	養老獄令20徒流囚条 伊勢国計会帳 （参考）養老獄令14逓送条
	罪人の追捕	養老捕亡令2有盗賊条 養老捕亡令3追捕罪人条
軍事訓練	武藝訓練（剣・槍・弩・石・歩騎射）	養老軍防令10軍団条 『続日本紀』慶雲元年六月丁巳条 『類聚三代格』天平勝宝五年十月廿一日官符 「延喜兵部式」大宰射田条
	鼓吹訓練	養老軍防令39軍団置鼓条
	軍陣訓練	養老職員令79軍団条 （参考）『続日本紀』神亀元年四月癸卯条 『続日本紀』天平宝字五年十一月丁酉条

さて表2で重要なのは、兵士としての大前提である軍事訓練を除くと、いずれの職務も国司の地方支配に必要な治安維持活動の範疇に広く属する、という点にある。なかでも、兵庫の守衛と罪人追捕の二つは特別に重視されていた。前者については軍団の一時停止を命じた『続日本紀』天平十一年（七三九）六月癸未条に「縁㆑停㆓兵士㆒、国府兵庫、点㆓白丁㆒、作㆑番令㆑守之」とみえ、また後者は前節

引用の養老捕亡令3追捕罪人条に明言されており、中央政府はこの二点を軍団に対し特に強く求めていたのである。また、律令制的人民支配の根幹である本貫地主義に関する研究では、治安警察の観点から、軍団兵士の関（剗）守固が重要視されている。(42)

このような見方を進めていくと、前節で推測した平時における軍事訓練の位置づけも、より一層明瞭となる。先の慶雲元年勅からもわかるように、訓練の主内容はやはり「武藝」であった。また八世紀半ばの史料であるが、次の『類聚三代格』巻一八所収天平勝宝五年（七五三）十月廿一日付太政官符は、平時から国司が兵士を国府で簡試することを義務化している。(43)

太政官符

禁㆓断兵士差㆒科雑役㆒事

右奉㆑勅、国司違㆑法、苦㆓役私業㆒。悉棄㆓弓箭㆒、還執㆓鉏鍬㆒。自今以後、若有㆓犯者㆒、解㆓却見任㆒、永不㆓選用㆒。其番上兵士集㆓国府㆒日、国司次官已上、□□教習［　］□□□〔進カ〕止節度。兼撃㆑剣弄㆑槍、発㆑弩抛㆑石。

天平勝宝五年十月廿一日

兵士が番ごとに「武藝」教習をうけて国府兵庫の守衛も任務としたことや、国司による兵士管理が令文に明示されていたことを考えあわせると、「番上兵士」が国府に集結し国司の簡試をうけることは、慶雲元年以降行われるべきものであったと推測される。しかし充分に履行されず私役が濫行する状態となったため、この年に至って本官符が下されることになったのだろう。(44)これは将来の征行のためというより、むしろ直接的には「糺㆓察所部㆒」（養老職員令70大国条）、そして『令義解』が「盗賊不㆑起之類也」と注釈する「粛㆓清所部㆒」（養老考課令第46条国司之最）といった形で表現される、平時における国司の治安維持活動——本章では「糺察」活動と呼称する(45)——に必要な軍事力のレベルを維持するためと考えられる。つまり、平時における軍団兵士の軍事訓練は、要害防守等の日常的な「糺察」活動の他、現行政府を脅かす叛乱や他国からの侵略への即時的対応といった、統治維持のための軍事活動に必要なレベルを維持することが第一であり、それが征行において高い戦闘力を発揮する基盤になると位置づけられるのである。兵士の任務のなかには、堤防・倉庫等の修理といった「糺察」活動とは一概にいえないものもあるが、中尾氏が指摘するように、これは時期的に限定されるものであって問題はない。兵士の軍事訓練と「糺察」活動は両者相俟ってはじめて平時の軍事力として機能し、その充実によって非常時における国家的規模の強制力へ転回すると考えられるのである。それでは、その枠内で密接にかかわる国司と軍団の関係は、いかにとらえられるのだろうか。

軍団が国司の命令系統に属することは、角田文衞氏の指摘以来つとに述べられてきたところである。[46] しかしそれらは、官人制における統属関係や軍事指揮といった個別的側面から論じられる傾向があるため、軍団運営に必要な財政的基盤を含めた、総合的な考察が必要であると考える。

国司はその職掌に「兵士、器仗、鼓吹、(中略)、烽候、城牧」とあり、[47] 一国内の軍事力を管理したが、ことに軍団に対しては強力な権限を有していた。すなわち、『続日本紀』神亀五年（七二八）四月丁丑条に「陸奥国請下新置二白河軍団一、又改二丹取軍団一為中玉作団上。並許レ之」とあって、軍団そのものの設置申請権がまず確認でき、前節で引用した養老考課令67考郡司条によれば軍毅の考課も国司が行っていた。さらに人事権については、次の『続日本紀』慶雲元年六月己未条も重要である。

令下諸国勲七等以下身無二官位一者、聴中直二軍団一続労上。上経二三年一、折二当両考一、満之年送二式部一、選同二散位之例一。其身材強幹、須レ堪二時務一者、国司商量充使之。年限・考第、一准二所任之例一。

これは、無位帯勲者の軍団への続労を認め、そのなかで能力ある者を国司の裁量によって「充使」することを許したものである[48]。先の軍毅のケースを敷衍すれば、これら無位帯勲者の考課権も国司が有したものと考えられ、国司は軍団に属する人員すべての考課権を保有していたといえるのである。軍団を媒介として、国内の武藝に秀でた帯勲者を直接把握する体制が八世紀初頭において構築されていた点は、看過できない。

　このような諸権限のうち、特に注目したいのは軍団兵士の点兵権である。養老軍防令14兵士以上条には、次のように規定される[49]。

　凡兵士以上、皆造二歴名簿二通一。並顕二征防遠使処所一。仍注二貧富上中下三等一。一通留レ国、一通毎レ年附二朝集使一、送二兵部一。若有二差行一、及上番、国司拠レ簿、以レ次差遣。其衛士防人還レ郷之日、並免二国内上番一。衛士一年。防人三年。

兵士管理の基本資料である兵士歴名簿は、二通作成して一通を国に留め、残り一通を朝集使に附して兵部省に申送したことがわかる[50]。具体的な作成主体等が明記されていないが、歴名簿に武藝ではなく「貧富」の等第を注することなどからみて、国司が主体となり、郡司の協力を得て作成したことは間違いなかろう[51]。

　さて、このような手続のなかで問題となるのは、軍団の関与が条文上一切みえない点である。これは本条の制定意図にかかわってくる問題だが、唐令との比較を通じて解決可能であると考える。

　対応する唐令は、開元七年令として次のように復原される（『唐令拾遺補』の復旧七条[52]）。

　諸衛士、各立二名簿一。具二三年已来征防若差遣一。仍定二優劣一為二三等一、毎年正月十日、送二本府一印訖、仍録二一通一送二本衛一。若有二差行上番一、折衝府拠レ簿而発之。（以下略、傍線部筆者）

日本令が唐令を下敷きにしていることは明瞭であるが、ここでは傍線部を附した箇所に着目したい。すなわち、毎年正月十日までに「本府」に送付して押印し、その後一通を写して本衛に申送する、とある。「本府」とは歴名簿に記載された衛士（折衛府兵士）を管する各折衛府であり、「本衛」は各府が属する京師の左右十二衛六率府を指すが、兵士の簡点は折衛府が単独で行うのではなく州県と協力して行われていたことが、菊池英夫氏によって明らかにされている。(53)折衛府と州県が共同して兵士の簡点を行った後、州県で歴名簿が作成され、「本府」で押印し、各軍府が所属する衛府へその一通が申送されていたのである。

重要なのは、最終的に折衛府が確認を行い、中央に進上する点である。これは州と折衛府が互いに統属関係にないことによるが、(54)日本においても軍団を最終的に管轄するのは兵部省であって、軍団にも決済のための団印が存するにもかかわらず、(55)唐令のこの部分を削除・改訂している。前節で検討したような普段の軍毅による兵士差配は認められるいっぽうで、兵士歴名簿の最終確認という、軍事を掌る官司にとって非常に重要な作業は国司に奪われているのである。これはひとえに、国司に軍団を管理させ、独立性を与えまいとする中央政府の意図に他ならない。換言すれば、軍団制そのものの独立性の弱さを示しているといえよう。

以上、設置・運営面において、軍団が国司の統括下にあったことが具体的に再確認された。それでは、官司運営に必要な財源はどのようになっていたのだろうか。

軍団の財政については、史料がきわめて少ないことから、研究がほとんど進んでいない状況にある。橋本氏は「独立した財政機構を軍団が有していたのか疑わしい」と述べており、(56)軍毅の待遇は先にみたように兵士と何ら変わりないものであるうえ、軍団の財源についても令文には明確な規定がみえない。くわえて兵士の食料は原則自弁であることや、(57)軍団保有の器仗の修理費用も養老営繕令8貯庫器仗条に「在外者、役₂当処兵士及防人₁。調度用₂当国官物₁」とあって、国衙財政から支出されたとみられることなどを考慮すると、軍団の財源をいかなるものに求めるかはもちろん、その用途が何であるかも問題となってくる。

このような状況で早くから注目されたのは、射田であった。橋本氏の考察によると、射田は大きく二種に分類され、その一つに毎郡一町の割合で設置された諸国軍団兵士の射藝教習のためのものがあり、運営は兵士自身が直接行ったのではなく郡司の強い関与が想定される。(58) 橋本氏が提示した、軍団の停止・復置と概ね対応するという基本的な変遷については首肯されよう。重要なのは、射田の運営が国郡という一般行政機構で行われていることから、軍団独自の経済基盤の弱さを指摘できる点にある（射田については、本書第二章で検討する）。

そこで注目したいのは、天平十一年度伊豆国正税帳および天平二年度紀伊国正税帳にみえる以下の史料である（行論の便宜上、(a)・(b)とする）。

(a)　兵家稲天平十年定壹萬肆仟貳伯捌拾貳束〈依兵部省天平十一年九月十四日符混合〉

出挙伍仟束〈債稲身死伯姓一人免稲百束〉

定納本肆仟玖伯束

利貳仟肆伯伍拾束〈依兵部省天平十一年六月七日符悉免之〉

合定兵家稲壹萬肆仟壹伯捌拾貳束

(b)　軍団糒

天平元年定糒壹伯玖拾壹斛捌斗貳升壹合

史料(a)は「兵家稲」という雑官稲、(b)は「軍団糒」の存在を示す記載である。(59) これらの二史料は、薗田香融氏が軍団財政との関係を指摘した後、主として律令財政史の分野で議論されてきた。(60) その具体的な理解は様々であるものの、何らかの形で軍団に関係する財源の一つとみる点は一致している。両者ともに他の正税帳には記載がみえず、推測にわたる部分が多くなるが、検討を進めよう。

まず「兵家稲」について、本史料から確実に指摘し得るのは次の三点である。①天平十一年九月十四日付の兵部省符によって官稲に混合された。②一部を出挙することによって運営されていた。③天平十一年度の出挙利稲は、同年六月七日の兵部省符によって混合以前に免除された。

軍団は天平十一年（七三九）五月二十五日に一時停止されたため、①③より「兵家稲」の混合はこれに連動する処置とみられ、天平六年（七三四）一月に実施された官稲混合の対象外であったことが判明する。そして兵部省符によって利稲の免除や官稲混合が命じられていることから、その最終的管理は兵部省が行っていたということができよう。

これら二点から、「兵家稲」は軍団にかかわる財源であり、国衙財政とは（少なくとも帳簿上は）別立てで存在したと指摘できる。では、「兵家稲」はいかにして管理・運用されたのであろうか。②に示したように、稲自体は出挙によって維持されたことがわかるが、問題はその主体と方法である。次節で述べるような軍団の成立過程――権限が集中した評の民事行政権を郡司に、軍事権を軍団に分離した――を考慮すれば、このような律令国家の建前からいって、出挙の権限がない外武官の軍毅が行ったとは考え難い（私出挙となってしまうだろう）[61]。軍団が国司の強い統括下にあったことからすれば、実施統括者たり得るのは国司のみであり、その監督下で郡司が実際の出挙作業を担当したものと推測される。

右述のように考えていくと、帳簿上別立てである「兵家稲」をどのようにして国司が出挙したのかが新たに問題となる。この点については、②の傍点部に注目したい。すなわち、出挙するのは「兵家稲」のすべてではなくその一部（五千束）のみなのであり、出挙分を除いた残稲（九二八二束）は、軍団施設内の倉に存したものと考えられる。よって実際の「兵家稲」の出挙方法は、毎年の出挙本稲数を予め定数化した上で、それを大税出挙（公出挙）本稲に組み込んで出挙を行い、利稲分だけを軍団に納入していったものと推測できるのである[62]。

それでは「兵家稲」の用途が何なのかであるが、明示する史料はみえない。しかし穀化されていない点から、貯蓄用ではなく継続的に消費されることを想定して設置されたものと考えられる。そこで、「兵家稲」の語義に注目したい。問題となるのは、「兵家」の指す内容である。八世紀の史料に他の用例はみえないが[63]、〝某家〟の事例としては「郡家」「駅家」の二例が想起される。これらはそれぞれ郡司・駅の官衙施設を指しているものと解されるから[64]、先の結論を勘案すると、「兵家」とは軍団の官衙施設を指すとみてよい。よって、「兵家稲」とは軍団の官衙施設そのものに関係する財源ではないか、と考えられよう。

解決の手がかりは、天平十年の段階で約一万三千束もの穎稲が存在した点にある。もし食料やその他の物品に恒常的に使用されていたとすれば、支出の余剰の蓄積としては多い。したがって私見では、「兵家稲」とは軍団官衙施設の建設・補修費用ではないかと考える[65]。軍団には器仗や糒・塩などを収納する倉庫、軍毅や主帳等が政務を執る政庁、上番兵士の詰所、緊急出動用軍馬の厩舎、練兵用の広場などがあり、これらを塀やほりで囲って官衙を形成したと推測される[66]。次節で述べるように、軍団は大宝律令施行によって設置されたが、その官衙施設は徐々に整備されたものと考えられ、「兵家稲」はこのための費用であったと位置づけられるのである。同じく天平六年の官稲混合の対象外で、兵家稲と同様に天平十一年六月に停止された駅起稲の設置が「為レ造二山陽道諸国駅家一」であったことは、私見を支持する[67]。そもそも仮に「兵家稲」が軍団の日常活動に必要不可欠な独立財源ならば、軍団復置後に再び正税から分割されて然るべきである。しかしその形跡がまったくうかがえないのは、すでに混合の段階で「兵家稲」の主たる役割が終わっていたからではないだろうか。射田と同じく、軍団の財源の一つである「兵家稲」も、その運営は国郡一般行政機構に依存していたのである。

次に、「軍団糒」についての考察に移りたい。軍団に糒が備蓄されていたことは、養老軍防令6兵士備糒条および『令義解』同条の注釈から確認できる。注目されるのは、正税帳に「軍団糒」の記載を有するのが天平二年度紀伊国正税帳のみという点である[68]。そこで、本史料の正税帳中における記載位置という点から「軍団糒」の性格について考えてみたい。

正税帳書式に関する研究では、一国全体の収支を記す首部と、各郡の収支を記す郡部とに正税帳を分け、首部・郡部ともに前年度決算である初表示、今年度収支である中間表示、今年度決算である末表示に区分する方式が一般化している[69]。史料(b)は、紀伊国正税帳首部記載の末表示の後、すなわちクラ（および鎰）記載の直後（郡部の直前）に記されている。問題となるのは、この記載位置である。現存する正税帳のなかで首部末表示が確認されるのは八例だが、うち四例（大倭・長門・周防・伊豆国）はクラ記載の直後に神税を記している[70]。ここから、首部末表示のクラ記載の後は、すぐに郡部に移行するか、あるいは神税を記載して郡部に進む二つのパターンが存在することがわかる。薗田氏によると、神戸が存在する国の正税帳には基本的に神税が併載されたとみられるが、いっぽうで神税は大税（正税）とは異なる雑官稲であり、官稲混合から除外されていた点に注意したい[71]。こうした神税の性格を考慮すると、雑官稲を正税帳に併載する場合は、首部（あるいは郡部）の末表示の後に付載する形態をとるのが慣例であったと推定できよう[72]。この箇所に配された稲穀は、大税とは異質の存在なのである。

このような書式からすれば、「軍団糒」の記載位置が何を示すかは明白であろう。「軍団糒」は大税とは異質の存在であり、イレギュラーに正税帳へ記されたものであった。軍団施設内の倉に貯蓄され、非常時の兵糧であるという性格から、「兵家稲」と同様におそらく「軍団糒」も国衙財政とは別立てであり、軍団を通して兵部省が統括していたと考えられる。重要なのは、本来別帳簿を立てられるべき「軍団糒」が、大税と異質な稲穀として区別はされるものの、正税帳に記載されたという事実である。これは、国司も「軍団糒」を把握すべしという意識が存在したことのあらわれではなかろうか。実際の管理責任は軍毅が負っていたものの、国司は軍団に存する兵糧も把握していたと結論づけられるのである。

以上、軍団の財源について検討を行ってきたが、その運営は他の干渉を受けずに軍団が独自に行うものではなく、いずれも国郡行政によって支えられていた。すなわち、軍団の財源とみられるものはすべて国司の統制下にあったといっても過言ではなく、これは地方行政における軍団の独立性の弱さを如実に物語ると同時に、軍事業務を担当する国司の下部機構という性格がますます浮き彫りになったといえるだろう。

それでは、このような性格をもつ軍団は、いかなる政治的意図のもとに成立したのであろうか。

第三節　天武・持統朝における地方軍事力の再編成

軍団兵士制という国家的軍事システムを創出するため、地方軍事力に大きくメスを入れていったのは、天武・持統両天皇であった。その方向性については、本章冒頭で天武系皇統の政策の背景に壬申の乱の経験を見出すべきことを指摘した。ここではまず、政策方針に大きな影響を及ぼした、壬申の乱で表出した国制上の問題点について検討を行う。

直木孝次郎氏が論証したように、この乱は計画的クーデターであると考えられるが[73]、大海人皇子が乱に勝利した直接的要因としては、不破道の継続的把握や東国騎兵の動員等が挙げられる。しかしそれを可能にした条件として、当時の国制上の問題点を把握し、これらを的確に衝くことによって有利な状況を創出したという点を見逃してはならない。天武・持統朝の軍事政策は、これを是正することによる支配体制の強化（＝クーデター再発防止）というベクトル上で基本的に理解すべきであろう。私見ではその問題点を、Ⅰ（宮周辺に常備された）強力かつ大規模な親衛軍の欠如[74]、Ⅱ朝廷と国宰の統属関係の不徹底[75]、そしてⅢ国宰の地方豪族に対する支配力の弱さ、以上三点であると考える。このなかで、地方軍事力の再編成という点で特に重要なのは、Ⅲである[76]。問題点のⅢは、壬申紀に「比㆑及㆓郡家㆒、尾張国司守小子部連鉏鉤、率㆓二万衆㆒帰之。天皇即美之、分㆓其軍㆒、塞㆓処々道㆒也」[77]、「尾張国司守少子部連鉏鉤、匿㆑山自死之。天皇曰、鉏鉤有㆑功者也。無㆑罪何自死。其有㆓隠謀㆒歟」[78]とみえる尾張国宰の行動、および後年の論功行賞記事「従五位上尾治宿禰大隅壬申年功田卌町、淡海朝庭諒陰之際、義興驚㆑蹕、潜出㆓関東㆒。于㆑時、大隅参迎奉㆑導、掃㆓清私第㆒、遂作㆓行宮㆒、供㆓助軍資㆒」[79]からうかがえる。右の史料から、大海人皇子側についた尾張国宰小子部鉏鉤が乱後なぜか自決し、その統率下にあった尾張連（宿禰）[80]が、行宮造営・軍費供給等の大きな貢献を行っていたことがわかる。

この一連の行動については、井上光貞氏が述べるように[81]、鉏鉤は周囲の情勢上、本意ならずも大海人皇子側に加担し、乱後それを悔いて自決したとみざるを得ない。よって当時においては、国—評の命令系統は成立していたものの、国宰の権力が弱体であったため、地方豪族（評の官人も含む）を完全に支配しきれていなかったと考えられる[82]。大海人皇子が御野国の兵を興すにあたって、まず安八磨評の大部分を占めていたとみられる自身の湯沐に機要を告げ[83]、これをうけて評の官人を味方につけ評内の兵を差発し、最後に国宰を動かして国内全体の発兵を行うことを画策したのは、この見方を裏付けるといえよう。このような状況下では、いったんクーデターが勃発すれば地方豪族の思惑によって情勢はいかようにも変化し得、現行政府にとって不利な状況が生じる危険性が大きい。叛乱者である大海人皇子側の軍勢が中小豪族中心であった事実は、これを如実に物語っている[84]。ゆえに、中央政府がその統治を盤石のものとするためには、地方軍事力を国家側に再編成することが必要不可欠なのであり、天武・持統朝における軍団創設への歩みは、国宰の地方豪族に対する支配力の弱さの是正に直結するものと位置づけられよう。では、こうした視角をもったとき、天武・持統朝における施策はどのように理解できるのだろうか。

いわゆる畿内官人武装化政策は天武天皇四年（六七五）に始まるが[85]、中央政府が地方軍事力の再編成に本格的に着手するのは、天武朝も末年に至ってからであった。その口火を切るのは、天武天皇十四年（六八五）に発せられた次の施策である[86]。

詔二四方国一曰、大角小角、鼓吹幡旗、及弩抛之類、不レ応レ存二私家一。咸収二于郡家一。

この詔により、一国内の大角・小角等の軍隊指揮具がすべて評家に収められることとなった。重要なのは、「四方国」に命じていることから、国宰を中心として国家的軍事力を創設しようとする政府の意志がうかがえる点である[87]。ただし、前述のように弱体な国宰の権力では徹底が困難なため、その権力拡張が不可欠である。そこで、天武天皇十二年（六八三）に始まり十四年十月に終了する、一連の国境確定事業に注目したい[88]。これによって令制国が成立するが、重要なのは人間集団ではなく土地を領域単位にするという支配領域概念の変化により、国宰の権限が上昇した点にある[89]。つまり、評家への指揮具収公は、これを待って実施されたものと考えられるのである。

それでは、収公政策の目的とは一体何なのであろうか。これはすでに森公章氏が指摘したように、評内軍事力の指揮権を評督（助督）に一本化することにあるとみてよい[90]。評を単位とした軍事力と目されるいわゆる評制軍が存在するとすれば、ここに初めて成立したといえよう[91]。したがって本政策は、国宰による統治貫徹に必要な軍事力創設の準備的措置であると位置づけられる。ここから、地方軍事力の再編成が国司制の整備・拡張と密接に関係する点を確認することができよう。

さて、地方軍事力の再編成は、天武天皇の死によって持統天皇の手に委ねられることとなる。持統朝では、以下三つの地方に対する軍事政策を実施している（史料は『日本書紀』。行論の便宜上、各々(c)・(d)・(e)とする）。

(c)　詔二左右京職及諸国司一、築二習レ射所一。（持統天皇三年〔六八九〕七月丙寅条）

(d)　詔二諸国司一曰、今冬、戸籍可レ造。宜下限二九月一、糺中捉浮浪上。其兵士者、毎二於一国一、四分而点二其一一、令レ習二武事一。（持統天皇三年閏八月庚申条）

(e)　遣二陣法博士等一、教二習諸国一。（持統天皇七年〔六九三〕十二月丙子条）

このなかで、史料(d)は軍団の成立に深くかかわる史料として、従来から注目されてきた。私見では、史料(c)・(e)の位置づけはこの検討結果に左右されると考えるため、史料(d)から考察を始めることにしたい。

軍団の成立時期に関連してまず検討しておかねばならないのは、史料(d)の「兵士」規定と、その三カ月前に「諸司」へ班賜された飛鳥浄御原令との関係である。結論からいうと、浄御原軍防令に史料(d)の内容は規定されていなかった、と考える。なぜなら高橋崇氏がすでに指摘するように、そもそも相当条文が存すれば「詔」として具体的に取り上げる必要はないからである[92]。仮に実施を強調したものとみても、翌年九月に庚寅年籍作成を実質的に着手した際に「詔二諸国司等一曰、凡造二戸籍一者、依二戸令一也」と命じたように[93]、ここでも（たとえば）〝依二軍防令一〟とするだけでよいはずである。よって、このような「兵士」点兵規定は浄御原軍防令に存在せず、史料(d)は単行法令であると考える。笹山晴生氏が論証したように、詳細な兵士規定を載せる大宝律令施行によって、軍団は成立したと考えられるのである[94]。

それでは、史料(d)はいかなる規定なのだろうか。本史料の「兵士」規定に対する先行研究の理解は、大きく二分される。第一は戸籍上における点兵規定とみる見解[95]、第二は分番して行う軍事訓練規定とみる見解であり[96]、前者が通説的理解であるといえよう。しかし前者は、戸籍作成後の施策とみなす点や、飛鳥浄御原令との関係の理解にやや問題があるように思える。いっぽう後者も、分かつ前提となる「兵士」の徴発基準が不明確となってしまうし、そもそも軍事用語としての「点」を番上と解してよいのか疑問である。

これらの疑問点をふまえつつ、はじめに確認したいのは、史料(d)を戸籍の作成作業中に付随して行われる政策とみるのか、それとも正確な戸籍を作成するために事前に必要とされた政策とみなすのか、という点である。これは換言すると、本詔では戸籍を作成するために九月までに浮浪を「糺捉」することを命じているが、「兵士」規定をこの「糺捉」と関連させてとらえるのかどうか、ということである。これについては、先に指摘したように、庚寅年籍の実質的な作成開始がほぼ一年後までずれ込むことも、判断材料の一つとなろう。

そこで問題となるのは、本政策実施以前の七世紀後半において、はたして平時に兵役負担が固定化された集団——すなわち、歴名簿で個別に把握された常備軍（本書では常備軍の語を、国家が常備する軍隊の意で用い、糧食・装備・俸給の支給の有無を問わない）——が存在したのか否か、という点である。壬申紀には、乱の端緒となった朴井連雄君の奏言に「時朝庭宣二美濃・尾張、両国司一曰、為レ造二山陵一、豫差二定人夫一。則人別令レ執レ兵」とみえ、[97] 労役目的で徴発した人夫に武器を執らせ、軍を編成しようとした様子がうかがえる。もちろん近江朝廷側が大海人皇子側に気取られないようにしたことには留意すべきだが、カモフラージュの要素を考慮しても、徴発した人夫に対し武器を仮授して軍を編成するという形態は、この場合のみの特例ではないと考えられる。また、斉明天皇四年（六五八）の有馬皇子誅滅の際、蘇我赤兄の命で物部朴井連鮪が「造宮丁」を率いて居宅を包囲した事例もある。[98] 長山泰孝氏が指摘したように、兵役は未だ力役から分化していないように感じられるのである。[99]

よって、天智天皇九年（六七〇）に庚午年籍が作成された後、持統天皇三年（六八九）に至るまでの徴兵方式は、庚午年籍を基本台帳としつつ、国宰が各国内において力役徴発に堪える男子の数量を帳簿で把握していたものと推測される。ただしこの場合、兵卒の個別把握は評督やその指揮下の地方豪族が行えばよいため、国レベルでは戸籍のような詳細な歴名簿を想定する必要はない（各評ごとに徴発し得る数量がわかればよい）。壬申の乱の短い期間において東国の軍勢が参陣していることを考えると、遅くとも天智朝末年には、評督をはじめとした地方豪族に大きく依存した上で、帳簿にもとづく大規模な編成がある程度可能になっていたと推測される。これが、白村江の敗戦による国際的危機意識にもとづく、中央集権国家体制確立の機運によって推進された結果であることは明白である。そして天武天皇十四年の国境画定事業完了による国宰の権限強化と、評家への軍隊指揮具収公とによって、持統天皇三年の時点では、国単位で軍事力の再編成を行える状態になっていたと考えられる。

しかしいっぽうで、この段階では平時における一国内の徴兵数に対し、中央政府は何ら制限を設けていない点に注意したい。律が施行されていないため、恣意的な徴兵と軍事行動を規制する、擅興律のような罰則は存在しないのである[100]。この状態を維持し続けることは、政情が安定している時期ならともかく、不安定な状況下では危険である。

史料(d)は、軍事編成をめぐるこのような状況を前提として解釈すべきである。そこで解決の糸口として、次の『日本書紀』天武天皇十一年（六八二）十一月乙巳条からうかがえる、中央政府が求める平時の国内軍事力の方向性に注目したい（傍線部筆者）。

詔曰、親王・諸王及諸臣、至二于庶民一、悉可レ聴之。凡糺二弾犯レ法者一、或禁省之中、或朝庭之中、其於二過失発処一、即随見随聞、無二匿弊一而糺弾。其有二犯レ重者一、応レ請則請。当レ捕則捉。若対捍以不レ見レ捕者、起二当処兵一而捕之。

（下略）

親王以下「庶民」に至るまで、犯罪が発生した場合、たとえ現場が「禁省」・「朝庭」であったとしても、抵抗すれば「当処兵」を起こして追捕せしめることが布告されている[101]。もちろんこれまでも兵卒を犯罪者追捕にあてることはあったが、ここでは天皇自らが兵卒の用途の一つを明示し、平時における国内軍事力の方向性を、治安維持活動に措定した点が重要である。そして、庚午年籍作成時、造籍にあたって浮浪とともに盗賊も禁断せしめたこと（「造二戸籍一。断三盗賊与二浮浪一」）を想起したい[102]。史料(d)には浮浪しかみえないが、庚午年籍作成時と同じく、盗賊も同様にその対象であったとみてよかろう。よって史料(d)は、戸籍作成の実質的な着手に先立ち、正確な戸籍を作成するために浮浪・盗賊を断つことを当座の目的として、「兵士」を点じたものと考えられる。

　ここで〝当座〟と表現したのは、当然のことながら中央政府は内乱鎮圧や征討行動といった大規模な軍事作戦への使用を見据えていたはずだからである。しかし各豪族が保有していた軍事力は、彼ら自身の利害関係に直結するため、これに対する国家の介入には大きな関心が向けられていたと推測される。そこで彼らの反発を最小限に抑えるため、勢力範囲内の秩序維持にも寄与する治安維持活動を大きく謳うことで、はじめて再編成に着手できた、というのが実情ではなかろうか。戸籍作成を一つの契機に仕立て上げることで、行政上必要な国家的軍事力を創設することが可能になったと考えられるのである。第一節で軍団が浮浪人の逓送にあたっている事例を紹介したが、史料(d)を以上のように解するならば、これを一つの淵源とみることもできよう。そして以上から、史料(c)は政策実施の事前準備として各国に練兵場を設置したのであり、(e)は各軍の画一性を図るための「陣法」教習であると位置づけられるだろう。

　では、「四分而点二其一、令レ習二武事一」の意義は何であろうか。先に述べたように、力役と兵役は未分化であったことから、武器を執り得るすべての男子は潜在的に兵卒であるとみなすことができ、（慣行的な割当はともかく）制度的には当然兵役負担者とそれ以外の区別はなかったと考えざるを得ない。このような流動的といってよい状況であるがゆえに、大海人皇子は壬申の乱の際、即座に大規模な兵を起こせたのであった。よって本政策は、すでに森氏の示唆があるように[103]、来るべき軍団設置を見据えた、兵役の確立を目指した内容でなければなるまい。つまり、一国内の平時における軍事力を中央政府主導で再編成することで、国宰や評督が動かすことのできる平時の軍兵量を、従来徴発可能であった最大量の四分の一に制限・限定し、軍役負担者を明確化する（兵役と力役の分離を図る）ものであったと考えられるのである。「四分而点㆓其一㆒」とは、まさしく点兵規定とみてよいだろう。

持統天皇三年は天武天皇の後継者である草壁皇子が没し、鸕野皇女の称制期間中であって、政治的にきわめて不安定な時期にあったとされる。従来とは異なる、規模も限定した新たな軍事力の創設は、前述の問題点の是正およびクーデター再発防止、そして天武皇統による列島支配そのものを脅かす対外的脅威に対する防衛といった面で、大きな意義があったと位置づけられる。しかしながら、一連の政策によって持統朝ではますます評に軍事・民事双方の権限が集中することとなり、国宰の支配の深化を阻害する面もあったと推測される。このような集中を避けるためには、磯貝正義氏が述べたように軍事面を評制から分離独立させる必要があり[104]、国宰とより直接的な関係を有し、統治上その爪牙たり得る官司を創出しなければならない。これゆえ軍団は、前節までにみたような、国司の軍事行政下部機構という性格を濃厚にもって成立したと考えられるのである。霊亀二年（七一六）に至り、郡領の近親者が軍毅を連任することを禁じたのは[105]、その成立背景を如実に示すものといえるだろう。

むすび――律令軍団制の意義――

本章では軍団という地方軍事機構の性格をうかがうため、三節にわたって検討を加えてきた。軍毅は兵士の個別技能の「師」であり、軍団の軍事力を最上の状態で即時発揮できる体制に整えておく管理者であった。兵士は不測の事態に対応する個別技能の習得が重視され、国司の統治を支える軍事的強制力であった。また軍団機構は財政面で国郡行政に大きく支えられており、国司の強力な統制下にあったと考えられる。軍団は壬申の乱での経験をふまえ、地方豪族の手中にあった軍事力を中央政府側に引き寄せることによって、国司による地方支配の軍事的保障、そして現行体制維持のための軍事力、という二つの性質を強くもって成立したと位置づけられるのである。

しかしいっぽうで、クーデターを成功させた天武系政権の政策の根底に、白村江の敗戦という危機によって要請された、（侵略を防ぐための）早期の中央集権国家構築という命題が存在したことを忘れてはならない。ただ、もしこれが主たる設置原因であれば、軍団は対外的危機に晒されていた天智朝で創出されて然るべきだろう。しかし実際には、軍団は大宝律令の施行によって成立したのであり、評制軍ですら天武朝末年に至って実現した。この事実は、為政者の意識や地方支配の行政組織などの国内的要因が充分に揃わなければ、結局地方軍事力の再編が困難であったことを示している。したがって軍団成立の直接的要因は、当時の国家の問題点を浮き彫りにした壬申の乱に求めなければならない。そしてウェイトの違いはあれ、軍団が対内的要因（壬申の乱）と対外的要因（白村江の敗戦）をあわせもって成立したのであれば、その本質は双方への対応策として理解されるべきだろう。

本書序章で述べたように、軍事力は、これを保有する主体がどこからを他者と意識するのか、すなわちウチとソトの境界線をどこに引くのかによって、多様な動態をみせる。国家的規模の軍事力の場合、他者の認識は政治的決定にもとづくが、七世紀以前の日本古代において、いかなる状況にあっても政府の意図をそのまま体現し、変化する他者に即応する軍事力は存在しなかったといえる。

軍団は、平時においては国司による「糺察」活動の実行手段として機能し、戦時では出征将軍の指揮下で征討軍の主力として征討任務にあたった。七世紀以前の地方軍事力とは異なり、中央政府が恒常的に使用可能で、様々な政治目的——すなわち、変化する他者——に対し即座に行使できる常備軍を、はじめて国司の強力な指揮下に創出した点に、軍団制成立の大きな意義が求められるのである。本章で検討した範囲でいえば、軍団とは対内・対外的脅威を問わず、現行政府による支配体制の維持・展開を阻害する一切のものに対応する基本的な武力手段であったと表現せざるを得ない。すべての国に軍団を設置したのも、クーデター防止と国司の国内統治に必要不可欠だからであり、有事の際には迅速かつ効果的に兵力を供給することができるからだろう。ただ、必ずしも直木・米田両氏のように中央政府と地方豪族を二項対立でとらえる必要はなく、むしろ中央政府は地方支配の実情を充分に理解した上で、低い待遇のまま巧みに地方豪族を取り込み、また彼らも自らの勢力保持のためにこれを支持・利用したのであって、こうした相互容認があってはじめて軍団制は実現し得た、と考えられるのである。

軍団は大宝律令施行によって成立したが、同時に、そこに規定されるシステムは当時の現状の影響を大きく受ける。軍団は、あくまで大宝律令施行時における地方軍事力の一つの段階を示しているにすぎないのである。たとえば、後々まで維持された辺要を除くと、軍団にかんする出土文字資料がきわめて乏しいという状況は、軍団が地方兵制の過渡的形態にすぎないことを暗示するようである。律令軍団制は大宝律令の施行によって運用が開始されたが、早くも慶雲元年には、軍団を通じた国司による帯勲者の把握が始まっている。この段階ですでに、律令政府は次の地方兵制のあり方を模索していたともいえるだろう。

注

（1）直木孝次郎「律令的軍制の成立とその意義」（『ヒストリア』二八号、一九六〇年）、米田雄介「軍団の成立と特質」（『郡司の研究』法政大学出版局、一九七六年。初発表一九七五年）。

（2）村岡薫「律令国家と軍事組織」（歴史学研究会編『歴史における民族の形成』青木書店、一九七五年）。下向井龍彦a「日

本律令軍制の基本構造」（『史学研究』一七五号、一九八七年）、同b「日本律令軍制の形成過程」（『史学雑誌』一〇〇編六号、一九九一年）。

（3）松本政春「序論」（『律令兵制史の研究』清文堂出版、二〇〇二年）。詳細は、本書序章で紹介した。

（4）大津透「「日本」の成立と律令国家」（『日本古代史を学ぶ』岩波書店、二〇〇九年。初発表二〇〇四年）参照。なお、本章のもととなった旧稿（『史学雑誌』一一六編七号、二〇〇七年）に対しては、下向井龍彦氏から批判を頂戴している（下向井龍彦「軍団兵士の平時勤務の本務と「雑使」―『続日本紀』慶雲元年六月丁巳条の「令条以外、不得雑使」の解釈をめぐって―」『律令国家・王朝国家の国家軍制に関する総括的研究』科学研究費報告書、二〇〇八年）。氏の批判に対しては、旧稿で説明が不充分だった部分について、以下で適宜補足したい。

（5）前注（3）に同じ。

（6）石尾芳久「日唐軍防令の比較研究」（『日本古代法の研究』法律文化社、一九五九年。初発表一九五八年）、二〇三～二〇九頁。

（7）菊池英夫「日唐軍制比較研究上の若干の問題―特に「行軍」制を中心に―」（唐代史研究会編『隋唐帝国と東アジア世界』汲古書院、一九七九年）、三八八～四〇七頁参照。

（8）『令集解』職員令25兵馬司条。

（9）律令条文の引用について一言しておく。本章で直接と り扱ったのは養老律令であるが、当然大宝律令の状態が問題となる。本来であれば引用するすべての条文について逐一検証すべきであろうが、これはあまりに煩雑である。よって本章では、両者の差違については必要に応じて本文あるいは注で述べ、特に言及しない場合は、同内容と判断する。なお大宝軍防令の復原については、松本政春「大宝軍防令の復原的研究」（前注〔3〕に同じ、初発表一九七一年）を参考にした。

さて軍団条の大宝令の状態だが、『令集解』同条古記より「調二習弓馬一」「簡閲」の字句が復原でき、また大宝令制下の他史料から「軍団」「大毅」「少毅」も養老令と字句が同一であることが推測できる。後述のように「検二校兵士一」も律に対応する規定が存することから、本条は大宝令でも同内容であったと判断してよかろう。

（10）『続日本紀』養老三年十月戊戌条、『令集解』職員令79軍団条伴云所引八十一例。

（11）橋本裕「軍毅についての一考察」（『律令軍団制の研究 増補版』吉川弘文館、一九九〇年。初発表一九七三年）参照。「大少毅」や「軍毅」の事例は、同論文の「第一表」にまとめられている。

（12）養老公式令52内外諸司条に「五衛府、軍団、及諸帯㆑仗者、為㆑武」とある（引用箇所は大宝令も同文）。『令義解』軍防令14兵士以上条の注釈に、校尉・主帳以下は兵士歴名簿に附載されるとあるように、軍毅との間には明確な境界が存在した。また『令集解』選叙令15叙郡司軍団条朱説が、考課の対象となる軍団官人を「軍団者少毅以上也」と解することからすれば、あくまで平安時代の明法家の理解ではあるものの、考課に預かる意味での狭義の官人は、軍団には軍毅しか存在しなかったといえよう。

（13）橋本氏前注（11）論文、二一一～二一四頁。および新野直吉「軍防令制と地方豪族」（豊田武教授還暦記念会編『日本古代・中世史の地方的展開』吉川弘文館、一九七三年）、三〇～三七頁を参照。天平六年度出雲国計会帳に「軍毅譜第帳一巻」とみえることから、このような傾向が徐々に「譜第」を形成していったことがうかがえる。

（14）養老選叙令3任官条および『令集解』同条古記より、大宝令制下から一貫して奏任官であったことがわかる。また非官位相当であった点については、『令集解』官位令に「義云、其郡司軍毅者、雖㆓是外文武官㆒、既非㆓官位相当之職㆒」とあることによる。引用部分は『令義解』の所説であるが、無位と有位双方の軍毅が天平九年度但馬国正税帳にみえることから、これも大宝律令施行以来であるとみてよい。

（15）南部昇「大宝令的郡司制創出の意義」（佐伯有清編『日本古代中世の政治と宗教』吉川弘文館、二〇〇二年）参照。

（16）無位の軍毅は「擬少毅无位出雲臣福麻呂」（天平六年度出雲国計会帳）・「丹後国少毅无位丹波直足嶋」（天平九年度但馬国正税帳）の二例がみえる。

（17）早川庄八「選任令・選叙令と郡領の「試練」」（『日本古代官僚制の研究』岩波書店、一九八六年。初発表一九八四年）、二九〇～二九一頁の注（12）参照。

（18）養老選叙令15叙郡司軍団条。

(19) 前注（11）に同じ。

(20) 橋本氏の没後に刊行された前注（11）書の初版に対する北啓太氏の書評（『歴史学研究』五五七号、一九八六年）、四五〜五一頁参照。

(21) 野田嶺志「日本律令軍制の特質」（『日本古代軍事構造の研究』塙書房、二〇一〇年。初発表一九六五年）、一九頁。以下、氏の論はすべてこれに拠る。

(22) 本条は養老律であり、大宝律の状態が問題となる。『故唐律疏議』同条の対応箇所は「若軍役所有レ犯、隊正以上、折衝以下、各準二部内征人冒名之法一、同二州県一為レ罪」とあることから、日本律は「折衝」を「両毅」に、「州県」を「国郡」に変更したのみであることがわかる。後述のように折衝府は貞観年間に完成しているので、開元二十五年律とされる『故唐律疏議』所載の本条も永徽律まで遡るとみて問題なく、永徽律を継受した大宝律も養老律と同規定であったとみてよかろう。

(23) ただしこれは法的な建前であり、実際には官営工房で製作されたものを、兵士が対価を支払って購入し、官給されたものと推測される。戎具製作の実態には議論があり、下向井氏前注（2）a論文、中村光一「令制下における武器生産について―延喜兵部式諸国器仗条を中心として―」（虎尾俊哉編『律令国家の地方支配』吉川弘文館、一九九五年）、吉田晶「日本古代の住民の武装」（『歴博』七二号、一九九五年）などを参照。

(24) ここに掲げた断簡のほか、b〜nの一三の断片が出土している。本文書の出土および復元状況については、『鹿の子C遺跡漆紙文書―本文編―』（財団法人茨城県教育財団、一九八三年）、一二六〜一三四頁参照。

(25) 平川南『よみがえる古代文書』（岩波書店、一九九四年）、一三八〜一四一頁参照。軍防令7条にみえる戎具との異同については、前注（24）報告書の一三〇頁を参照。

(26) 『続日本紀』神亀元年四月癸卯条に「教下坂東九国軍三万人教二習騎射一、試中練軍陳上。（下略）」とある。

(27) 北啓太「軍団兵士の訓練に関する一考察―「季冬習戦」の存否をめぐって―」（『続日本紀研究』二二四号、一九八二年）参照。

(28) 史料は、国立歴史民俗博物館編『正倉院文書拾遺』（便利堂、一九九二年）の二四六頁に拠る。本計会帳の作成時期や、諸国逓送における当該事例の位置づけについては、市大樹「伊勢国計会帳からみた律令国家の交通体系」（『三重県史研究』一六号、二〇〇一年）を参照。

(29) 養老軍防令20衛士向京条。

(30) 鐘江宏之「八・九世紀の国府構成員―文書行政への関わり方を中心に―」（『弘前大学國史研究』一〇二号、一九九七年）、一～四頁参照。

(31) 『続日本紀』養老元年（七一七）二月辛卯条、天平勝宝元年（七四九）十一月己未条、天平宝字三年（七五九）九月己丑条参照。

(32) なお、天平九年度但馬国正税帳には「賷免罪赦書来駅使単壹拾伍日、（中略）、送因幡国当国大毅正八位上忍海部廣庭将従二人合三人。（後略）」とみえ、軍毅が隣国への官符逓送を行っていることがうかがえる。職掌の八つ目として官文書の逓送が挙げられそうだが、天平六年度出雲国計会帳には校尉・旅帥・隊正と目される軍団官人による文書逓送が確認され、但馬国正税帳では郡の大領や主帳も逓送を行っていることから、官文書の逓送は地方官司の官人ならば誰もが行い得る雑務であったと考えられる。ゆえに本文では、軍毅固有の職務としては数えなかった。

(33) 鐘江氏前注（30）論文、八頁。一般化はできないが、鐘江氏も指摘するように天平宝字七年（七六三）近江愛智郡司東大寺封租米進上解案帳に「国使慈賀団少毅外従八位上吉身臣三田次」（『大日本古文書（編年）』一六巻、三八九～三九九頁）とみえ、滋賀団少毅が国使を務めているのは、この見解を支持しよう。

(34) 中村裕一「職員令逸文」（『唐令逸文の研究』汲古書院、二〇〇五年。初発表一九九五年）を参照。

(35) 濱口重國「府兵制度より新兵制へ」（『秦漢隋唐史の研究　上巻』東京大学出版会、一九六六年。初発表一九三〇年）を参照。

(36) 軍団制と衛士制の関係については、本書第七章を参照。

(37) 『唐六典』巻二五諸衛府、『新唐書』巻四九上志三九上百官四上にも同様の記事がある。

(38) 『新唐書』巻五〇志四〇兵。唐代の行軍システムについては、孫継民『唐代行軍制度研究』（文津出版社、一九九五年）を参照。

(39) 橋本裕「古代兵制と軍事訓練―胡口靖夫氏の論に接して―」（前注〔11〕書、初発表一九八一年）一一〇～一一三頁を参照。

(40) 中尾浩康「延暦十一年の軍制改革について」（『日本史研究』四六七号、二〇〇一年）、五五～五九頁参照。以下、氏の論はこれに拠る。

(41) なお、新訂増補国史大系は「団」を「国」とするが、北啓太氏の調査によると諸写本ともに「団」であり、国史大系編纂の際の単純な誤りであると考えられる。北氏前注（27）論文、二六頁参照。

(42) 吉村武彦「日本古代における律令制的農民支配の特質」（歴史学研究会編『歴史における民族と民主主義』青木書店、一九七三年）などを参照。関剗と軍事力とのかかわりについては、本書第五・六章を参照。

(43) 本文は、前田育徳会尊経閣文庫編『尊経閣善本影印集成39　類聚三代格　三』（八木書店、二〇〇六年）によって若干修正してある。

(44) なお佐々喜章氏は、本官符を軍事訓練という観点に留まらず、兵士私役の問題と関連づけて理解している。同「軍団兵士制の展開について」（『続日本紀研究』三五三号、二〇〇四年）、七～一〇頁参照。

(45) 筆者は本文のように、国司の治安維持活動を史料用語を使って表現するにあたり、「糺察」活動と呼称した。これは養老職員令70大国条にみえる国司の職掌の一つであるが、考課令46条（国司之最）にみえる「粛清所部」と相対応すると判断したことによる。しかしこの「糺察」の語について、下向井龍彦氏より不適切との批判を受けた（前注〔4〕論文）。旧稿では紙数の関係から詳細を述べることはできなかったため、ここで考察を加えたい。

はじめに前提となるのは、あくまでも律令制定時の「糺察」の意味を明らかにしなければならないという点である。そこで特に問題となるのは、職員令70大国条と戸令33国守巡行条の関係であろう。これについてはまず、『令集解』の複雑な構造を解明する必要がある。以下煩雑となるが、検討を加えたい。

『令集解』職員令70大国条の「糺二察所部一」には、次のような注釈が附されている。

私。戸令云、国守、毎年一巡二行属郡一、観二風俗一、問二百年一、録二囚徒一、理二冤枉一、詳察二政刑得失一。知三百姓所二愁苦一、敦喩二五教一、勧二勤農功一云々。

一見してわかるようにこれは私説であり、『令集解』編者である惟宗直本の見解にすぎない。そもそも明法家の見解と令意が同一視できないことや、八世紀の注釈書である古記や令釈、跡記とは令私記としての重みが異なるという前提をふまえれば、八世紀における明法家の「糺二察所部一」の理解をうかがう直接の根拠にはならないことに注意すべきである。では、なぜ惟宗直本は『令集解』編纂にあたり、この部分に戸令33国守巡行条を引用したのだろうか。

職員令を紐解くと、「糺二察所部一」という職掌は66左京職条、68摂津職条、69大宰府条、70大国条の四カ所に見出せる。その中で、注釈が附されているのは66左京職条および70大国条である。そこで左京職条をみると、次のようにある。

> 穴云、（イ）糺察、猶二検校一也。非二巡察一。（ロ）私案、同二国守一巡行糺察耳。

穴記のみが記されているのであるが、内容からイとロに分類することができる。北條秀樹氏によれば、穴記は「延暦期の原穴記を中心として、義解成立前後に至るまでの時期・筆者を異にする諸説で構成されていた」と考えられる（「令集解「穴記」の成立」『日本古代国家の地方支配』吉川弘文館、二〇〇〇年。初発表一九七八年）。そこで北條氏の研究にもとづき先の穴記をみると、その記載形式（令文＋語彙解説）からイは原穴記、ロは穴記私案であると判断できる。そしてこの原穴記＋私案の組み合わせからなる記載は、北條氏の分類に従うと大同二年（八〇七）以後に成立したと考えられるだろう。

これをふまえて穴記の所説をみていくと、原穴記（イ）では「糺察」は「検校」のようなものであって「巡察」ではないとし、これに対し私案（ロ）は国守と同じく「巡行」して「糺察」すると解する。つまり、原穴記と私案が正反対の解釈をしているのである。ここまでくれば、惟宗直本がなぜ大国条に国守巡行条を引用したのかは明らかだろう。つまり国守巡行条の引用は、惟宗直本自身が穴記私案の解釈に引きつけられた（直本自身は私案を是とした）からにすぎないと理解できるのである。

ただ、「糺察」を理解する上で重要なのは、成立年代が八世紀に最も近い原穴記が「糺察」と「巡察」を同一視しなかった点である。「巡察」という概念には国司による部内巡行も当然含まれるであろう。原穴記が「糺察」に対して、国守巡行のイメージをもたなかったことに注目すべきではなかろうか。

では原穴記が「糺察」と同義とした「検校」とは何を意味するかであるが、これは養老戸令34国郡司条にみえるような「検校」を原穴記筆者は想定していたのではないかと推測される。

凡国郡司、須下向二所部一検校上者、不レ得下受二百姓迎送一。妨二廃産業一、及受二供給一、致上レ令二煩擾一。

本条が規定する「検校」は公務一般に関するもので、治安維持活動に限定されるものではない。『令集解』本条所引或云（「在二穴記一」）には「此条、臨時不レ限二事之大小一。有レ可二検校一耳」とあることを参考にすると、原穴記の筆者は、必要に応じて国内の現地に赴き政務を行うという意味で「検校」を捉え、「猶二検校一」と注したと考えられる。そもそも本書第八章で明らかにするように、罪人追捕にあたっては、国司が動き出す前にまず郡司・軍団が追捕にあたっているのであり、〝糺《ただ》し察《み》る〟という動詞を「検校」と解する原穴記の理解は、ある程度頷けそうではある。

ここで他篇目に目を向けると、養老宮衛令17五衛府条には「凡五衛府官長、皆以レ時按二検所部一、糺二察不如法一」とあり、ここでは衛府官人の不法者を取り締まる意で使用されている。また、中務省被管の内礼司の職掌である「禁二察非違一」について、穴記は「禁二察非違一者、督察糺察之義也」と述べており（『令集解』職員令12内礼司条穴記）、この場合は乗輿指斥といった官人の非違を摘発する意を念頭に置いているようである。

しかしながら、明法家の解釈が穴記のみであり、権威ある古記・令釈が沈黙している点はやはり気にかかる。『令集解』を読むにあたっては、その注釈のみに目がとらわれがちであるが、一方で注釈が附されていないという事実も重視すべきではなかろうか。つまり、古記や令釈が沈黙しているのは、八世紀において「糺察」という語に〝糺し察る〟という訓からイメージされる〝非違をただす〟という意味以外の、具体的に限定・固定された解釈が存在していなかったことを暗に示しているように思われる。よって明法家の所説からは、「糺察」の具体的意味について、令意はおろか八世紀の理解についても確定は難しいとせざるを得ないだろう。

では、『続日本紀』ではどうだろうか。「糺察」の事例は、三例を見出すことができる（傍線部筆者）。

A　大宝元年（七〇一）八月丁未条

（前略）撰令所処分、職事官人、賜レ禄之日、五位已下、皆参二大蔵一受二其禄一。若不レ然者、弾正糺察焉。

B　延暦二年（七八三）六月乙卯条

勅曰、京畿定額諸寺、其数有レ限。私自営作、先既立レ制。比来所司寛縦、曾不二糺察一。如経二年代一、無二地不一レ寺。
宜三厳加二禁断一。（下略）

C　延暦五年（七八六）六月朔条

（前略）、又勅、撫二育百姓一、糺二察部内一、国郡官司、同二職掌一也。然則、国郡功過、共所二預知一。而頃年、有レ焼二正倉一、独罪レ郡不レ坐レ国。事稍乖レ理。豈合二法意一。自レ今以後、宜下奪二国司等公廨一、惣填中焼失官物上。其郡司者、不レ在二会レ赦之限一。

これらはいずれも〝非違を糺し察る〟という基本的意味でおおまかにとらえることができるが、行為主体によってその中身を区別することができる。たとえばAは弾正台という官司の性格上、先に述べた意味にとどまらず、具体的な罪名を挙げるところまで含まれそうである。Bについては、管轄内の寺院における違法建築物の有無を検察し、非違を取り締まるものと解せるだろう。

そこで注目したいのは、国郡司について述べたCである。本記事は神火事件の責任を問うにあたり、従来郡司のみが問題視されていたのを、国司にまで連帯責任を負わせることを命じた勅である。重要なのは、冒頭部で「撫二育百姓一、糺二察部内一、国郡官司、同二職掌一也」と述べる点にある。国司・郡司が共通の職掌をもつことを処分の根拠として挙げているのだが（大領の職掌には「撫二養所部一、検二察郡事一」とあり、戸令33条の「郡領之不」には「奸盗起、獄訟繁」とみえる）、この「糺二察部内一」は、「撫二育百姓一」と対置して掲げられていることからも、管轄内（「部内」）の非違を検察し取り締まること、すなわち治安維持活動の意味を含み込むと解するのが穏当だろう。勅にみえる「部内」と職員令70大国条の「所部」は同義であり、この部分が職員令を念頭に述べられたものであることは明らかである。八世紀末の記事であり、令意にまで遡らせるにはやや不安が残るものの、「糺二察所部一」がその意味のなかに治安維持活動を含むことは間違いないと考えられる。

そもそも、犯罪発生後の追捕行為のみでは治安は維持できないのであり、犯罪を未然に防ぐために、往来の検察や、人々が多く集まる交通の要衝、行政的重要拠点の警備を始めとした、さまざまな警察的活動が行われていた。また、捕縛した犯罪者に然るべき処罰を与え、威嚇主義にもとづき民衆に犯罪者の末路を知らしめ、犯罪の発生を抑えることも、治安維持活動の重要な一環である。国内行政をあずかる国司は、現地における最高責任者としてこれらの諸業務を統括することで治安を維持したのであり、国司のこの責務を職員令に規定し、根拠を与えているのが、「糺三察所部一」という一節であると結論できるのである。

以上より、国司による国内治安維持活動を「糺察」活動と呼称する妥当性は、依然として保持されることが確認できた。ただ、八世紀においては問題なくとも、地方兵制が大きく変転していく九世紀以後も、国司の治安維持活動はその重要性を一層増しつつ展開されていくのであり、古代を通して使用できる呼称かと問われれば、再考の余地があるように思われる。この点は、今後の課題としたい。

(46)　角田文衞「軍団と衛府―律令国家の性格に関連して―」（『律令国家の展開　角田文衞著作集3』法藏館、一九八五年。初発表一九六〇年）、長山泰孝「国司と軍団」（『古代国家と王権』吉川弘文館、一九九二年。初発表一九八八年）などを参照。特に本章では、長山氏の論考に多くを負っている。

(47)　養老職員令70大国条。

(48)　なお、この政策は大宝三年（七〇三）に西海道でまず実施され（『続日本紀』大宝三年八月甲子条）、慶雲元年に至り全国へ拡大することとなった。西海道における無位帯勲者の軍団番直については、松本政春「征隼人軍の編成と軍団」（『奈良時代軍事制度の研究』塙書房、二〇〇三年。初発表一九九八年）を参照。

(49)　本条の大宝令の字句は復原が困難な状況にあるが、対応唐令の骨子を継承していることに加え、貧富による等級の設置や「送兵部」の文言も大宝令に存したと推定されることから、全体としてほぼ同文であったとみなす。浦田明子「編戸制の意義―軍事力編成との関わりにおいて―」（『史学雑誌』八一編二号、一九七二年）、四七頁以下を参照。

(50)　歴名簿が実際に中央に進上されていたことは、天平六年度出雲国計会帳に「兵士簿目録一巻　兵士歴名簿四巻　點替簿四巻」とあることから確認される。

(51)　ただし、もちろん写しが軍団にも常備され、差配等に利用されたのだろう。点兵の具体的作業については、下向井龍彦「軍団」（平川南ほか編『文字と古代日本2　文字による交流』吉川弘文館、二〇〇五年）、二九九～三〇二頁を参照。

(52) 本条は『唐六典』巻五兵部郎中員外郎の記事によって復原される。なお、大宝令が模範とした永徽令の状態が問題となるが、管見では関係史料を見出せていない。しかし、永徽令が貞観十年（六三六）の折衝府制確立後に施行されていることや、各軍府の左右十二衛六率府への隷属という形態は一貫して変化していないとみられることを考慮すると、同内容であったと考えられる。

(53) 菊池英夫「唐代府兵制度拾遺」（『史林』四三巻六号、一九六〇年）、一〇三～一一〇頁参照。

(54) 濱口氏前注（35）論文、八～九頁参照。

(55) 筑後国遠賀団印・御笠団印が出土している。木内武男『日本の官印』（東京美術、一九七四年）、六七～六八頁参照。

(56) 橋本氏前注（11）論文、二五頁。

(57) 『類聚三代格』巻一八所収の、陸奥国に下した弘仁六年（八一五）八月廿三日付太政官符に「右此国鎮兵之外、更点二兵士一、（中略）、因二循前例一、可レ食二私粮一」とあり、軍団兵士の食料は自弁であったと推測される。くわえて、天平二年度越前国正税帳の江沼郡の記載に「依民部省符給下等兵士壹拾肆人柒伯束」とみえ、民部省符によって下等兵士に食料を支給したことが特筆される。兵士の等級は貧富によって決められたので、これは食料を自弁できない下等兵士に対し、何らかの理由で特別に支給したものに他ならず、八世紀前半においても食料自弁の原則は存在したとみてよかろう。

(58) 橋本裕「射田の制度的考察―律令軍団制とのかかわりにおいて―」（前注（11）に同じ、初発表一九八〇年）。

(59) 薗田香融「出挙―天平から延喜まで―」（『日本古代財政史の研究』塙書房、一九八一年。初発表一九六〇年）、五八～五九頁。「兵家稲」を検討した論考としては、管見では山里純一「諸官稲の設置と官稲混合」（『律令地方財政史の研究』吉川弘文館、一九九一年。初発表一九七九年）、松原弘宣「令制駅家の成立過程について」（『日本古代の交通と情報伝達』汲古書院、二〇〇九年。初発表一九八八年）、および林陸朗・鈴木靖民編『復元　天平諸国正税帳』（現代思潮社、一九八五年）における長瀬一平氏執筆の伊豆国正税帳解説が挙げられる。また、下向井氏前注（51）論文にも言及がある。

(60) 先行研究の理解は、三つに大別される。まず薗田・下向井両氏は兵家稲を全国に置かれた軍団の財源とし、山里氏は伊豆国の特殊例とする。そして松原・長瀬両氏は、射田獲稲をもとに出挙を行う、天平六年度出雲国計会帳にみえる「射田利稲」

に同じとみている。本章では薗田・下向井両氏の見解を継承する形で私見を展開するが、ここで他説について、疑問を以下に述べておきたい。まず山里説については、天平十一年の現存正税帳は伊豆国のみであって、そこから「兵家稲」が伊豆国だけに設置されたとみるのは早計であり、軍事的にも伊豆国の特殊例とする理由が見出せない。次に松原・長瀬説だが、射田獲稲は国司簡試の際の射芸奨励費として消費されるものである（この点、本書第二章を参照）。もし同一のものであれば、射藝という具体的使途に即した名称であって然るべきではないだろうか。

(61)　橋本氏前注（11）論文、三一頁の注（46）参照。

(62)　国司が毎年春に出挙本稲を軍団倉から取り出し、秋に利稲とともに収納するという方法も一応想定されるが、実際にそのような煩雑な作業を行ったとは考えづらい。

(63)　なお、「兵家」の語自体は『日本後紀』弘仁二年（八一一）五月壬子条および『日本三代実録』元慶二年（八七八）四月四日己巳条にみえるが、文脈からどちらも諸子百家の一つであるところの「兵家」を指すのであって、「兵家稲」とは無関係であろう。

(64)　郡家については『続日本紀』和銅二年（七〇九）十月庚寅条、駅家は大宝二年（七〇二）正月戊寅条などにみえる。

(65)　軍団の官衙施設を「兵家」と呼称することについては、時期は降るものの『入唐求法巡礼行記』開成三年（八三八）七月十七日条で、円仁が唐の地方軍事拠点の一つである鎮の施設を「鎮家」と呼んでいることが参考となろう。

(66)　『類聚三代格』巻一八所収天平十八年（七四六）十二月十五日付太政官奏では「院」を単位として軍団を数えているため、外壁で囲まれていたことがわかる。施設については養老職員令79条、軍防令6・7・39・43条などを参照。

(67)　『続日本紀』天平元年（七二九）四月癸亥条。駅起稲の性格については、坂本太郎「上代駅制の研究」（『古代の駅と道　坂本太郎著作集第八巻』吉川弘文館、一九八九年。初発表一九二八年）、四〇～四五頁を参照。

(68)　天平十一年度伊豆国正税帳には「糒参仟壹伯伍拾斛肆斗壹升、（中略）、兵備参伯陸拾伍斛陸斗貳升」とみえ、「兵備」糒の存在が確認される。これについては、「軍団糒」との関係が問題となろう。両者を同一のものとみれば、伊豆国では軍団倉に貯蓄された糒を「兵備」糒と呼称し、軍団停止に伴い国衙財政に混合したことになる。いっぽう「軍団糒」とは別個のものと仮定すると、軍事的な観点からは、伊豆国のみに特別財源を設置する必要性は見当たらない（ただし、征夷事業のために広く坂東諸国に設置されたと考えることは可能である）。ただ史料の制約からいずれとも決し難く、後考を俟ちたい。

(69) 税帳書式に関する研究史の理解については、川原秀夫「官稲混合と税帳書式」（『国史学』一七五号、二〇〇一年）に拠る。

(70) 各断簡の配列は、林陸朗・鈴木靖民編『復元　天平諸国正税帳』に従った。

(71) 薗田氏前注（59）論文、五八頁参照。

(72) 本文で郡部の可能性も示したのは、紀伊国正税帳には首部末表示の後に神税記載がなく、軍団糒を記した後、郡部に移行していることによる。川原氏は天平年間の税帳記載は一定化していたわけではないとするが、神税記載についても、絶対的な書式が確立していたのではなかろう。

(73) 直木孝次郎『壬申の乱　増補版』（塙書房、一九九二年。初版一九六一年）、六八頁以下を参照。

(74) これについては、〝大規模で即座に動員可能〟な軍隊であるという点が重要である。『日本書紀』天武天皇元年（六七二）五月是月条には、大海人皇子に対する朴井連雄君の奏言として「時朝庭宣二美濃・尾張、両国司一曰、為レ造二山陵一、予差二定人夫一。則人別令レ執レ兵」とある。御野・尾張両国の「国司」（国宰）に、山陵造営を名目にして人夫を徴発して武器を執らせる動きがあることの報告である。畿内諸国に武器を執らせる記事がみえないが、これは秘密裏に軍事編成を行うため（もしくは、大海人皇子方を必要以上に刺激することを怖れたため）と考えられる。しかし大海人皇子は、「因以、収二私兵器一、悉納二於司一」とあるように（『日本書紀』天武天皇即位前紀）、ほとんど丸腰の状態で吉野へ下っているのであって、近江朝廷側に充分な規模の親衛軍が存在すれば、吉野に急行し大海人皇子を誅することは容易であったろう。よって、ここで近江朝廷が御野・尾張の軍勢を編成していることは、有事に備えた充分な規模の常備的親衛軍が京師に存在しなかったことを示すものと考える。

この点は、大海人皇子が東国に入ったことを聞いた近江朝廷側の議論の中で、後手に回れば形勢が不利になるとして、急ぎ「驍騎」を集めて大海人皇子を追うことを「一臣」が進言したのに対し、大友皇子がこれを却下したことにも表れている（『日本書紀』天武天皇元年六月丙戌条）。大友皇子が却下したのは、直木氏が前注（73）書で指摘するように、危急に遣わすことのできる「驍騎」の兵力では、東国に入った大海人皇子に対抗できないことを知っていたからであろう。

乱後、文武朝に至るまで畿内官人武装化政策が実施されたことや、大宝律令の施行によって完成する衛府制は、この問題点Ⅰの改善を図るためのものであると考えられる。

(75) この点については、『日本書紀』天武天皇元年六月丙戌条に「遣二山背部小田・安斗連阿加布一、発二東海軍一。又遣二稚櫻部臣五百瀬・土師連馬手一、発二東山軍一」とあることに注目したい。ここにみえる大海人皇子陣営の徴兵方法は、東海と東山の二手に分けて興兵使を派遣し、国宰を動かして国造軍を編成させるものであったと推測される。大海人皇子は皇大弟としての権威をもって自軍を編成したのであるが、このときの大海人皇子は他ならぬ叛乱者であった点を軽視してはならない。このような方式が堂々ととられたのは、大海人皇子が朝廷と地方の統属関係の弱さを重々承知していたことに他ならないといえる。壬申の乱の趨勢がほぼ大海人皇子陣営の勝利に帰しつつあったとき、大伴吹負が難波以西の国宰に対し、「官鑰・駅鈴・伝印」の返上を命じたことも（『日本書紀』天武天皇元年七月辛亥条）、近江朝廷側についた諸国に対する指令とはいえ、このような認識を反映するものといえるだろう。
天武・持統・文武朝には、総領・田領・税司主鎰といった、大宝律令制下にはみえない中央派遣の地方官が存在する。これらは国司制の形成と密接にかかわるため本章で論ずる余裕はないが、問題点Ⅱの改善は国司制の整備を通じて図られていったものと考えられる。黛弘道「国司制の成立」（『律令国家成立史の研究』吉川弘文館、一九八二年。初発表一九六〇年）、武井紀子「日本古代倉庫制度の構造とその特質」（『史学雑誌』一一八編一〇号、二〇〇九年）参照。

(76) 壬申の乱の勃発と大海人皇子の勝利には、少なくともⅠ～Ⅲの三つの要素が絡み合っていたと考えられる。クーデターの発生には複雑な背景が存在し、それゆえにこれを抑え込むことは多大な労力と方策を必要とする。よって、問題点Ⅲの改善のみをもって叛乱の防止を行えるとはとらえていない。私見では壬申の乱を重視するが、軍団制の性格をクーデター抑止に限定しないのである。
なおⅢについては、藤原広嗣の乱の理解について問題となるが、軍団を国司の下部機構とみる立場からは以下のように位置づけられる。『続日本紀』天平十二年（七四〇）九月戊申条の大将軍大野東人の奏言からは、広嗣軍に鎮長大宰史生従八位上小長谷常人らに率いられた「登美・板櫃・京都三処営兵一千七百六十七人」がおり、軍団兵士がその主体をなしていたものと考えられる。しかし本章の第一節・第二節で明らかにしたように、律令軍団制の重要な意義の一つは国司の下部機構として活動することであり、この場合彼らは、国司を統括する大宰府官人の指揮に従っていたと解される。よってむしろ問題になるとすれば、壬申の乱のように、彼らが大宰府官人の指揮から勝手に離脱し、自由意思で行動したケースであると考えられる。もし軍団制だけが叛乱の抑止を担っているならば、広嗣の乱後に軍団制の廃止も含めた何らかの措置がとられるはずである。しかし実際に行われたのは大宰府の停止であって、このことは国制上における叛乱の原因として為政者が問題視したのが、大宰府の保有する強大な権限にあったことは明らかである。したがって藤原広嗣の乱は、むしろ問題点Ⅱが完全に克服されず、改めて表面化したものと位置づけることができるだろう。

(77)『日本書紀』天武天皇元年（六七二）六月丁亥条。
(78)『日本書紀』天武天皇元年八月甲申条。
(79)『続日本紀』天平宝字元年（七五七）十二月壬子条。
(80)『日本書紀』天武天皇十三年（六八四）十二月己卯条に、宿禰姓賜与の記事がある。
(81)井上光貞「壬申の乱―とくに地方豪族の動向について―」（『井上光貞著作集第一巻　日本古代国家の研究』岩波書店、一九八五年。初発表一九六五年）、四七三〜四七六頁参照。また前注（74）で述べたように、御野・尾張両国は乱発生以前に近江朝廷が武器を執らせているのであり、これは私見をよりいっそう支持する。
(82)井上氏前注（81）論文参照。なお黛氏前注（75）論文は逆の評価を与える点、私見と異なる。
(83)横田健一「壬申の乱前における大海人皇子の勢力について」（『白鳳天平の世界』創元社、一九七三年。初発表一九五六年）、三〇二〜三〇六頁参照。
(84)直木氏前注（73）書の後篇第一章を参照。
(85)関晃「天武・持統朝の畿内武装政策について」（『日本古代の国家と社会　関晃著作集第四巻』吉川弘文館、一九九七年。初発表一九八二年）、および板倉栄一郎「天武・持統朝に於ける畿内武装関連史料について」（『新潟史学』四一号、一九九八年）を参照。

(86)『日本書紀』天武天皇十四年十一月丙午条。

(87)なお、天武天皇十二年（六八三）十一月丁亥条に「詔二諸国一習二陣法一」とみえる。指揮具収公以前の施策なので一体どの集団に対する教習なのか判然としないが、収公まで丸二年も間が空くことから、十一月丙午条とは直接的関係を見出しにくい。むしろ、後述するように翌月から国境確定事業が開始されることを考えると、作業中に何らかの紛争が発生した際の軍事行動を能率的に行うためとみた方がよかろう。

(88)『日本書紀』天武天皇十二年十二月丙寅条、同十三年十月辛巳条、同十四年十月己丑条。

(89)鐘江宏之「「国」制の成立―令制国・七道の形成過程―」（笹山晴生先生還暦記念会編『日本律令制論集　上巻』吉川弘文館、一九九三年）を参照。

(90)森公章「評制下の国造に関する一考察―律令制成立以前の国造の存続と律令制地方支配への移行―」（『古代郡司制度の研究』吉川弘文館、二〇〇〇年。初発表一九八六年）、五九～六二頁参照。

(91)評制軍の実態像は、論者によって様々である。磯貝正義「評及び評造制の研究㈡―郡・評問題私考―」（『郡司及び采女制度の研究』吉川弘文館、一九七八年。初発表一九七二年）、下向井氏前注（2）b論文などを参照。

(92)高橋崇「天武・持統朝の兵制」（『藝林』六巻六号、一九五五年）、五〇～五一頁参照。

(93)『日本書紀』持統天皇四年（六九〇）九月乙亥朔条。

(94)笹山晴生「日本古代の軍事組織」（『古代史講座5　古代国家の構造（下）―財政と軍事組織』学生社、一九六二年）、三一四～三一八頁参照。

(95)高橋氏前注（92）論文、米田氏前注（1）論文などを参照。

(96)山内邦夫「律令制軍団の成立について」（鈴木靖民編『論集日本歴史2　律令国家』有精堂、一九七三年。初発表一九六七年）、浦田（義江）氏前掲注（49）論文を参照。

(97)『日本書紀』天武天皇元年五月是月条。

(98)『日本書紀』斉明天皇四年十一月甲申条。
(99) 長山泰孝「歳役制の成立」(『律令負担体系の研究』塙書房、一九七六年。初発表一九六〇年)、六〇〜六一頁参照。
(100)『日本書紀』には、軍兵量を規制する単行法令が発せられた形跡はうかがえない。
(101) なお延喜弾正台式には、本詔に淵源をもつと考えられる「凡犯重応レ捕而拒捍者、発二当処兵一捕之。若犯状灼然不二肯伏一、弁レ事争レ訴者、累二加本罪一」という規定がある。本詔では対象となる官人の範囲が明示されていない点に留意したいが、布告対象に「庶民」が含まれることから、適用範囲を「禁省之中」「朝庭之中」には限定せずに理解する。米田氏前注(1)論文、一四七〜一四八頁参照。
(102)『日本書紀』天智天皇九年(六七〇)二月条。
(103) 森公章「倭国から日本へ」(森公章編『日本の時代史3　倭国から日本へ』吉川弘文館、二〇〇二年)、一二六頁参照。
(104) 磯貝氏前注(91)論文、一五五〜一五六頁参照。
(105)『続日本紀』霊亀二年五月己丑条。

第二章　射田と軍団

律令国家はその統治を円滑に行うために、財政基盤としての田地を各種設定した。これは律令に規定されたもの、されなかったものの二種があり、本章で検討する射田は後者にあたる。射田は、その名が示すとおり射藝に関する田地と考えられる。ただ、当時の兵卒は数種の武器（剣・弓矢・槍・矛）を操ったにもかかわらず、地方社会において武藝に関連して設置されたのが射田のみであった点は、注目してよい。(1)

射田は八世紀の律令軍団制施行期に初めて確認されるが、軍団にかかわる財源については史料がきわめて乏しく、不明な点が多い。筆者は軍団関係財源と目されていた兵家稲について検討を行い、これを軍団の施設整備にかかわる財源であると位置づけ、軍団の独立性の弱さを指摘した。(2) いっぽうで射田については、前章のもととなった旧稿の発表時では紙幅の関係上、橋本裕氏の研究にひとまず依拠しておいた。(3) しかし、地方軍事力に直結する財源の運用を解明するにあたり、射田制の再検討は不可欠である。射田は、律令地方軍事体制において、どのような意味をもつのだろうか。そして射田は、いかにして運用されていたのだろうか。

射田の経営実態を解明するにあたっては、射田だけを注視するのではなく、軍団制存続期における国・郡・軍団の行政上の関係についても検討しなければならない。これまで、〝国―郡〟の関係については、出土文字資料の増加をうけ、精緻に研究が発展してきた。(4) しかし、〝国・郡・軍団〟の三者の関係については、議論が尽くされていない。平時におけるこの三者の関係が最終的に戦時体制へと展開していくことを考えると、軍事面に限定されるとはいえ、これを地方支配システムの一機能としてとらえていく必要があるだろう。以下、本章では射田経営と軍団とのかかわりについて、地方支配システムという観点から検討を行いたい。

第一節　射田の分類と変遷

冒頭で述べたように、射田はその名称から、射藝訓練にかかわる軍事的財源であるとみてよい。射藝は、軍団の長官である大毅の職掌に「調二習弓馬一」とあり射藝訓練がみえることから[5]、軍団兵士の主たる武藝であった。この大毅の職掌を、律令軍事体制の創出にあたりモデルとした唐の折衝都尉のそれと比較すると、令文における個別具体化を図った点がうかがえることは、すでに明らかにした通りである。実際に、大宝二年（七〇二）には梓弓一〇二〇張を信濃国から大宰府に送っていることからも[6]、大毅の職掌への教練の明記は、射藝・馬術の重要性を中央政府が認識していたことのあらわれと評せよう。

いっぽうで射藝は、天武朝に射礼が恒例化したことに顕著なように、君臣関係にもとづく礼的秩序の固定化の一手段としても位置づけられていた[7]。たとえば『日本書紀』天武天皇九年（六八〇）正月癸巳条には「親王以下、至二于小建一、射二南門一」とあり、親王以下の冠位をもつすべての官人が射礼に参加していた。これは養老雑令41大射者条の規定「凡大射者、正月中旬、親王以下、初位以上、皆射之。其儀式及禄、従二別式一」の大射（射礼）の淵源と考えられ、天皇が臨御する空間における射藝を通じて、君臣関係を再確認したのである。壬申の乱を経た後、天武朝から文武朝にかけていわゆる畿内官人武装化政策が実施されたが、そこでは弓矢の具備が必ず求められていた[8]。この弓矢は有事に備えただけでなく、主要武藝としての射藝を、射礼という儀礼空間で活用することで、官人秩序の可視化と固定化をはかったものといえよう。

そもそも、射藝が武藝の中核であったことは古く弥生時代まで遡るのであり、[9] 戦闘で射藝が重視される状況は、中世まで継続した。[10] 射田の存在は、田地の設定意図云々を論じる以前に、軍事面・儀礼面双方からの社会的重要性を背景にもつことを、まずおさえなければならないのである。

(1) 射田の分類

射田は、律令に定められた田地ではない。くわえて、八世紀以前における関係史料もわずかであるため、設置当初の状況を示す体系的な法制史料は望むべくもない状態である。しかし時期が降るために形態の変化は考慮せざるを得ないものの、延喜式には射田に関する基本的な規定を見出すことができる。以下、橋本裕氏による整理に依拠しつつみていきたい。[11]

まず、兵部省が管理した射田である。これは次の延喜兵部式66射田条に規定されるように、宮中で行われる大射射手（ただし親王以下、五位以上）の教習にかかわる財源であった。

凡射田廿町。〈近江国八町、丹波国六町、備前国六町〉充二大射射手親王已下五位已上調習之資一。

近江・丹波・備前三国に設置された計二〇町の射田は、兵部省が省補する隼人司と兵庫寮の権史生が管理した。[12] 教習する対象を限定しているこの兵部射田は、『続日本後紀』承和元年（八三四）十一月癸亥条にその淵源を見出せる。

依二兵部省所一レ請、以二国造田廿町地税一、永充下親王已下五位已上廿人、調二習内射一之資上。

兵部省の申請によって、国造田二〇町の地税を、親王以下五位以上までの二〇人の官人に対して、「内射」教習のための費用として支給することとなった。「内射」とは、内裏で行う大射儀礼を指すとみられ、[13]大射にかかわる費用という点で両者は合致する。両規定の相違点は検討を要するが、本章の目的から外れるためひとまず措き、平安時代前期に設置されたことを確認しておきたい。

次は、左右近衛府・左右兵衛府・左右衛門府の諸衛射田である。これは、六衛府官人の歩射・騎射教習のための料田であった。

①延喜左右近衛式69射田条

射田左右近衛府各十町。〈在二近江国一〉地子充下教二習騎射歩射一用上。

②延喜左右衛門式42射田条

射田十四町二段百九十六歩。〈四町在二山城国一。十町二段百九十六歩在二近江国一〉右府射田十四町二段百七十歩。〈在二摂津・近江両国一〉

③延喜左右兵衛式25射田条

射田十町。〈在二近江国一〉其地子者、充下教二習騎射歩射一用上。但右府射田在二播磨国一。

右の三つの史料からわかるように、各衛府ごとに射田が設定され、右兵衛府を除く射田は（すべてが、もしくはその一部が）近江国に所在した。橋本氏が明らかにしたように、諸衛射田の成立は天平宝字元年（七五七）とみられ、[14]藤原仲麻呂の発議によると考えられる。[15]

そして最後が、諸国射田である。次に掲げる延喜兵部式60大宰府射田条に規定される。

凡太宰府管内諸国射田、毎レ郡置二二町一。其一町賜二歩射之上手一、一町賜二騎射之超勝一。自余有二兵士一国、毎レ郡置二一町一。其田地子交二易軽貨一。国司簡二試上番兵士一、不レ限二騎歩一、人別令レ射二十箭一、毎日所レ試勿レ過二廿人一。斟二量能不㆒、随㆑状給之。其能射人及所㆑給物数、附㆓朝集使㆒送㆑省。

本条より延喜式の段階では、大宰府管下の西海道諸国では郡ごとに二町の射田が置かれ、そのうち一町は歩射の優秀者に、残る一町は騎射の優秀者に対する褒賞の財源とされた。そして西海道を除く地域に設置された射田は、郡ごとに一町であった。国司は上番した兵士に、毎日二〇人を限度として人別一〇箭を射させ、その到達度に応じて褒賞を与えていた。褒賞の支給状況については、毎年中央政府に報告し、兵部省が集中管理していたことがわかる。

ここで問題となるのは、延喜兵部式に収められた本規定が、どの段階まで遡り得るのかという点である。大宰府管内諸国が郡別二町である点については、次の『類聚三代格』巻一五所収の天応元年（七八一）三月八日付太政官符に淵源をもつことは、ほぼ間違いなかろう。

太政官符

合二条

一、請㆑加㆓射田㆒事

右管内諸国所㆑有射田毎㆑郡一町、兵士・選士其数稍多。請更加㆓一町㆒、惣置㆓二町㆒、一町以賜㆓歩射之上手㆒、一町以賜㆓騎射之勝者㆒、庶以勧㆓武藝㆒。

一、請㆑置㆓学校料田㆒事

……（中略）……

以前得㆓大宰府解㆒偁、管内諸国乗田多㆑数。望請、置㆓上件田㆒賞以勧㆑人者、右大臣宣、奉　㆑勅、宜㆑依㆑請。

天応元年三月八日

天応元年に至り、大宰府管内諸国では他国に比して射藝訓練対象者が多いため、特別に射田を毎郡二町に増置することとなったのである。「所レ有射田毎レ郡一町」とあることから、天応元年時点の西海道では、射田が毎郡一町単位で置かれており、実際に運用されていたことが確実視できる。そして『続日本紀』天平勝宝六年（七五四）十月己卯条に「仰二畿内七道諸国一、令レ置二射田一」とあり、射田の設置記事がみえることから、毎郡一町単位で置かれるあり方も天平勝宝六年までは少なくとも遡るとみてよいだろう。

右のように、射田は兵部射田・諸衛射田・諸国射田の三つに分類される。これらのあり方をふまえて、以下では諸国射田に焦点を絞って検討を行いたい。

(2) 諸国射田の変遷と軍団制

天平勝宝六年に射田の設置記事がみえると前項で述べたが、射田にかかわる記事は次のように八世紀前半の諸史料に散見する。よって、天平勝宝六年の施策は再設置を示すことが知られる。

まず、天平十年（七三八）頃の成立とされる『令集解』田令32郡司職分田条所引の古記は、[16]郡司職分田を注釈して「輸租也。射田、国造田、采女田亦同」と述べており、天平十年頃に射田が置かれていたことを示すとともに、諸国に設置された国造田や采女田と同様に、田種を輸租田とする。また、天平六年度出雲国計会帳にも「射田利稲数□□申送事」[18]と射田の記載を見出すことができ、[17]さらに天平十二年（七四〇）遠江国浜名郡輸租帳には次のようにある。

玖拾参町陸段捌拾伍歩、応輸地子。
　陸町、闕郡司職田。
　壹町、射田。
捌拾陸町陸段捌拾伍歩、乗田。

この記述から、浜名郡の射田が一町であり、天平十二年時点で輸地子田であったことがわかる。ほかにも射田を輸地子田とするのは、『令集解』田令1田長条所引令釈が引用する民部例に「神田・寺田・戒本田・放生田・国司公廨田、以上為二不輸租田一。无主位田、闕郡司職田、闕国造田、闕采女田、射田、公乗田、已上不輸租田、為二地子田一。（下略）」とあり、不輸租田かつ輸地子田とすることが挙げられる。この民部例の成立は天平宝字元年閏八月から延暦十四年八月の間であると推測されるため、(19)天平勝宝六年に再設置された射田は、延喜式段階に至るまで一貫して輸地子田であった可能性が高い。このように、射田は八世紀前半にみえるだけでなく、その田種も輸租田から輸地子田へと変更していったことがうかがえる。

右の変化について、古記の見解を基点としつつ律令軍団制の変遷と対応させて整理したのが、橋本裕氏である。(20)橋本氏によれば、もともと射田は輸租田であったが、天平十一年（七三九）の軍団制停止にともない无主田化して輸地子田となり（遠江国浜名郡輸租帳はこの状態を示す）、天平勝宝六年に至り再置された。そして前項で引用した天応元年官符により西海道諸国の射田は二町に拡大し、その後延暦十一年（七九二）の軍団停廃によって、(21)陸奥・出羽両国および西海道諸国を除く地域の射田は一斉に停止されたと跡づけている。

軍団制の変遷と対応させる橋本氏の所見については、基本的に私見も異存ない。ただ確認しておきたいのは、天平勝宝六年の再置以前における射田の設置状況である。八世紀前半の射田関係史料には、全国的な分布や具体的な町数の全体像を示す記述は見出せない。しかしながら、軍団制停止時における遠江国浜名郡の射田が一町であることは、これが浜名郡に設置された射田のすべてであったことを示しているから、八世紀前半でも毎郡一町の割合で設置されたものと考えられる。そして、辺要ではない遠江国と出雲国に射田が設置されていることからすれば、射田は軍団が存在するすべての国に置かれたとみてよいだろう。

天平十一年の軍団制一時停止に至るまで、射田は軍団設置国に毎郡一町の割合で設置された。軍団制は天平十八年（七四六）に復活するが、射田がこのときすぐに再置されなかった理由ははっきりしない。橋本氏は、再置前年の天平勝宝五年（七五三）に国司による兵士訓練の義務が明文化されたことをうけ、財政的な裏付けを与えるためにこのタイミングでなされたとみている。すなわち天平勝宝五年に至り、中央政府は国司による軍団兵士の私役を禁じ、射藝をはじめとした武藝の教習・簡試の実施を次のように改めて明文化した。(22)

太政官符

禁三断兵士差二科雑役一事

右奉レ勅、国司違レ法、苦二役私業一。悉棄二弓箭一、還執二鉏鍬一。自今以後、若有二犯者一、解二却見任一、永不二選用一。其番上兵士集二国府一日、国司次官已上、□□教習□□□□〔進カ〕止節度。兼撃レ剣弄レ槍、発レ弩抛レ石。

天平勝宝五年十月廿一日

この施策は、国府における番上兵士の武藝簡試を徹底させることで、兵士に対する国司の権限をより強化したものと位置づけられる。班田のサイクルをみると、天平勝宝七年が班年であり、射田の再置が命じられた六年の冬が校田にあたる。(23)直近の班田に合わせて、再置が企画されたとみてよいだろう。射田の再置は、武藝教習の財源を国司の直接的な管理下に置くことで、国司軍事権のさらなる強化を図ったものと評価できるのである。

以上の検討から、諸国射田は八世紀前半から軍団設置国において毎郡一町の割合で置かれており、輸租田であったことが判明した。また、射田のあり方は軍団制の変遷と対応しており、天平十一年の軍団制停止に伴い、射田は无主田化して輸地子田となった。その後、国司の武藝教習・簡試を強化する方針にともなって天平勝宝六年に再置され（不輸租田かつ輸地子田）、天応元年に至り、西海道諸国では毎郡二町に増置されたのである。

それでは、射田は実際にいかにして運営されたのであろうか。そして、射田の毎郡一町という設置基準は、どのような意味をもつのだろうか。

第二節　射田経営と軍団

(1) 射田の経営方式

射田の経営方式についてまず想起されるのは、国司もしくは大少毅の指揮のもとに軍団兵士が直接耕営にあたる方式である。しかし、これは軍団兵士を令規定以外の業務に使役することになるため、否定できる[24]。次に田地そのものを射藝優秀者に賜与するという方式であるが、これも橋本裕氏が詳説したように、想定しにくい[25]。軍団が郡の行政区画を越えて存在する官司である以上、本貫地に射田を与えられるとは限らないから、現実的には賃租経営を想定せざるを得ず、繁雑な経営形態となるからである。

そこで改めて注目されるのは、射田が郡ごとに置かれていた点である。宮本救氏は、郡司の「自家経営（方式を問わない）」・「所管営種」が行われたとした[26]。橋本氏はこの見解を支持し、さらに天平六年度出雲国計会帳に「射田利稲数□□申送事」とみえることから、「射田の収穫稲の一部が出挙された」ことを想定した[27]。

両氏が述べるところの「自家経営」・「所管営種」の具体像はいまひとつ不明瞭であるが、両氏の論文が公表された後に出土した、福島県いわき市荒田目条里遺跡出土の第二号木簡にみえるような形態を示すものと思われる[28]。

・「郡符、里刀自、手古丸、黒成、宮澤、安継家、貞馬、天地、子福積、奥成、得内、宮公、吉惟
、勝法、圓隠、百済部於用丸、真人丸、奥丸、福丸、蘓日丸、勝野、勝宗、貞継、浄人部於日丸、浄

野　、舎人丸　、佐里丸　、浄継　、子浄継　、丸子部福継『不』足小家　、壬部福成女　、於保五百継　、子槐本家
、太青女　、真名足『不』子於足　　『合卅四人』
右田人為以今月三日上面職田令殖可扈發如件
・「　　　　　　　奉宣別為如任件□〔宣カ〕」
大領於保臣　　　　以五月一日」
五九二×四五×六　〇一一型式

これは磐城郡大領である於保臣某が、郡司職田の田植を行う労働力の徴発を、里刀自に対して命じた郡符木簡である。木簡に附された合点より、田植の作業日に点呼表としても利用されたことがわかる。(29) 共伴した第三号木簡の年紀が「仁寿三年」(八五三)であるため、本木簡がこれとほぼ同時期とすれば、九世紀半ばの事例となる。時期は降るものの、郡司による私的労働力編成の実例であり、宮本・橋本両氏が想定するあり方に概ねかなうといえよう。

このような郡司の私的労働力編成による場合、田租を除く収穫稲の全額を、軍団もしくは国府に納入することになる。しかし素朴な疑問として、郡司職田のような郡領自身の収入となる田地ならともかく、まったく取り分のない田地に対して、はたしてこのような方式をとるのであろうか。こう考えると、賃租経営を行うという選択肢が浮かぶが、この場合は地子のみが褒賞の財源となるため、通年の支出に充分なのかという新たな懸念も生じてくる。

これらの疑問を解消するために、先にも引用した天平六年度出雲国計会帳の記載を取り上げたい。天平五年十月二十三日に、出雲国から節度使に対して申上した文書の一つとしてみえる。(30)

一　廿三日射田利稲数□〔注カ〕□申送事

先述のように橋本氏は出挙運用の可能性を指摘しつつも、これを天平四年（七三二）設置の節度使体制下の一時的な状況とみて、詳細な検討を加えなかった。[31] しかし本記事は射田の実質的な初見であることから、節度使設置以前の状況をうかがい得る好材料であると考える。

そこで、計会帳のあり方が節度使体制下の限時的なものであったか否かを判断するために、この時期の軍事訓練について検討したい。節度使の職掌記事には「兵士者、毎レ月一試、得二上等一人、賜二庸綿二屯一。中等一屯」とみえ、軍団における通常の訓練以外に、節度使の指示のもと月に一度の割合で兵士の試練が実施されていた。[32] 到達度は三段階に区分され、上等と中等に褒賞として庸綿が与えられたことがわかる。

実際に行っていた武藝試練の内容は、出雲国計会帳の天平五年九月六日付の節度使符に、

一　同日符壹道〈熊谷団兵士紀打原直忍熊・意宇団兵士蝮部臣稲主、歩射・馬槍試練定却還状〉　以二九月十三日一到レ国

とあり、また同年十二月十三日付の節度使符に、

一　十三日符壹道〈馬射博士少初位下城部惣智給二伝馬一発遣状〉　以二十二月廿六日一到レ国

とみえることから、[33] 射藝（歩射・騎射）と馬槍などの馬上武藝が確認できる。つまり、複数の武藝の試練が行われていたのであって、射藝に限定されないのである。節度使の職務記事の兵士試練も武藝の内容を限定していないことや、そもそも褒賞は庸綿であったこと、そして節度使停止後も射田が存続していることをあわせて考慮すると、射田が節度使と同時に置かれたとは想定しにくい。すでに射田が存在している状態で、節度使体制下の地方武力拡充の一方策として、追加で武藝の試練が命じられたものと考えられる。つまり射田は節度使設置以前より運用されているとみてよく、節度使体制下の運用状況を、それ以前とまったく別個のものとして特別視する必要はないと判断できよう。

この理解を前提としたとき、「射田利稲数□□〔注カ〕申送事」とは、どのような運用のあり方を示しているのだろうか。「利稲」とあることから、橋本氏が指摘したように射田収穫稲は出挙運用されていたとみられ、本記事は当年の出挙稲収納が完了した天平五年十月に、利稲数だけを山陰道節度使に申上したと解釈できる。そもそも長期的視野に立った際、当年の射田収穫稲を射藝優秀者に直接配分する方式と比べて、出挙運用を行うことには利点がある。射田の収穫稲を出挙運用して増殖させることができれば、当年の豊凶にかかわらず射藝訓練・試練を安定的に行っていくことが可能となるのである。この点からも、出挙運用を、節度使体制下の特例と位置づける必要性はないといえるだろう。

それでは、利稲数のみを申上することは、いかなる意味をもっているのか。ここで想起したいのは、兵家稲である。軍団にかかわるもう一つの財源である兵家稲は、本稲と利稲の双方を兵部省へ報告していた。

兵家稲天平十年定壹萬肆仟貳伯捌拾貳束〈依兵部省天平十一年九月十四日符混合〉
出挙伍仟束〈債稲身死伯姓一人免稲百束〉
定納本肆仟玖伯束
利貳仟肆伯伍拾束〈依兵部省天平十一年六月七日符悉免之〉
合定兵家稲壹萬肆仟壹伯捌拾貳束

兵家稲のケースでは、利稲を軍団施設の整備費用に充てていたと考えられる。これを敷衍すると、射田も同様に、利稲から褒賞を支出することが恒常化していたと判断できるのである。

以上の検討から、郡ごとにおかれた射田の経営は郡司の直接耕営ではなく、賃租に出していたと考えられる。そして、天平十一年以前の射田穫稲は出挙運用されていたと推測される。出挙運用であるならば、射田の経営については軍団が独自に行っていたのではなく、設置単位である郡を統括する郡司の関与が大きかったと想定されよう。これが天平勝宝六年の再設置にあたり、国司による武藝教習の強化を背景として、輸租田ではなく輸地子田化することで、経営面にも国司の関与が強くなったと指摘できるのである。

（2）毎郡一町の意味――国・郡・軍団の相互関係――

前項のように射田の経営方式を想定したとき、次に問題となるのは、射田がなぜ毎郡一町という割合で置かれたのかという点である。これを考えるには、国・郡・軍団の相互関係について検討する必要がある。

軍団は国司の強力な統制下に置かれており、平時には国司の爪牙となり、支配のための軍事力として機能していた。軍団と郡は上下関係になく、養老軍防令3兵士簡点条に「凡兵士簡点之次、皆令㆓比近団割㆒。不㆑得㆓隔越㆒」とあることから、各軍団ごとに固定された管轄領域があることがわかる。これについては、本条の『令義解』の注釈に「仮令、軍団在㆓添上・高市両郡㆒者、以㆓葛城人㆒、配㆓高市団㆒。以㆓山辺人㆒、配㆓添上団㆒之類也」とある点が注目される。辺要を除く地域の軍団が停廃された後である九世紀半ばの注釈ではあるものの、橋本氏が述べるように、「高市団」「添上団」といった固有名詞が机上の創作とは考えにくく、軍団存続期の八世紀に著された注釈書の記述を下敷きにしていると考えられる(34)。よってこの注釈からは、軍団の管轄領域が複数の郡にまたがる形態をとっていたことを見出せるのである。

そして軍団の内部においては、出身郡ごとの兵士のまとまりがあったと考えられる。宮城県多賀城市多賀城跡出土の第三七〇号木簡には（釈文はオモテ面のみ）、

・「　安積団解　□□〔申カ〕番□□事
　畢番度玉前剗還本土安積団会津郡番度還　」

五四〇×三七×五　〇一一型式

とあり、表面二行目は「番を畢り、玉前剗を度えて本土に還る。安積団会津郡の番、度えて還る」と訓読できる。[35]「安積団会津郡番」は城柵への分番勤務にかかわるものと推測され、安積団の内部に会津郡出身兵士のまとまりがあったことがうかがえる。本木簡は八世紀末から九世紀初頭頃のものとみられるが、陸奥国では延暦十一年（七九二）以後も変わらず軍団制が存続しているため、こうしたあり方は軍団制存続期の他地域でも一般化してよいであろう。さらに、養老軍防令31中勲簿条は勲簿の内容について、戦功を立てた者の「本属」を記載することを規定する。これについて『令義解』は、「仮令、注云、兵士姓名、斬レ首若干級、所レ執弓箭、左廂軍監姓名之所二率領一、其国其団隊正姓名之部伍其郡人之類」と注釈しており、どこの国の、いずれの軍団の隊正に指揮されていたかというだけでなく、出身郡も記すこととなっていた。多賀城跡出土木簡の事例とあわせ考えると、軍団内部において、兵士を出身郡単位で把握していたことがわかるのである。

　このように、軍団は複数の郡を管轄領域とし、異なる郡を本貫にもつ兵士集団によって構成されていた。しかしそれにもかかわらず、軍団を管理する大毅・少毅の官人としての位置づけは低い。『続日本紀』養老三年（七一九）四月乙酉条には「制、諸大少毅、量二其任一、与二主政一同。自レ今以後、為二判官任一」とあり、官人としての序列は郡司の主政クラスであり、軍事に特化した実務官としての性格をもっていた。そして軍団には独立した財源はなく、国郡一般行政機構に大きく依存していたのであり、国司の軍事面担当の下部機構としての側面をもっていたのである。

　それでは、軍団はどのような方針で設置されていたのだろうか。研究史の初期の段階において栗田寛氏は、「国府にかならず一団を置し事著ければ、国名所在の郡名を掲けて、国名を標す」のであり、「大凡四郡に一団を置るが如し」とした。[36]しかし、栗田の指摘は確たる史料的根拠があるわけではなく、管見でも軍団の設置原則を示す法令は見出せず、実例も乏しい状況にある。

軍団の設置状況について、その実例から迫った先行研究によると、①国府所在郡に軍団が置かれたケースがきわめて多いものの、これは鉄壁の原則とはいえないこと(37)、②軍団数は各国の郡数・戸数とは必ずしも連動しないこと(38)、などが指摘されている。このうち②については、たとえば辺要国のうち軍団数と郡数がわかる陸奥・出羽・筑前三箇国を比較してみると、陸奥国が軍団数七団（最大時）に対して郡数は三五、出羽国が軍団数一団に対して郡数一一、筑前国は軍団数四団に対して郡数は十五であり(39)、まったく連動していないことがわかる。辺要国ですらこの状態である以上、軍団の設置は主として軍事的要因・統治上の要因・地理的要因の三者を総合して行われたと考えざるを得ない。

そこで注目したいのは、陸奥国の軍団に対する平川南氏の見解である。平川氏は、胆沢城鎮守府成立以後の陸奥国における軍団が、表3のように陸奥国内の行政ブロックごとに配置されていたことを指摘した(40)。

表3は、あくまで九世紀前半以後の状況を示しているにとどまる。しかし複数の郡で構成される行政ブロックの存在は、陸奥国だけでなく伊勢国や信濃国においても想定されており、辺要国のみの特殊例ではない。伊勢国では天平年間の伊勢国計

表3　陸奥国の軍団と行政ブロック

郡のブロック	軍団	城柵
白河・磐瀬・会津・耶麻・安積・安達・信夫	白河団・安積団	多賀城
菊多・磐城・標葉・行方・宇多・伊具・曰理	行方団（・磐城団(41)）	
宮城	（国府）	
刈田・柴田・名取	名取団	胆沢城
黒川・賀美・色麻・玉造・志太・栗原	玉造団	
磐井・江刺・胆沢	（鎮守府）	
長岡・新田・小田・遠田・登米・桃生・気仙・牡鹿	小田団	

〔備考〕本表は、注（40）の平川氏著書をもとに作成した。

会帳から、[42] 信濃国では屋代遺跡群より出土した八世紀初頭と判断される第一五号木簡（国符木簡）より推測されており、[43] どちらも八世紀の状況を示している。[44] 行政ブロックが大宝律令施行時点ですでに存在した明証はないものの、行政ブロックが地理的要因や人間集団の交流範囲をもとにして生まれたものとすれば、軍団は文書行政の浸透とともに後に行政ブロックとして顕在化していく地域の広域的まとまりを基準にしつつ、軍事防衛上の要因を加味して設置されたのではないかと考えられる。軍団が国府所在郡に置かれるケースが多いのは、国司の下部機構という性格に由来するといえるだろう。

以上のように軍団の内部構成と分布を想定したとき、射田の毎郡一町という設置基準は、どのように理解できるのだろうか。軍団が複数の郡を管轄領域とし、軍団兵士が各郡より徴発されることを前提とすると、射田は軍団管轄下の各郡において均等に配置されていることになる。そして軍団内部に兵士の出身郡ごとのまとまりがあることは、各兵士の出身郡に必ず自らの武藝訓練の財源としての田地が存在することを意味する。すなわち、毎郡一町の設置基準は、当該郡出身の兵士の訓練を支援する性格をもつと考えられるのである。『令集解』田令32郡司職分田条の古記が、射田を采女田・国造田と並び挙げるのは、〝資養〟という共通要素をもつためといえるだろう。

（3）射田の設置時期

それでは、こうした性格をもつ射田はいつ設置されたのだろうか。橋本裕氏は、持統天皇三年（六八九）七月に「左右京職及諸国司」に対して射藝訓練場を設けさせたことや、[45] 同年閏八月に「諸国司」に「兵士」に対する武藝訓練を命じたことから、[46]「かつてのコホリ単位に兵士が統括・訓練されていたことの遺制」であるとした。[47]

しかし、両政策はあくまで国単位で命じられており、国宰が地方軍事力を再編成していく過程としてとらえるべきである。大宝律令の施行により、〝国宰の軍事指揮権の強化〟と〝地方豪族の軍事力を国家側へ吸収〟という二つの課題を止揚するものとして律令軍団制は成立した。このような経緯をふまえると、評の官人に軍事面での財政的裏付けを新たに与えるとは考えられない。よって射田の設置は、軍団制施行後における、八世紀初頭のいずれかの時期とするのが穏当であろう。

このように考えたとき、想定できる時期は二つある。一つは、慶雲元年（七〇四）に実施した軍団制整備後のタイミングである。慶雲元年六月に、諸国の兵士を十番に分かち、番ごとの武藝教習を命じている(48)。

勅、諸国兵士、団別分為二十番一。毎レ番十日、教二習武藝一、必使二斉整一。令条以外、不レ得二雑使一。其有二関須一レ守者、随レ便斟酌、令レ足二守備一。

また同月には、勲七等以下の無官無位帯勲者に対し、軍団への続労を許可している(49)。軍団制の整備に乗じて、武藝教習の強化を意図して射田を設置したと理解するのである。

二つ目は、養老三年（七一九）の軍団削減に伴う措置である。養老三年十月に、全国の軍団の大少毅および兵士数を減定し、志摩・若狭・淡路三国の兵士を停止している(50)。

減二定京畿及七道諸国軍団并大小毅・兵士等数一、有レ差。但志摩・若狭・淡路三国兵士並停。

くわえて『令集解』所引の八十一例には「八十一例云、軍団置レ毅者、兵士満二千人一者、大毅一人、少毅二人。六百人以上、大毅一人、少毅一人。五百人以下、毅一人」とみえ(51)、一律一〇〇〇人であった軍団(52)を、三つの等級に区分したことが知られる。軍団の削減および軍団兵士数の減省をうけ、これを補うために兵士の武藝を充実させようとして設置したとみるのである。

このように二つの案を提示できるが、後者の養老三年の軍団削減にともなう措置とするのが妥当と考える。なぜなら、慶雲元年の軍団制整備後まもなくの施策であれば、養老令に射田についての規定がみえてもよいからである。しかし養老令に射田の規定が一切ないことからすれば、養老令の撰定が進められていた養老三年頃の施策とみるのが適切であろう。[53] 射藝にかかわる田地を全国に設置することは、古代国家にとって初めての試みである。[54] さらに、そもそも養老三年における軍団の減省（および一時停止）は、飢饉による民力休養の必要性を契機として、軍団制の実施状況が見直された結果の措置であった。[55] 当時はこれが恒久的な姿となるかは判然としないわけであるから、[56] これに連動した射田の設置についても、令に規定すること（＝恒久的な措置とすること）は留保されたとみるのが、現実的であろう。設置時期を直截に示す史料は見出せないが、現時点ではこのように考えておきたい。

むすび――地方軍事財源としての射田――

本章では、射田のうち諸国射田に焦点をあてて検討してきた。明らかにした点は、次のようにまとめられる。軍団兵士の射藝技術向上のための財源である諸国射田は、軍団制施行後、養老三年の軍団削減を経てまもなく設置されたと考えられる。毎郡一町の割合で均一に設置されたのは、出身郡のまとまりが軍団に存在することを背景として、射藝訓練の奨励という形で当郡出身兵士を資養する意味をあわせもっていた。そして射田は賃租され、収穫稲は出挙運用されたと推定される。これは兵家稲と同じく国郡一般行政に依存する形式であり、[57] 軍団の財政的独立性はきわめて弱く、射田は国司の地方軍事権の強化と対応していたと位置づけられるのである。

射田を財源として行われた武藝教習は、平時だけでなく戦時においてその成果を存分に発揮することが期待される。それでは、律令軍事体制における征討軍編成は、どのように位置づけることができるのだろうか。章を改めて、この問題を考えることとしたい。

注

（1）『類聚三代格』巻一八、天平勝宝五年（七五三）十月廿一日付太政官符。
（2）国司と軍団の関係、および兵家稲については、本書第一章を参照。
（3）橋本裕a「射田の制度的考察―律令軍団制とのかかわりにおいて―」（『律令軍団制の研究 増補版』吉川弘文館、一九九〇年。初発表一九八〇年）、同b「諸衛射田の成立と藤原仲麻呂」（前掲著書に同じ、初発表一九八二年）。以下、橋本氏a論文、橋本氏b論文と表記する。
（4）近年の代表的な成果として、平川南『律令国郡里制の実像』上・下巻（吉川弘文館、二〇一四年）が挙げられる。
（5）養老職員令79軍団条。
（6）『続日本紀』大宝二年三月甲午条。これに先んじて同年二月には、歌斐（甲斐）国から梓弓五〇〇張が大宰府に送られている（同年月己未条）。
（7）射礼については、大日方克己「射礼・賭弓・弓場始―歩射の年中行事―」（『古代国家と年中行事』吉川弘文館、一九九三年）を参照。
（8）たとえば『日本書紀』持統天皇七年（六九三）十月戊午条には、浄冠から進冠までのすべての官人が自備する武器として、「大刀一口・弓一張・矢一具・鞆一枚」がみえる。
（9）松木武彦『日本列島の戦争と初期国家形成』（東京大学出版会、二〇〇七年）参照。
（10）近藤好和『弓矢と刀剣―中世合戦の実像』（吉川弘文館、一九九七年）参照。
（11）橋本氏前注（3）a論文。
（12）延喜兵部式66射田条、延喜兵部式28権史生条。
（13）大日方氏前注（7）論文の一四頁、および天平宝字三年正月丙戌条の「内射」に対する、青木和夫ほか校注『新日本古典文学大系14　続日本紀　三』（岩波書店、一九九二年）三〇四頁の注による。

（14）『続日本紀』天平宝字元年八月辛丑条に、「勅曰、治国大綱、在㆓文与㆑武。廃㆑一不㆑可。言著㆓前経㆒。向来放㆑勅、為㆑勧㆓文才㆒、随㆓職閑要㆒、量置㆓公田㆒。但至㆑脩㆑武、未㆑有㆓処分㆒。今故六衛置㆓射騎田㆒、毎㆑年季冬、宜㆘試㆓優劣㆒以給㆓超群㆒、令㆖㆑興㆓武藝㆒。其中衛府卅町、衛門府・左右衛士府・左右兵衛府各十町」とある（傍線は筆者）。

（15）橋本氏前注（3）b論文を参照。

（16）古記の成立時期については、井上光貞「日本律令の成立とその注釈書」（『井上光貞著作集第二巻　日本古代思想史の研究』岩波書店、一九八六年。初発表一九七六年）、一二四～一二五頁を参照。

（17）『大日本古文書（編年）』一巻、六〇一頁。なお、後注（30）も参照されたい。

（18）『大日本古文書（編年）』二巻、二五九頁。

（19）虎尾俊哉「宮城栄昌著「延喜式の研究・論述篇」」（『史学雑誌』六七篇六号、一九五八年）、八六～八七頁。同「「例」の研究―八十一例・諸司例・弾例―」（『古代典籍文書論考』吉川弘文館、一九八二年。初発表一九六二年）参照。

（20）橋本氏前注（3）a論文。

（21）『類聚三代格』巻一八、延暦十一年六月七日付勅。

（22）『類聚三代格』巻一八、天平勝宝五年十月廿一日付太政官符。本官符の位置づけについては、本書第一章および佐々喜章「軍団兵士制の展開について」（『続日本紀研究』三五三号、二〇〇四年）七～八頁を参照。釈文は、本書第一章と同様に改めている。

（23）虎尾俊哉「班田収授法の実施状況」（『班田収授法の研究』吉川弘文館、一九六一年）、および宮本救「律令制的土地制度」（『律令田制と班田図』吉川弘文館、一九九八年。初発表一九七三年）四三頁を参照。

（24）令規定以外の目的で兵士を雑使することは、慶雲元年の勅であらためて禁止されていた（『続日本紀』同年六月丁巳条）。

（25）橋本氏前注（3）a論文、七九～八一頁。

（26）宮本氏前注（23）論文、三二一～三二三頁。

(27)　橋本氏前注（3）a論文、八一～八二頁。
(28)　釈文は、財団法人いわき市教育文化事業団編『荒田目条里遺跡―古代河川の調査―』（いわき市教育委員会、二〇〇一年）に拠る。
(29)　本木簡の解釈は、平川南「里刀自論―福島県いわき市荒田目条里遺跡―」（『古代地方木簡の研究』吉川弘文館、二〇〇三年。初発表一九九六年）、同「古代における人名の表記」（前掲書に同じ、初発表一九九六年）を参照。木簡中にみえる「田人」については、三上喜孝「古志田東木簡からみた古代の農業労働力編成」（『山形県立米沢女子短期大学紀要』三六号、二〇〇一年）を参照。
(30)　宮内庁正倉院事務所編『正倉院古文書影印集成 二』（八木書店、一九九〇年）の写真によれば、□とする二文字は旁のみ判読でき、その残画は上から順に「主」「田」である。平川南氏は一文字目について「注ヵ」と推測しており、ひとまず本章でもこれに従っておきたい。平川南「出雲国計会帳・解部の復原」（『漆紙文書の研究』吉川弘文館、一九八九年。初発表一九八四年）。
(31)　節度使の職務は『続日本紀』天平四年八月壬辰条にみえ、天平六年四月に至り停止された（『続日本紀』同年月壬子条）。天平四年設置の節度使については、北啓太「天平四年の節度使」（土田直鎮先生還暦記念会編『奈良平安時代史論集 上巻』吉川弘文館、一九八四年）、および中尾浩康「天平期の節度使に関する一考察」（『続日本紀研究』三八八号、二〇一〇年）を参照。
(32)　『続日本紀』天平四年八月壬辰条。北氏前注（31）論文は、この試練を実戦要員の選抜とみており、首肯されよう。
(33)　『大日本古文書（編年）』一巻、五九三・五九四頁。
(34)　橋本裕「律令軍団一覧」（前注〔3〕書に同じ、初発表一九七八年）、一五五頁。
(35)　釈文および木簡の年代や解釈については、『多賀城跡木簡Ⅱ』（宮城県多賀城跡調査研究所、二〇一三年）、五六～五九頁を参照。異筆（a・b・c）は省略した。なお、本文で示した安積団解は二次文書の習書であると推測される。しかし『多賀城跡木簡Ⅱ』が述べるように、城柵への分番制勤務を念頭におくと、この種の文書は日常的に作成・処理されていたと考えられ、軍団内部の実態を示すものと判断する。

(36) 栗田寛「軍団の制 附健児の制」(栗田寛著、栗田勤編輯『栗里先生雑著』下巻、吉川弘文館、一九〇一年）参照。

(37) 橋本氏前注（34）論文、一五三～一五四頁。

(38) 松本政春「律令制下諸国軍団数について」(『奈良時代軍事制度の研究』塙書房、二〇〇三年。初発表一九八〇年）を参照。

(39) 郡数は『倭名類聚抄』(二〇巻本）に拠った。軍団数については、陸奥国は鈴木拓也「古代陸奥国の軍制」(『古代東北の支配構造』吉川弘文館、一九九八年。初発表一九九一年）により、九世紀の最大数である七団で計算した。出羽国・筑前国は松本氏前注（38）論文に依拠した。

(40) 平川南『よみがえる古代文書』(岩波書店、一九九四年）の一二六～一三〇頁、および同『東北「海道」の古代史』(岩波書店、二〇一二年）の第二・四章を参照。

(41) 磐城団は『続日本後紀』承和十五年（八四八）五月辛未条に「磐城団擬少毅陸奥丈部臣継嶋」とあるのが初見であり、九世紀に入ってから新置されたものと考えられる。鈴木拓也「九世紀陸奥国の軍制と支配構造」(前注〔39〕書に同じ）、一三一～一三六頁。

(42) 鐘江宏之「計会帳に見える八世紀の文書伝達」(『史学雑誌』一〇二編二号、一九九三年）、四五～四七頁。伊勢国計会帳の作成年代については、鐘江宏之「伊勢国計会帳の年代について」(『日本歴史』五三七号、一九九三年）、および市大樹「伊勢国計会帳の作成年代と浮浪人の逓送」(『続日本紀研究』三二六号、二〇〇〇年）を参照。

(43) 『長野県屋代遺跡群出土木簡』(長野県埋蔵文化財センター、一九九六年）、一六一～一六三頁。

(44) ほかにも、平川南氏によって上総・下総・上野各国でも行政ブロックの存在が想定されている。平川南「建郡碑―多胡碑の輝き―」(平川氏前注〔4〕著書上巻、初発表二〇一二年）三四八～三五〇頁参照。

(45) 『日本書紀』持統天皇三年七月丙寅条。

(46) 『日本書紀』持統天皇三年閏八月庚申条。

(47) 橋本氏前注（3）a論文、八二～八四頁。

(48)『続日本紀』慶雲元年六月丁巳条。

(49)『続日本紀』慶雲元年六月己未条。

(50)『続日本紀』養老三年十月戊戌条。

(51)『令集解』職員令79軍団条所引の伴云が、八十一例を引いている。

(52)設置当初の軍団の兵士数が一律一〇〇〇人であったことは、松本政春「軍団の等級とその規模」（前注〔38〕書に同じ、初発表一九八八年）を参照。

(53)養老律令の撰定については、坂本太郎「養老律令の施行について」（『律令制度　坂本太郎著作集第七巻』吉川弘文館、一九八九年。初発表一九三六年）、榎本淳一「養老律令試論」（笹山晴生先生還暦記念会編『日本律令制論集　上巻』吉川弘文館、一九九三年）参照。

(54)松本政春「養老期の軍制改革―軍団縮小策を中心として―」（前注〔38〕に同じ）参照。

(55)拙稿「古代国家の軍事組織とその変質」（大津透ほか編『岩波講座日本歴史　第4巻　古代4』岩波書店、二〇一五年）、一三一頁。

(56)松本政春氏は、このとき一時停止された三国のうち、淡路国と若狭国の軍団については後日復置されたとみている。松本政春「養老三年の軍団減定・停止とその復旧」（『日本歴史』七八一号、二〇一三年）参照。

(57)本書第一章、および武井紀子「律令財政構造と軍事」（『唐代史研究』一三号、二〇一〇年）を参照。

第三章　日唐征討軍の内部秩序と専決権

国家や社会の構造を読み解くにあたって、軍事力はその重要な切り口の一つである。なかでも、叛乱鎮圧や外征、国土防衛などのために君主（皇帝、天皇）大権の一部委譲をうけて派遣される軍隊（行軍、征討軍）[1]は、国家の軍事力に対する具体的な認識をうかがう好例といえる。さらに、征討軍の内部秩序の様相や、これを維持するための専決権の比較史的考察は、東アジア地域における国家・軍事力・民衆の相互関係を考える際の、一つの手がかりを提示するだろう。

本章では、この問題に取り組むにあたり、中央政府が征討軍の内部秩序を維持するためにどのような法規制を設けたのか、という点から考えていきたい。具体的には、日唐軍防令の比較検討を主軸に据えることとし、今回は養老軍防令25大将出征条とその藍本となった唐令条文をとりあげる。本条は征討軍の統帥権・刑罰権、および臨時的戦闘体制下における中央と地方との関係など、多くの問題をはらんでいるからである。

第一節　唐軍防令大将出征条の復原

養老軍防令25大将出征条には、次のようにある。

凡大将出レ征、臨レ軍対レ寇、大毅以下、不レ従二軍令一、及有レ稽二違闕乏軍事一、死罪以下、並聴二大将斟酌専決一。還日、具レ状申二太政官一。若未レ臨二寇賊一、不レ用二此令一。

本条は、大将（出征将軍）が征討軍と合流して寇賊と対峙した後、旗下で軍令違犯などが生じた場合に、「大毅以下」に対して死罪専決権を行使することを認める規定である。大将は辞見の際に天皇から節刀を賜与されることによって、征討軍の指揮権だけでなく、死罪専決権という天皇大権の一部が付与され――ただし節刀は遣唐大使にも与えられるため、節刀自体に軍事的意味は希薄である――、その権限の保障とした(2)。本条の「若未レ臨二寇賊一、不レ用二此令一」という規定は、この専決権が発現する起点を示しているといえる。なお、征討軍を編成するにあたり「大将」という臨時の武官はみえず、実際にはその目的に応じて「持節大将軍」「征東大使」「征夷大使」「征夷大将軍」といった名称の出征将軍が任命されたが(3)、これらはいずれも本条の「大将」に該当する。

日本の征討軍は各国に設置された地方軍事力である軍団を主体としており、大毅は軍団の長官である(4)。よって大毅以下の専殺権を保持することは、実質的に中央政府が派遣する将官団以外の生殺与奪の権を大将が保持することを意味しているのである。そしてここでいう「寇賊」は、中尾浩康氏によれば列島外からの侵攻者、盗賊や謀叛人などの犯罪人・罪悪人、そして東北・北辺の蝦夷等を包摂する概念であると考えられ(5)、征討軍一般に適用される普遍的な条文であるとみてよい。

本条の大宝令の状態については、金沢文庫本の江戸初期の忠実な模本である国立公文書館所蔵紅葉山文庫本『令義解』の「臨軍対寇」にかかわる書き入れのなかに、古記に「寇」とあったことの指摘がみえる(6)。

本多作レ敵。而検二唐令并麁令釈・古記・穴・跡等説一皆作レ寇。是則寇賊之義也。仍以レ敵為二一本一。

この書き入れから、「寇」字のみ復原可能であるが、この他については関連史料がみえず、現状では字句を復原することができない。ただ、後述のように大宝令制下においてもたびたび征討軍が編成されており、また唐令でも当然行軍規定は整備されていたはずとする菊池英夫氏の指摘を考慮すると、(7)確証は得ないものの、養老令とほぼ同内容を想定してもよいだろう。そこで、ひとまず対応唐令の復原に移りたい。

本条の対応唐令は、紅葉山文庫本の書入れに「唐令」の対応条文を参照した旨が記されていることから、その存在を確実視できる。『唐令拾遺』では、『唐六典』巻五尚書兵部兵部郎中、および『旧唐書』巻四三志二三職官二兵部郎中の記述を根拠として、次のように復原している（復旧一五条甲案）(8)。

諸大将出征、臨レ軍対レ寇、士卒不レ用レ命、並得レ専二行其罰一。

仁井田陞氏はこれを開元七年令として復原するが、これは『旧唐書』職官志に『唐六典』を引き写した部分の多いことが背景にある(9)。ただし『唐六典』はあくまで取意文であるため(10)、個別の字句は本来の令文と異なる可能性がある点に注意しなければならない。

そして『唐令拾遺補』では、『新唐書』巻四六志三六百官一の兵部尚書の記事にもとづき、年次不詳唐令として次の復原乙案が提示された（復旧一五条乙案）(11)。

軍不レ従レ令、大将専決。還日、具上二其罪一。

これら二つの復原案は互いに異同が見受けられるが、どのように理解すべきなのだろうか。甲案、そして乙案前半部の「軍不レ従レ令、大将専決」は、乙案にかなりの省略があるものの、内容が合致する。『唐六典』・『新唐書』ともに令文をそのまま引き写したわけではないことを考慮すると、『新唐書』の記事（すなわち乙案）は『唐六典』よりさらに簡略化されていると考えられよう。よって問題となるのは、甲案にみえない乙案後半部の「還日、具上二其罪一」という規定をいかに判断するかである。

そこで、甲案について検討したい。『唐六典』巻五の出征にかんする記載は、次のようにある（傍線を附した箇所が復原根拠記事）。

凡大将出レ征、皆告レ廟授二斧鉞一、辞二斉太公廟一。辞訖、不三反宿二於家一。臨レ軍対レ寇、士卒不レ用レ命、並得レ専二行其罰一。既捷、及二軍未レ散、皆會レ衆而書レ労、与二其費用・執俘・折馘之数一、皆露布以聞、乃告二太廟一。元帥凱旋之日、天子遣レ使郊労。有司先献二捷於太廟一、又告二斉太公廟一。〈諸軍将若須二入朝奏レ事、則先状奏聞〉

引用部は、出征将軍が告廟して皇帝から斧鉞を授かり(12)、出征後凱旋するまでの流れを、開元七年軍防令や顕慶礼などによって略述したものと推測される(13)。よって、甲案に「還日、具上二其罪一」に対応する規定がみえないのは、『唐六典』編纂の際に文脈上省略されたためと考えられよう。養老軍防令の対応部分に「還日、具レ状申二太政官一」とあることや、『新唐書』には唐開元二十五年令をもとに記述した部分が確実に存在することをあわせ考えれば(14)、唐令に対応する規定があったと判断できる。

したがって、甲・乙案双方の内容をあわせもつ条文が、開元七年および開元二十五年制定の各軍防令に存在したと考えられる。そして、これが養老軍防令の規定と対応する点は重要である。養老令編纂時に参照し得たのは、永徽令から開元三年令までの各唐令であるから(15)、詳細な字句はともかくとして、その内容が永徽令以来のものである可能性があるだろう。

次に、養老令の「若未レ臨二寇賊一、不レ用二此令一」部分が唐令に存在したのかが問題となる。『通典』巻一四九兵二の次の記載に注目したい。

以上、並衛公軍令具所二科罪一。若臨レ敵則須レ重、平居則校レ軽、随レ時裁定。

これは、「雑教令〈附〉」として『大唐衛公李靖兵法』（貞観年間に成立。以下、『李靖兵法』と略す）を引用した部分に附された、『通典』の地の文（細字注）である。『通典』の編者杜佑は、「敵に臨む」際は重罪を用い、「平居」は軽くすると述べており、「敵に臨む」以前における将軍の刑罰専決権を否定していない。『李靖兵法』には、「漏二洩軍事一、斬レ之。背レ軍逃走、斬レ之」とあるように行軍時の専殺権が明示されており、(16)「重きを須」いることが養老令と同じく死罪専決権を意味することは言を俟たない。貞元十七年（八〇一）完成の『通典』は天宝年間までの沿革を記しているから、この記載が唐代前半期の状況を反映している可能性は高い。よって、現時点では唐令の文言として復原しないのが穏当であろう。

以上から、養老令の「若未レ臨二寇賊一、不レ用二此令一」を除く部分の規定は、開元七年令以降の唐軍防令にもおおむね存在したと考えられる。では、各規定はどの段階まで遡り得るのだろうか。先述したように、大宝令は養老令とほぼ同内容を想定して差し支えないと考える。そこで大宝令が模範とした永徽令について、唐初の状況から推測してみたい。

斧鉞を皇帝より授与された出征将軍が、旗下の将校や兵士に対する強力な統師権（およびその保障としての専殺権）を保持する形式は、漢代で確立した。(17) 以後、この統師権・専殺権の象徴物が授与され続けてきたことは、中村裕一氏の考察に詳しい。(18) では、唐初においてこのような専殺権がいかに行使されていたかであるが、貞観年間の『李靖兵法』によって、当時の行軍の状況を垣間見ることができる。『通典』巻一四九兵二「雑教令〈附〉」所引の『李靖兵法』には

古之善為レ将者、必能十卒而殺二其三一、次者十殺二其一一。三者、威二振於敵国一。一者、令レ行二於三軍一。是知、畏レ我者不レ畏レ敵、畏レ敵者不レ畏レ我。（中略）、蓋賞罰不レ在レ重、在二必行一。不レ在レ数、在二必当一。（後略）

とあり、古来より優れた将軍としての条件の一つは、賞罰権を必ず行使することによって強力な統師権を全軍に知ら

しめることにあるとする。大庭脩氏が明快に論じたように、出征将軍の専殺権は、敵ではなく自軍の部下を対象とするものなのである。[19]軍令違反者に対する処罰の最たるものが死罪であることは先にみた通りであり、旌節を仮授された出征将軍が、専殺権を行使する状況をうかがい知ることができる。

もちろん、これらの記述を載せる『李靖兵法』は軍防令そのものではなく、あくまで李靖の私的な兵書（軍令）にすぎない。しかし、中村氏が「唐代の軍令として『李衛公兵法』が著名であるのは、従来の軍令の長所を選択し、万人が認める無理のないものであったがゆえに、彼の軍令が後代の武人に継承され、軍令の標準となった」と評するように、[20]『通典』に多く引用されていることからも、かなりの普遍性をもつものであったと考えられる。これは、李靖自身が李勣等と並ぶ唐創業期の名将であったことも影響していよう。『李靖兵法』にみえる将軍の専殺権は旌節を授与されたことにもとづいており、当時の軍防令規定にも合致するあり方であるがゆえに、広く長く重んじられたのである。

大庭氏によれば、漢代ではいったん斧鉞を与えられれば皇帝すら出征将軍には干渉できず、将軍はかなりの独立性を有し、強大な権力を振るったとされる。[21]唐代でも同様であったかは判然としないが、『旧唐書』巻八九列伝第三九狄仁傑伝に、

聖暦初、突厥侵㆓掠趙・定等州㆒。命㆓仁傑㆒為㆓河北道元帥㆒、以㆓便宜㆒従㆑事。

とあり、聖暦初め（六九八年頃）に突厥の侵攻を受け、狄仁傑を河北道元帥に任命して「便宜を以て事に従」わしめたとある。ここから、元帥（旌節を授けられた出征将軍）には自軍の構成員だけでなく、征討行動に直接かかわる案件についても、ある程度の専決権が付与されたことがうかがえよう。

いっぽうで、先に検討した復旧唐軍防令一五条には、処罰した罪名を凱旋後にすべて上中させる規定（「還日、具

上二其罪一」）があった。これは将軍の出征中の行動を牽制するものと理解でき、将軍の暴走を防ぐ役割を果たしている。非常時に出征将軍に対して強大な権限を付与する以上、あらかじめこれに歯止めをかける法規定を定めておくことは不可欠である。唐代の行軍制は、儀鳳年間以前（六七九年以前）が最盛であり、それ以降は周辺民族からの国土防衛のため行軍が辺要に常駐する鎮軍制が主流となる。[22] よって行軍関係の制度は儀鳳年間以前、すなわち活発に行軍が差遣されていた武徳～貞観年間に着々と整備されていったものと推測され、罪名申上の規定も、永徽令にはすでに存在したとみなしてよいだろう。

以上から、永徽令段階ですでに『唐令拾遺』・『唐令拾遺補』で復原された唐令と同内容の規定が存在したとみてよく、日唐令の比較検討の基点を大宝令・永徽令とすることが可能となった。そこで次に、日唐条文の比較を通じて、日本の征討軍と唐の行軍の質的差違を浮き彫りにしたい。

第二節　日唐征討軍の編成

日本軍防令25条と復旧唐軍防令一五条を比較した際に最も問題となるのは、唐令の「士卒」を日本令で「大毅以下」に改変（限定）した点である。これは征討軍内部における中央派遣将校団と地方動員兵力の関係や、専決権のもつ意味に直接かかわってくる。しかし、北啓太氏が懸念を示したように、[23] 復原根拠である『唐六典』の記事は取意文であることから、「士卒」という一般的用語を唐令の原文と認めてよいのかを検証しなければならない。

そこで確認したいのは、「大毅以下」の唐令対応部分が、「士卒」ではなく、軍防令上で日本の軍団に対置される折衝府の官人となっていたのか――すなわち「折衝都尉以下」となっていたのかどうか――である。もし唐令の対応部分が「士卒」ではなく「折衝都尉以下」であれば、これは単に軍防令上の対応関係にそって語句を改めただけとなり、必ずしも日本軍防令の特質を示すことにはならない。(24) この点を検証するには、征討軍内の指揮系統において、大毅と折衝都尉がそれぞれ占める位置を考える必要がある。

まず日本の征討軍の指揮系統については、下向井龍彦氏による考察があり、(25) これに導かれつつ検討を進めていきたい。征討軍の指揮系統は、次の三つの史料から大要を復原することができる。

①養老軍防令24将帥出征条

凡将帥出レ征、兵満二一万人以上一、将軍一人、副将軍二人、軍監二人、軍曹四人、録事四人。五千人以上、減二副将軍々監各一人、録事二人一。三千人以上、減二軍曹二人一。各為二一軍一。毎レ惣二三軍一、大将軍一人。

②養老軍防令31申勲簿条

凡申レ勲簿、皆具録二陣別勲状、勲人官位姓名、左右廂相捉姓名、人別所レ執器仗、当団、主帥、本属、官軍賊衆多少、彼此傷殺之数、及獲賊、軍資、器械一。（下略）

③『令義解』軍防令31申勲簿条の「本属」についての注釈

左右廂、猶二左右方一也。捉持也。猶二率領一也。仮令、注云、兵士姓名、斬レ首若干級、所レ執弓箭、左廂軍監姓名之所二率領一、其国其団隊正姓名之部伍其郡人之類。（下略）

①から、軍防令が規定する日本の征討軍は、将軍・副将軍・軍監・軍曹・録事からなる将校団が軍団を主体とする実働部隊を指揮するものであったことがわかる。②には、左・右廂軍という編成を見出せるとともに、これは唐代の行軍制用語であることから、唐令にも対応条文が存在した可能性がきわめて高いといえる。(26) そして③に「左廂軍監姓名之所二率領一」とあることから、左・右廂軍は軍監が指揮するという構想だったことがうかがえる。ただし北氏が整理・

指摘するように、[27]実際には大将軍の下に別個将軍が任じられた例はなく、その下に副将軍が直属しており、また録事が任用された記事を見出すことはできないなど、軍防令規定と実態が一致しない点に留意しておきたい。以上をふまえると、軍防令で想定された律令体制下の征討軍の指揮系統は、概念図として図1のように復原できよう。[28]

図1で重要なのは、軍防令の構想において左・右廂軍の指揮官は軍監であり、大毅ではないという点である。軍団は軍監の指揮下にあり、軍監と軍毅との間には中央派遣官と地方任用官という厳然たる境界が存在した。すなわち、地方動員兵力の上部に中央派遣の将校団が位置し、統率を行う形となるのである。

とはいえ、実際には征討軍が軍団のみで構成されたわけではない点に注意しなければならない。北氏や山田英雄氏は、征夷などの実例から、軍団の他に国司・郡司・郡司子弟などが加わっているとみており、[29]首肯すべき見解であろう。日本の征討軍は軍団を主力としつつも、実際には多様な人員が参画していたのである。[30]

次に、唐の行軍指揮系統について検討したい。系統復原の根拠となるのは、主に次の二つの史料である。

④復旧唐軍防令一三条（『唐令拾遺』にて開元二十五年令として復原。『通典』巻一四八兵一「令制〈附〉」[31]および『資治通鑑』巻二一一玄宗紀を根拠とする）

諸毎㆑軍大将一人、〈別奏八人、傔十六人〉副二人、〈分㆓掌軍務㆒。奏傔減㆓大将軍半㆒〉判官二人、典四人、総管四人、〈二主㆓左右虞候㆒、二左右押衙。傔各五人〉子将八人、〈委㆓其分行陣㆒、弁㆓金鼓及部署㆒。傔各二人〉執鼓十二人、吹角十二人、司兵・司倉・司騎・司冑・城局各一人。毎㆑隊五十人、押官一人、隊頭一人、副二人、旗頭一人、副二人、火長五人。〈六分支甲、八分支頭牟、四分支戟、一分支弩、一分支棒、三分支弓箭、一分支槍、一分支排、八分支佩刀〉

⑤『通典』巻一四八兵一「立軍」所引『李靖兵法』

図1　日本征討軍指揮系統概念図（養老軍防令想定）

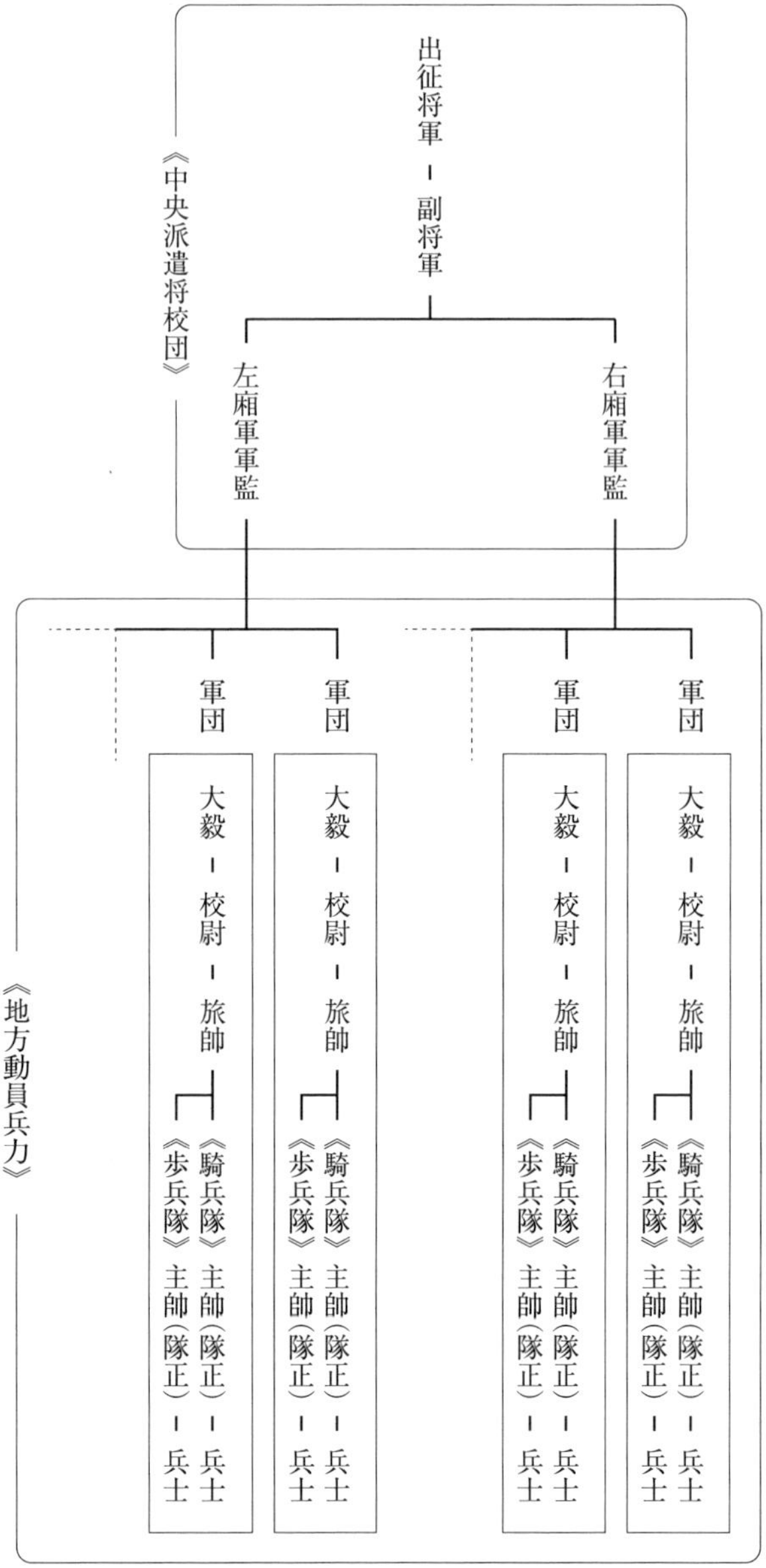

〔備考〕

・軍団内部の系統図については、左・右廂軍各々二軍団ずつモデルを呈示し、他はスペースの都合上省略した。図中の破線は省略を示す。

・軍曹と録事については、具体的な指揮系統は不明である。ただ養老軍防令24条において、五〇〇〇～一〇〇〇〇人規模の征討軍では副将軍・軍監・録事は半分に減らされるものの軍曹の数に変動はないため、（たとえば一万人規模の場合に）四人の軍曹が単純に二人ずつ軍監に配属されるとは限らない。

諸大将出征、且下約二授兵二万人一、即分為中七軍上。如或少、臨時更定。〈大率十分之中、以二三分一為二奇兵一〉中軍四千人、内取二戦兵二千八百人一。〈五十人為二一隊一〉計五十六隊。戦兵内、弩手四百人、弓手四百人、馬軍千人、跳盪五百人、奇兵五百人。左右虞候各一軍、毎レ軍各二千八百人、内各取二戦兵千九百人一、共計七十六隊。戦兵内、毎レ軍弩手三百人、弓手三百人、馬軍五百人、跳盪四百人、奇兵四百人。左右廂各二軍、軍各二千六百人、各取二戦兵千八百五十人一。戦兵内、毎レ軍弩手二百五十人、弓手三百人、馬軍五百人、跳盪四百人、奇兵四百人。馬歩通計、総当二万四千一。共二二百八十隊一当レ戦、余六千人守二輜重一。（中略）、且以二二万人一為レ軍、四千人為レ営在二中心一。左右虞候、左右廂四軍共二六総管一、各一千人為レ営。兵多二外面一、逐二長二十七口幕一、横列十八、六面援二中軍一。六総管下、各更有二両営一。（中略）、凡以二五十人一為レ隊。其隊内兵士、須レ結二其心一。毎二三人一自相得レ意者、結為二一小隊一。又合二三小隊一得レ意者、結為二一中隊一。又合二五中隊一為二一大隊一。餘欠五人、押官一人、隊頭執旗一人、副隊頭一人、左右傔旗二人、即充二五十一。（後略）

復旧開元二十五年令と『李靖兵法』では編成が若干異なるが、(32)これは『李靖兵法』が私的軍令であるという性格のほかに、儀鳳年間以降における行軍制から鎮軍制への変化が開元二十五年令に影響を与えているのだろう。このことは、前述のように②の「左右廂」が唐令に起因すると推測されるものの、復旧開元二十五年令にはなく、『李靖兵法』にみえることからもうかがえる。(33)よって『李靖兵法』は、軍令とはいえ永徽令規定により近い軍編成を示していると推測できる。そこで『李靖兵法』を重視しつつ、菊池英夫氏や孫継民氏をはじめとした先行研究の成果によって指揮系統の概念図をおおまかに復原すると、図2のようになる(34)

旌節を授けられた大総管（元帥）は自らの直属軍である中軍、および各総管が指揮する六つの軍を統括し、総管が指揮する各軍内部ではさらに子将（子総管）を配して歩兵隊（弩手・弓手・跳盪・奇兵）と騎兵隊（馬軍）を統率す

図2　唐行軍指揮系統概念図

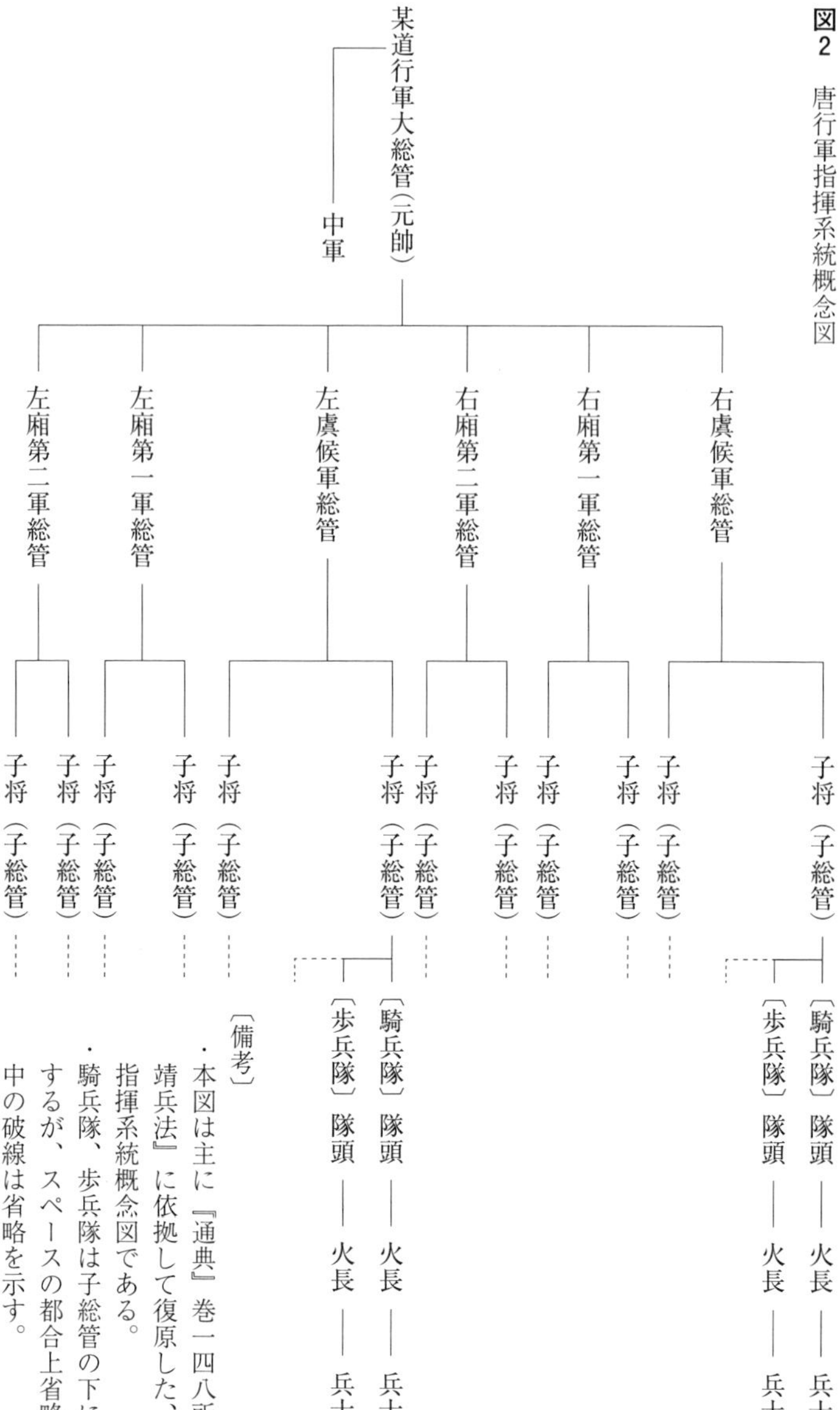

〔備考〕

・本図は主に『通典』巻一四八所引の『李靖兵法』に依拠して復原した、唐行軍の指揮系統概念図である。
・騎兵隊、歩兵隊は子総管の下に多数存在するが、スペースの都合上省略した。図中の破線は省略を示す。
・本図では、左、右虞候軍のみ兵士までの統率関係を示した。左、右廂軍については同様と推測されるため省略した。

る。図1で示したように、日本の征討軍では左・右廂軍軍監の下に各軍団が直結するが、唐制では各軍総管の指揮下に子将（子総管）が置かれ、これに騎兵隊・歩兵隊が直結するのである。日本では軍団内部で騎兵隊・歩兵隊が編成されると考えられるので、征討軍の構造からすれば、軍団の大毅に対応するのは子将（子総管）であると判断できよう。

　では、子将（子総管）にはどのような人物が就くことになっていたのだろうか。辺要防備の軍鎮については、『唐六典』巻五尚書兵部郎中に次のようにある。

　其横海・高陽・唐興・恒陽・北平等五軍、皆本州刺史為㆑使。〈其兵各一万人、十月已後募、分為㆓三番㆒教習。五千人置㆓総管一人㆒、以㆓折衝㆒充。一千人置㆓子将一人㆒、以㆓果毅㆒充。五百人置㆓押官一人㆒、以㆓別将及鎮戍官㆒充〉

折衝都尉を総管に、果毅を子将（子総管）に充てるとするが、兵を「十月已後募」るとあることからわかるように、これは毎年定期的に徴兵される平時体制下の辺要防備のための鎮軍であり、行軍ではない。高宗期以後、辺要には多く折衝府が配されることとなったため、平時体制下の軍鎮の武官を折衝都尉などの折衝府官人が兼任したのは、ごく自然であるといえる。

　このように制度面からは明確な規定を確認できないのであるが、視点を変えて実態面をみると、『文苑英華』巻六四七露布一に収載する露布の中に、子総管（子将）の実例を見出すことができる。これをまとめると、表4のようになる。[35] この表によれば、子総管（子将）二一例中、折衝府官人は前任者も含めると五例である。[36] 左右十二衛などの中央武官や武散官が多く、州の軍務官が就いている例も見受けられる。したがって、子総管は地方から府兵を部領してきた折衝府官人が限定的に就くという原則はなく、武散官を含む中央派遣の武官が中核となって就くものであったと考えられよう。

表4　『文苑英華』の露布にみえる子総管（子将）一覧

	行軍中の職名	階官（武散官）・職事官・勲官	姓名	折衝府官人	中央諸衛府官人	その他
①	左三軍子総管	寧遠将軍前守右驍騎萬安府長史折衝都尉上柱国	劉會基	（○）		
②	右三軍子総管	明威将軍行右武衛翊府中郎将上柱国	高奴弗		○	
③	左一軍子総管	前右金吾衛翊府左郎将上柱国	孫仁感		（○）	
④	子総管	雲麾将軍行玉鈐衛翊府中郎将康国公	阿史那毗伽		○	
⑤	子総管	冠軍大将軍行左玉鈐衛翊府郎将	宋抜延		○	
⑥	子総管	冠軍大将軍行左金吾衛翊府郎将	廻鶻果		○	
⑦	子総管	定遠将軍左威衛長（史脱ヵ）	李当義		○	
⑧	子総管	忠武将軍	何利深			○
⑨	子総管	壮武将軍	倶羅羅淮			○
⑩	子総管	定王府典軍	成善威			○
⑪	子総管	押飛騎定遠将軍平原府左果毅長上	穆仙童	○		
⑫	子総管	（記載なし）	劉尚珪			○
⑬	子総管	渭川府左果毅	鹿思譲	○		
⑭	子総管	左玉鈐衛長上	閻弘誓		○	
⑮	子総管	王城府検校果毅	任弘誓	○		
⑯	子総管	遊撃将軍玉鈐左司階伏羌県開国男	李弘顔		○	
⑰	子総管	邢州司戸参軍飛烏県開国男	常元楷			○
⑱	子総管	原州廣牧領将軍	元寂			○
⑲	子総管	右武衛員外置同正	武元礼		○	
⑳	子総管	前潞州参軍	武其			○
㉑	子総管	左武威衛佽伸城府果毅	杜玄隠	○		

　さらに、行軍における主体兵力を考慮すると、右の推測はなおいっそう支持される。日本の征討軍は、実際には様々な兵種を含むものの、あくまで主力は軍団兵士であった。これに対し唐の行軍は、菊池・孫両氏が詳論したように、主力は折衝府兵士ではなく募兵であった[37]。『故唐律疏議』擅興律4揀点衛士征人条の疏文には「征人、謂非㆓衛士㆒、臨時募行者」とあり、行軍の兵士が衛士（折衝府兵士）であることを否定している。そもそも折衝府兵士の主要任務は、京師に上番して宮城の守衛を行うこと、そして辺要の鎮戍に赴き防人として防守することにある。この二つは、戦時・平時の別なく常に維持されるべき必要不可欠な任務である。よって必然的に、行軍に参加する折衝府兵士の数は決して大規模なものではなく、行軍の主体兵力にはなり得ないと考えられよう。これは、吐魯番阿斯塔那一二五号墓出土の次の史料からも跡づけることができる（アラビア数字は行数を示す）[38]。

1　牒検案連如前。謹牒。
2　　　　検□　□
3　　　合当府行兵総七十六𤯔
4　　　　劉住下廿五𤯔当馬二疋五分（三分給[給]／二分給）□□
5　　　　汜尼下行兵一十八𤯔当馬一疋八分（四分給[孟]／二分給）□□
6　　　　　餘二分給成団　　玄徳
7　　　　□七𤯔行当馬二疋七分。計送[二]（三分合於諸団抽付）□
8　　　　□六𤯔行当[馬]（四分）□□□送（団給付）
9　　　□𤯔出十駄馬追[付]

本文書は年次を欠くが、則天文字が使用されていることから、武則天期の文書と判断可能である。そして三行目に「当府行兵」、九行目に「十駄馬」とあることなどから、折衝府兵士の行軍への従軍にかかわる十駄馬制度の実態史料とみなすことができる。十駄馬制度は一匹の駄馬を購入する資金を十分割し、十人の共同出費で装備運搬用の駄馬を一疋購入するシステムであり、兵士の出す購入資金は「一分」と表現され、十分で駄馬一匹となる。(39)たとえば四行目に「劉住下廿五疋当馬二疋五分」とあるのは、二五人で馬二疋と五分（一疋の半額）を出資したことを示している。

ここで注意を喚起したいのは、「当府」より行軍に参加する(40)「行兵」がわずかに七六人という点である（三行目）。武則天期の折衝府の規模は最小でも八〇〇人であるから、七六人という数は大変少ない。これは軍府内の各団からの「行兵」数をみるとより一層明瞭である。すなわち一団の兵士数は二〇〇人であるが、現存文書の記載上もっとも多い「劉住」団ですら、二五人なのである。(41)したがって、折衝府兵士は行軍に参加しても小規模であり、その主体兵力とはなり得ないことは明白であろう。(42)

以上から、『唐六典』の「士卒」部分を、日本令との対応関係を根拠として「折衝都尉已下」とするのは、当時の指揮系統を考えるとその意義を見出せず、また行軍兵士の供給方法に鑑みてもそぐわないと結論できる。そもそも『唐六典』で「士卒」の語句が使用されているのは、管見では問題となっている箇所のみである。他に「兵士」・「兵」・「将士」・「将」などの用語は散見することから、ここだけを故意に改変したとみるのは不自然であろう。また、『通典』巻一四八兵一「令制〈附〉」によって字句がほぼ確実に復原できる復旧唐軍防令一四条には

（前略）、隊旗二百五十口、尚色図㆓禽獣㆒、与㆓本陣㆒同。五幅認旗二百五十口、尚色図㆓禽獣㆒、与㆓諸隊㆒不㆑同。各自為㆓誌認㆒、出㆓居隊後㆒。恐㆓士卒交雑㆒。（後略）

とあって、条文中に「士卒」の使用例を見出せる。さらに日本令でも、次の養老軍防令29士卒病患条を挙げることができる。

凡士卒病患、及在レ陣被レ傷、皆遣レ医療。軍監以下、親自臨視。

この条文の大宝令については、『令集解』本条古記逸文より「卒」字が復原できるため、「士卒」の語句自体が存在したとみてよい。そもそも「士」という概念は日本に由来するものではないから、軍防令29条については対応する唐令が存在し（ただし現段階では未復原）、大宝令の段階でここから「士卒」の語句を含む規定を継受したと考えられよう。したがって、唐軍防令に「士卒」の語句が使用されるのは何ら不自然なことではなく、問題箇所は唐令原文でも「士卒」とあったと結論づけられるのである。唐代前半期における行軍兵力は、漢人兵だけで構成されたのではなく、特に騎馬戦力においてはテュルク人蕃兵が大きな役割を果したことが、山下将司氏によって明らかにされている。(43) 唐令で刑罰権の行使対象を「士卒」という包括的表現にしているのは、このような多様な兵種で構成される行軍の実態を、充分認識した所作であると考えられるだろう。

第三節　日本征討軍の内部秩序

前節の検討によって、復原唐軍防令一五条の「士卒」は、一般的称呼であるものの令文の語句であることが判明した。字句には依然として未確定の要素を含むが、唐軍防令一五条を改めて復原すると、次のようになる。

一五〔永〕〔開七〕〔開二十五〕諸大将出レ征、臨レ軍対レ寇、士卒不レ用レ命、並得レ専二行其罰一。還日、具上二其罪一。

この復原唐令と養老軍防令25大将出征条を比較して確実に読み取れるのは、日本令では唐令の「士卒」を「大毅以下」と改変し、軍防令上において出征将軍の専殺権の対象範囲を明確化した点である。これは、古代日本における征討軍の、どのような特色を指し示しているのだろうか。

第一に指摘できるのは、大毅以下の軍団官人も、こと刑罰という点では一般兵卒と区別のない扱いを受けるという点である。すなわち、中央派遣官である出征将軍以下の将校団と、地方動員の軍団との間に明確な線引きがなされていることを意味している。田頭賢太郎氏が指摘するように、中央政府は、軍団の大少毅に代表される地方豪族に対する指揮権の確立を重視していたとみてよい(44)。

このような、中央が上部に、地方が下部に位置する軍事構造は、大宝律令の施行によって初めて生み出されたものではない。中央＝畿内政治集団による地方軍事力の行使というあり方は、七世紀以前に遡る。倭王権は鉄資源を安定的に獲得するために、五世紀頃から積極的に朝鮮半島へ遠征軍を編成・派遣していたが(45)、これには倭王権の権力基盤である中央氏族のほか、地方豪族が参加していた。なかでも中央と地方の軋轢という点で注目されるのは、継体天皇治世下の六世紀初頭に勃発した、筑紫君磐井の乱である(46)。磐井の軍事行動は、倭王権の意向に反き、新羅との提携をもとにした政治的自立を画策した叛乱であった。叛乱の背景には、雄略天皇二十三年四月に末多王を百済に護送する際に「仍賜二兵器一、并遣二筑紫国軍士五百人一、衛二送於国一」とあることに顕著なように(47)、朝鮮半島への度重なる出兵の主力を担わされ続けてきたことに対する不満があったとみなせるだろう。

そして、こうした地方軍事力行使のあり方を前提として生まれたのが、いわゆる国造軍である。七世紀半ばまで倭王権の地域支配システムとして維持された国造制は、六世紀初頭の磐井の乱を契機として、遅くとも六世紀半ばまでに全国的に成立したと考えられている(48)。この国造が支配下の民を徴発し、国造軍を編成していた(49)。たとえば『日本書紀』欽明十七年（五五六）正月条には、百済王子恵を護送する際に「別遣二筑紫火君一、〈百済本記云、筑紫君児、火中君弟〉率二勇士一千一、衛二送弥弖一」とあり、筑紫火君が「勇士一千」を自ら率いていることがわかる。火君は火国造の本姓と推測され(50)、「勇士一千」は国造軍の実例とみてよい。直木孝次郎氏が述べるように、国造軍は国造の地位を保全する軍事力としては私的なものといえるが、朝鮮半島への軍事行動など、倭王権の命令にもとづく軍事動員の際には、これを国家的兵制とみなすことが許されるだろう。[51]国造軍は七世紀後半の天智朝末年まで実質的に維持されたとみられ、[52]国造に代わって評督が評レベルの軍事編成を担うようになっても、地方の軍事力を基盤として征討軍を編成するという基本構造が変わることはなかったのである。

さらに指摘したいのは、本書第一章で明らかにしたように、七世紀後半の壬申の乱以前においては、地方豪族に対する中央政府の権限が強大ではなかった点である。これは、天皇の名代として各国に派遣される国宰が、地方豪族に対して強い統制力を及ぼすことができなかったとも言い換えられる。

上記のような国制上の欠点を認識したうえで、壬申の乱に勝利して成立した天武・持統朝では、地域支配体制の整備や地方軍事力の再編成に取り組み、七〇一年の大宝令の施行によって律令軍団制が成立した。[53]しかし軍団の統括官である大少毅には地方豪族が多く就任し、国家の常備軍が地方豪族の影響から脱することはできなかった。征討軍は軍団をその主力とするが、このような七世紀後半における軍事力動員の実態を考えるとき、中央派遣の出征将軍に対し、軍団に対する強力な権限を付与することは、もはや必然といってよいだろう。したがって図1で示した、地方動員兵力の上に中央派遣将校団が位置するという構造は、大宝律令施行以前より行われてきた征討軍編成の伝統的要素と、壬申の乱で表出した地方軍事力に対する中央政府の認識を前提としつつ、これに唐軍防令の行軍編成を参取した上で、構築されたと考えられるのである。

これに関連して第二に指摘したいのは、軍防令の規定上、出征将軍は副将軍・軍監・軍曹の死罪専決権をもたない点である。出征将軍は、国家の総力を結集して編成された征討軍を指揮する以上、最も強力な軍事権を保有する。これに副将軍以下の専殺権が与えられていないのは、軍事的暴走を防ぐための出征将軍への牽制を彼らに期待したとみ

表5　八・九世紀における出征将軍一覧

軍事行動（実施年）	出征将軍任命年月日	出征将軍の名称	姓名（位階）	節刀賜与の有無	史料にみえる属僚 *（ ）内の数字は員数
征蝦夷（和銅二年）	和銅二年（七〇九）三月壬戌	陸奥鎮東将軍	巨勢朝臣麻呂（正四位下）	◎	
		征越後蝦夷将軍	佐伯宿禰石湯（正五位下）	◎	副将軍（紀諸人）
征隼人（和銅六年以前）		討隼賊将軍			
征隼人（養老四～五年）	養老四年（七二〇）三月丙辰	征隼人持節大将軍	大伴宿禰旅人（正四位下）	○	副将軍（笠御室、巨勢真人）
征蝦夷（養老四～五年）	養老四年九月戊寅	持節征夷将軍	多治比真人県守（正五位上）	◎	副将軍（下毛野石代）・軍監（3）・軍曹（2）
		持節鎮狄将軍	阿倍朝臣駿河（従五位下）	◎	軍監（2）・軍曹（2）
征蝦夷（神亀元年）	神亀元年（七二四）四月丙申	持節大将軍	藤原朝臣宇合（正四位上）	○	副将軍（高橋安麻呂）、判官（8）、主典（8）
	同年五月壬午	鎮狄将軍	小野朝臣牛養（従五位下）		軍監（2）、軍曹（2）
陸奥～出羽国間道路開削（天平九年）	天平九年（七三七）正月丙申	持節大使	藤原朝臣麻呂（従三位）	○	副使（佐伯豊人、坂本宇頭麻佐）、判官（4）、主典（4）
藤原広嗣の乱平定（天平十二年）	天平十二年（七四〇）九月丁亥	大将軍	大野朝臣東人（従四位上）	◎	副将軍（紀飯麻呂）、軍監（4）、軍曹（4）、「任用軍事」（佐伯常人、阿倍虫麻呂）

征蝦夷（宝亀十一～天応元年）	宝亀十一年（七八〇）三月癸巳	征東大使	藤原朝臣継縄（従三位）		副使（大伴益立、紀古佐美）、判官（4）、主典（4）
	宝亀十一年三月甲午	出羽鎮狄将軍	安倍朝臣家麻呂（従五位上）		軍監（2）、軍曹（2）
	宝亀十一年九月甲申	持節征東大使（交替）	藤原朝臣小黒麻呂（正四位下）	○	
征蝦夷（↓中止）	延暦三年（七八四）二月己丑	持節征東将軍	大伴宿禰家持（従三位）	○	副将軍（文室与企）、軍監（入間広成、阿倍猨嶋墨縄）
征蝦夷（延暦八年）	延暦七年（七八八）七月辛亥	征東大使	紀朝臣古佐美（正四位下）	◎	征東副使（多治比浜成、紀真人、佐伯葛城、入間広成）
征蝦夷（延暦十三年）	延暦十年（七九一）七月壬申	征夷大使（征東大使）	大伴宿禰弟麿（従四位下）	◎	副使（百済王俊哲、多治比浜成、坂上田村麻呂、巨勢野足）、軍監（16）、軍曹（58）
征蝦夷（延暦二十年）	延暦十六年（七九七）十一月丙戌	征夷大将軍	坂上大宿禰田村麻呂（従四位下）	◎	副将軍、征夷副将軍、軍監（5）、軍曹（32）
征蝦夷（↓中止）	延暦二十三年（八〇四）正月甲辰	征夷大将軍	坂上大宿禰田村麻呂（従三位）		副将軍（百済王教雲、佐伯社屋、道嶋御楯）、軍監（8）、軍曹（24）
征蝦夷（弘仁二年）	弘仁二年（八一一）四月庚辰	征夷将軍	文室朝臣綿麻呂（正四位下）		副将軍（大伴今人、佐伯耳麻呂、坂上鷹養）、軍監（10）、軍曹（20）
征蝦夷（↓中止）	弘仁四年（八一三）五月辛巳	征夷将軍	文室朝臣綿麻呂（従三位）		

ることができよう。

ただ、将校団の実例を子細にみると別の側面が浮かび上がってくる。北啓太氏の検討をふまえて、八・九世紀における出征将軍の事例をまとめると、表5のようになる。[54]

将官の人名については、判明したもののみ挙げているが、六国史には基本的に五位以上の官人しかみえないため、軍監・軍曹の具体像は不明である。ここで注目したいのは、延暦十三年（七九四）実施の征夷以降は軍監と軍曹の員数が大幅に増加している点である。和銅～宝亀年間の将校団が軍防令規定に近い編成を取っていたのに対し、延暦年間以降は人員数の面でかけ離れた形に増加することは、征夷軍将校団の編成方針が変化したことを推測させる。さらに延暦八年（七八九）の征夷において、征東大将軍紀古佐美に対して節刀を仮授し、次いで勅書を賜った際に、

（前略）因賜二勅書一曰、夫択レ日拝レ将、良由二綸言一。推レ轂分レ閫、専任二将軍一。如聞、承前別将等、不レ慎二軍令一、逗闕猶多。尋二其所由一、方在レ軽レ法。宜下副将軍有レ犯二死罪一、禁レ身奏上、軍監以下、依レ法斬決上。坂東安危、在二此一挙一。将軍、宜レ勉之。（後略）

とあり、出征将軍の専殺権の対象が軍監（四等官制にあてはめると判官）にまで引き上げられた点は重要である。[55]北氏は、同じく節刀を賜与される遣唐大使の刑罰権が判官以下であることから、「判官以下への死罪専決権とは、つまるところ節刀を執る資格のある者以外の殆ど全員に対する死罪専決権」であるとみ、征討使に対する節刀賜与は「もともと将軍の有する刑罰権をほぼ最大限に拡大するものであった」としている。[56]軍令に従わず勝手な行動を行うとして非難されている「別将」は、軍防令制の構想外の存在であり、現地やその周辺の有力豪族であるとみられるが、地方豪族や渡来系氏族出身者を将校団に多く加えるようになってから出征将軍の専殺権の対象が拡大されたのは、軍防令に規定する征討軍編成からの構造的変化を示していよう。延暦年間以降は、征夷事業の変遷に対応して征討軍編成の

あり方が従来と大きく変化したとみてよく、軍防令の構想は和銅～宝亀年間の実例に色濃く現れていると考えられる。

そこで和銅～宝亀年間の出征将軍の実例をみると、七世紀以前より倭王権の中枢に参画してきた氏族出身者であることがわかる。そして副将軍についても、中央政府および畿内氏族とかかわりの希薄な地方豪族が、これに単独で任じられた例はない。(57)具体的な人名が判明する将官は副将軍までであるものの、上記のような傾向は、七世紀以前の征討軍の編成をも考慮したとき、出征将軍のもつ死罪専決権の対象範囲に少なからず関係していると考える。すなわち軍防令制では、出征将軍には幕僚に対する専殺権が実質的に与えられていないのであって、征討行動終結後に罪名を提出する先は、太政官であった。唐の場合、養老軍防令25条に対応する復原唐令一五条では「具上二其罪一」とあって上申先は不明瞭であるものの、露布が尚書兵部に提出されたことをふまえれば、(58)同様に尚書兵部である可能性が高い。この点で、日本令が兵部省ではなく太政官に直接上申することになっているのは、中央氏族を中心とした為政者集団（すなわち太政官）が征討軍をコントロールするという意図を強く示しているといえるだろう。

律令における征討軍（行軍）規定は、将校団や兵種の問題はもとより、前代からの軍事編成のあり方や支配をめぐる状況に影響されて成立した。とりわけ古代日本では、八世紀初頭に成立した軍団をその主兵力とした以上、征討軍の内部秩序と将軍の専決権を規定するにあたっては、軍団や前代からの征討軍の実態を考慮せざるを得なかったのである。

むすび――日唐征討軍の比較検討からみえるもの――

本章では、日唐の軍防令大将出征条の復原と比較検討を主軸に据え、両王朝の征討軍（行軍）の編成や内部秩序、出征将軍の刑罰権について考察を行った。その結果、唐軍防令一五条の新たな復原案を提示し、日本軍防令で出征将軍の大毅以下に対する死罪専決権を規定したのは、地方豪族の影響から脱しきれていない軍団を征討軍の主力とすることに由来する点を明らかにした。さらに、出征将軍が保持する専決権の対象範囲からは、律令軍事体制下における征討軍の内部秩序が、七世紀以前からの征討軍編成を発展的に継承している側面があるのではないかと考えた。

ただ、唐軍防令条文の復原については、依然として曖昧な点を残すこととなった。復原手法として、実態史料から令規定をうかがうことは避けるのが望ましい。しかし制度史料の乏しさから、今回は実態史料を多用することとなった。そこで次章では、唐軍防令の復原手法を深化させる新たな視座を模索するとともに、日唐軍防令の性格について考えてみたい。

注

（1）本章では、軍防令の規定にもとづき編成され、最高統治者（皇帝、天皇）から権限の象徴物（唐では旌節、日本では節刀）を賜与された将軍が指揮する軍隊を、唐王朝については行軍、日本については征討軍と表記する。菊池英夫氏は行軍を「行軍大総管・副総管以下、判官・典等の幕僚、総管・子総管・押官・隊正・火長に到る職制と、中軍・前軍（右廂第一軍）・後軍（左廂第一軍）・右軍（右廂第二軍）・左軍（左廂第二軍）・右虞候軍・左虞候軍・戦兵・輜重といった部隊編成の固有の規定を有する存在」と定義した。ここで注意したいのは、「部隊編成の固有の規定を有する存在」とする点である。これは、行軍の職制が唐軍防令に規定されていることから明白なように、軍防令などに制度的に規定された軍隊であることを意味する。軍防令に規定されたのは、皇帝が自らの大権を一部委譲して派遣するからに他ならない。

いっぽうで日本の軍防令に目を向けると、唐令を継受して成立した結果、出征将軍が指揮する軍隊を「行軍」と表記することは同様である。本文で後述するように、唐と日本では職制や部隊編成の詳細が大きく異なるものの、最高統治者が出征将軍に大権の一部を委ね、かつ当該軍隊の職制などを軍防令に規定する、という法的側面においては、唐と日本に本質的な差異はないといえるだろう。

しかし北啓太氏が指摘するように、日本の対蝦夷戦においては、出征将軍が都から派遣されることなく陸奥・出羽両国の組織と兵力のみで実施されたケースが存在し、また七世紀以前の外征軍の将軍に節刀が与えられたか否かは不明である。両者は軍防令が規定する行軍とはいえないものの、古代日本の戦時編成を考える際に重要な論点を含んでいる。よって本章では、日本については北氏が提唱する「征討軍」という学術用語を採用し、唐のそれについては菊池氏に従い「行軍」と表記する。両者の総称は、行軍を包摂する概念として「征討軍」の用語を使用したい。菊池英夫「日唐軍制比較研究上の若干の問題―特に「行軍」制を中心に―」（唐代史研究会編『隋唐帝国と東アジア世界』汲古書院、一九七九年）の四〇四頁、北啓太「征夷軍編成についての一考察」（『書陵部紀要』三九号、一九八八年）の注（1）を参照。

（2）節刀については、瀧川政次郎「節刀考」（『國學院大學 政経論叢』五巻一号、一九五六年）を参照。節刀賜与の儀式次第は、『儀式』巻一〇「賜将軍節刀儀」などにみえる。儀式の詳細とその意義については、鈴木拓也「桓武朝の征夷と造都に関する試論」（『近畿大学 文学・芸術・文化』一三巻二号、二〇〇二年）を参照。

（3）実例については、後掲の表5を参照。また、本文で挙げた征夷にかかわる実例がいずれも同じ意味で使われたことについては、渡部育子「律令制下における陸奥・出羽への遣使について―鎮守将軍と征東使―」（高橋富雄編『東北古代史の研究』吉川弘文館、一九八六年）の三四二～三五一頁を参照。

（4）律令軍団制については、本書第一章を参照。

（5）中尾浩康「律令国家の戦時編成に関する一試論―八世紀における「寇賊」と征討―」（『日本史研究』五八一号、二〇一一年）参照。

（6）本文は水本浩典編『紅葉山文庫本 令義解』（東京堂出版、一九九九年）によって翻刻した。書入れの性格については、石上英一「『令義解』金沢文庫本の成立」（『日本古代史料学』東京大学出版会、一九九七年。初発表一九八四年）を参照。石上氏によれば、引用した書入れは中原章久（建久四年〔一一九三〕に明法博士へ任官）やその祖である法家中原氏の歴代によって記されたものと推測される。

（7）菊池英夫氏前注（1）論文、および同「節度使制確立以前における「軍」制度の展開」（『東洋学報』四四巻二号、一九六一年）、七三～七六頁。

（8）仁井田陞『唐令拾遺』（東京大学出版会、一九六四年。初版は東方文化学院、一九三三年）。

（9）仁井田陞「唐令拾遺採択資料に就いて」（前注〔8〕書）、六二頁。

（10）内藤乾吉「唐六典の行用について」（『中国法制史考證』有斐閣、一九六三年。初発表一九三六年）を参照。

（11）仁井田陞著、池田温編集代表『唐令拾遺補』（東京大学出版会、一九九七年）。

（12）ただし、唐代において実際に授与されたのは「旌節」であった。養老軍防令18節刀条に対応する復原唐令は「節刀」の部分を「斧鉞」とするが、中村裕一氏によれば唐代で実際に仮授されたのは「斧鉞」ではなく、旌節とみられる。よって唐令は古態を示しているとみられ、日本の節刀に対応するのは旌節であったと考える。中村裕一「唐代の軍制に関する若干の考察」（『唐代官文書研究』中文出版社、一九九一年。初発表一九七五年）、一三八～一四二頁参照。節刀と旌節の関係については、瀧川氏前注（2）論文の一〇～一七頁に詳しい。中国における節の形態については、大原良通『王権の確立と授受―唐・古代チベット帝国（吐蕃）・南詔国を中心として』（汲古書院、二〇〇三年）の第一章および第二章を参照。

（13）「凡大将出」征」から「乃告」太廟」」までの傍線部を除く部分は、養老軍防令30定勲功条に対応し、これを根拠として唐令が復原されている（復旧一六条）。後段の「元帥凱旋之日、天子遣」使郊労。有司先献」捷於太廟」、又告」斉太公廟」」」については、『大唐開元礼』巻八四、軍礼「遣使労軍将」に郊労の儀式次第がみえることから、『大唐開元礼』のもととなった顕慶礼の記事を参考にしたとも考えられる。しかし本部分を規定する条文が唐軍防令に存在した可能性もあり、断定できない。なお、開元礼が完成・施行されたのは開元二十年（七三二）であり、それまでは顕慶三年（六五八）施行の顕慶礼が通行していた。

（14）本書第四章を参照。

（15）坂上康俊「『令集解』に引用された唐の令について」（『九州史学』八五号、一九八六年）を参照。

(16)『通典』巻一四九兵二「雑教令〈附〉」。

(17) 大庭脩a「前漢の将軍」(『秦漢法制史の研究』創文社、一九八二年。初発表一九六八年)、および同b「後漢の将軍と将軍仮節」(出典は同じ。初発表一九六九年)を参照。以下、大庭氏a論文、同b論文と略称する。

(18) 中村氏前注(12)論文、一三八~一四二頁。

(19) 大庭氏前注(17)a論文、三六六頁。

(20) 中村氏前注(12)論文、一四三頁。

(21) 大庭氏前注(17)a論文、三五九~三六二頁。

(22) 菊池氏前注(7)論文、五六~五九頁。孫継民「行軍在唐代武装力量體制中的地位」(『唐代行軍制度研究』文津出版社、一九九五年)、二一二頁。

(23) 北啓太「律令国家における将軍について」(笹山晴生先生還暦記念会編『日本律令制論集 上巻』吉川弘文館、一九九三年)、五二一頁の注(38)を参照。

(24) 日本の大少毅は主に地方豪族からの任用であり、唐の折衝都尉は中央派遣官であることから、両者の官人制における位置づけは明瞭に異なる。ただ愛宕元氏によれば、折衝府武官も庶人層からの任用の際には本貫地に比較的近い折衝府武官を歴任したようであるが、両者を官職の性質の相違から論ずることは難しい。行軍内の指揮系統に占める位置で比較検討するのが、妥当であると考える。愛宕元「唐代府兵制の一考察—折衝府武官職の分析を通して—」(中国中世史研究会編『中国中世史研究 続編』京都大学学術出版会、一九九五年)参照。

(25) 下向井龍彦「日本律令軍制の基本構造」(『史学研究』一七五号、一九八七年)。

(26) 菊池氏前注(1)論文、四〇四~四〇五頁。

(27) 北氏前注(1)論文、九~一二頁。

(28) 図1の作成にあたっては、下向井氏前注(25)論文のほか、同「律令軍制と国衙軍制」(松木武彦ほか編『人類にとって戦いとは2 戦いのシステムと対外戦略』東洋書林、一九九九年)の「図3 軍の戦時編成」を参考とした。

(29)　北氏前注(23)論文、九〜一二頁。山田英雄「征隼人軍について」(『日本古代史攷』岩波書店、一九八七年。初発表一九六九年)参照。

(30)　日唐における征討軍の共通性と差違については、拙稿「古代国家の軍事組織とその変質」(大津透ほか編『岩波講座日本歴史 第4巻 古代4』岩波書店、二〇一五年)、一二五〜一二八頁を参照。

(31)　本章で『通典』の典拠とした中華書局本『通典』(武英殿本)は、この部分を「今制〈附〉」とするが、本文では北宋本に拠って「令制〈附〉」と改めた。仁井田氏は『唐令拾遺』で唐軍防令五条を復原する際に「殿本通典は令制を今制に作るが誤であらう。今、宋本に拠る」とし、武英殿本が「令」と「今」を多く混同している点を指摘する(前注〔8〕書、六六〜六七頁)。よって軍防令を附載したものと判断する。

(32)　復旧三一条について、仁井田氏は軍令の可能性も否定できないとする(『唐令拾遺』復旧唐軍防令五条の按文)。しかし『通典』で軍令を引用する際は、「後漢魏武軍令」(兵二「法制」)のように軍令の名称を冠して引用することから、「令制」を軍令とみるのは無理があるように思う。氏は慎重を期してこのような疑いを述べたのだろうが、そもそも『通典』の「兵」部は具体的軍事行動別に項目を立てるのが原則であり(「立軍」・「敵降審察」など)、「令制」が「附」とされているのは主としてこうした分類法に拠るものと推測される。もし「令制」が軍令であれば、兵二の「法制」や「雑教令附」に記載されるのが自然であろう。よって「令制」の「令」は律令の「令」であり、開元二十五年軍防令とみてよいと考える。

(33)　なお『李靖兵法』は現存する宮内庁書陵部所蔵室生寺本『日本国見在書目録』にみえないため、少なくとも九世紀の時点では日本に将来されていない可能性が高い。

(34)　菊池英夫「節度使制確立以前における「軍」制度の展開(続編)」(『東洋学報』四五巻一号、一九六二年)、孫継民「唐代行軍的編成及編制」(前注〔22〕書に同じ)、田頭賢太郎「律令軍事制度における部隊編成について―日唐の比較を中心に―」(『明大アジア史論集』一八号、二〇一四年)を参照。

(35)　史料の典拠は、次の通りである。
①〜③　：　『文苑英華』巻六四七、露布一

「兵部奏姚州破逆賊諾没弄楊虔卿露布」（咸亨三年〔六七二〕）
④〜㉑　…　『文苑英華』巻六四七、露布一
「為河内郡王武懿宗平冀州賊契丹等露布」（神功元年〔六九七〕）

(36) 子総管の任用事例が最も多く見えるのは、「為河内郡王武懿宗平冀州賊契丹等露布」である。本露布では一八人もの子総管がみえ、これは図2と合致しないが、規定を超えて任命された子総管であっても折衝府官人が少ないことは重要であろう。

(37) 菊池英夫「唐代兵募の性格と名称とについて」（『史淵』六七・六八合輯号、一九五六年）、孫継民「唐代行軍的兵員構成」（前注〔22〕書に同じ）を参照。

(38) 『吐魯番出土文書』図録版第三冊、「武周軍府牒為行兵十駄馬事」（69TAM125:5〔a〕）、四三七頁。

(39) 十駄馬制度については、陳国燦「唐代行兵中的十駄馬制度―対吐魯番所出十駄馬文書的探討―」（『陳国燦吐魯番敦煌出土文献史事論集』上海古籍出版社、二〇一二年。初発表二〇〇三年）を参照。

(40) 『新唐書』巻四九上志三九上百官四上に「武后垂拱中、以千二百人為上府、千人為中府、八百人為下府、赤県為赤府、畿県為畿府」とある。

(41) なお、実際には史料本文七行目の「□七生行当馬二疋七分。三分合於諸団抽付計送二□」とある某団が二七人の「行兵」を派遣しており、最大である（「二疋七分」＝兵士二七人）。本文では煩を避けるため、字句が明確に確認できる「劉住」団を取り上げ、論を進めた。陳氏前注(39)論文、二五〇〜二五一頁参照。

(42) 孫氏前注(37)論文、九一〜九三頁にも同様の指摘がある。

(43) 山下将司「唐のテュルク人蕃兵」（『歴史学研究』八八一号、二〇一一年）。また、馬馳『唐代蕃将』（三秦出版社、一九九〇年）参照。

(44) 田頭氏前注（34）論文、四五九頁。

(45) 拙稿前注（30）論文、および松木武彦「古墳時代の軍事的機構と政治構造」（『日本列島の戦争と初期国家形成』東京大学出版会、二〇〇七年）参照。また佐々木稔氏の検討によれば、日本列島で独自の鉄生産が確立するのは六世紀後半まで降る。

古墳内部から鉄鋌が多く出土するのは、鉄の確保が権力と密接に関わっていたことを示している。佐々木稔「古墳時代後期に始まる鉄生産と刀剣製作への影響」（石井昌國・佐々木稔『増補版　古代刀と鉄の科学』雄山閣、二〇〇六年）参照。

(46)『日本書紀』継体天皇二十一年六月朔甲午条、同年八月朔条。

(47)『日本書紀』雄略天皇二十三年夏四月条。

(48) 篠川賢「国造制の成立」（『国造制の成立と展開』吉川弘文館、一九八五年）、および大川原竜一「国造制の成立とその歴史的背景」（『駿台史学』一三七号、二〇〇九年）参照。

(49) 国造軍は、岸俊男氏の『万葉集』所載防人歌の分析によって提示された学術用語である。岸氏は歌の作者の地位を示す用語を検討し、「国造丁」を各国における防人集団の長、「助丁」をその補佐役、「主帳丁」を庶務会計役、そして「上丁」を一般の防人兵士とみなし、これを「大化前代の旧い国造軍の形態がなお継承されて遺存している」と理解した。岸俊男「防人考―東国と西国―」（『日本古代政治史研究』塙書房、一九六六年。初発表一九五五年）参照。

(50) 直木孝次郎「国造軍」（『日本古代兵制史の研究』吉川弘文館、一九六八年）、一七三頁。

(51) 直木氏前注（50）論文参照。

(52) 森公章「評制下の国造に関する一考察―律令制成立以前の国造の存続と律令制地方支配への移行―」（『古代郡司制度の研究』吉川弘文館、二〇〇〇年。初発表一九八六年）、および本書第一章を参照。

(53) 本書第一章を参照。

(54) 表の作成にあたっては、北氏前注（23）論文の「表1　出征将軍の名称」を参考にした。史料は基本的に『続日本紀』・『日本後紀』・『日本紀略』に拠るが、征隼人軍については天平八年度薩摩国正税帳や『八幡宇佐宮御託宣集』・『扶桑略記』なども参照した。山田氏前注(29)論文、および永山修一「隼人の戦いと国郡制」（『隼人と古代日本』同成社、二〇〇九年）参照。表中の「節刀賜与の有無」の項については、節刀賜与の記事が確認できる場合は◎を、将軍号から賜与が判断される場合は○を附している。

(55)『続日本紀』延暦七年（七八八）十二月庚辰条。

（56）　北氏前注（23）論文、四九八～五〇一頁参照。

（57）　ここで若干問題となるのは、養老四年の征夷で征夷副将軍に任じられた下毛野朝臣石代である。下毛野朝臣はもと下毛野君であり、毛野地方を基盤とする地方豪族であるが、天武天皇十三年（六八四）に朝臣を賜姓されており（『日本書紀』同年十一月朔条）、同族の下毛野朝臣古麻呂は大宝律令撰定事業の主要構成員であった。石代はこのとき左京亮従五位下であって中央官人として官歴を積んでおり、中央氏族ではないものの、これに准じて扱っても大きな問題はなかろう。

（58）　『唐六典』巻八門下省侍中に「三曰露布。〈謂諸軍破ㇾ賊、申二尚書兵部一聞奏焉〉」とある。唐代の露布式逸文と推測される『玉海』巻二〇三「辞学指南」にみえる『朝制要覧』所載の露布式からも、行軍元帥府→尚書兵部→門下省→皇帝、という奏上ルートを見出せる。露布式については、中村氏前注（12）論文参照。

第四章　日唐軍防令と北宋天聖令

律令軍事制度は、八世紀以降における古代国家の軍事体制の基本である。律令における軍事力の位置づけは、律令国家の軍事力の本質をどのようにとらえるのか、ということに直結しており、これを検討する際の有効な手法の一つが、日唐律令の比較研究である。日本が唐律令を継受するにあたり、いかなる変更が加えられたのか(両律令の差異)、そして日唐両律令が同内容であることが国家・社会にとってどのような意味をもつのか、という二点を検討することによって、日本律令制における軍事力の特色を見出すことができるのである。[1]

軍事力に直接かかわる令の篇目としては、軍防令・宮衛令・関市令・捕亡令・獄令（獄官令）があげられる。このうち本章では、律令軍事体制の根本を規定する軍防令をとりあげ、唐軍防令の復原と日唐令比較研究について、その手法と課題を考える。軍防令は多様な規定を含むが、今回は烽関連規定を主に検討したい。そのうえで、二〇〇六年に残巻の全貌が公表された北宋天聖令――ただし、残巻に軍防令は含まれていない――をふまえ、日本と唐の軍防令についてどのような知見が導き出せるのか、ということにせまってみたい。

第一節　日唐軍防令における烽規定

(1) 軍防令研究の問題点

日唐軍防令の比較検討を行うには、まず散逸した唐軍防令の復原を行うことが不可欠である。研究史をふり返ると、仁井田陞氏によって『唐令拾遺』で計四〇条が復旧され、その後の研究をふまえた池田温編集代表『唐令拾遺補』では既復原条文に補訂・追加がなされ、補一～七条の計七条が復原新条文として追加された(2)。その結果、一九九七年段階では計四七条が復原されている。これ以後の本格的な復原研究としては、軍事教習を規定する補八（甲・乙）条、養老軍防令12兵士向京条に対応する補九条の復原案が榎本淳一氏によって提示されていることが特筆できるだろう(3)。

とはいえ、榎本氏の復原案は条文全体にわたるものだが、『唐令拾遺』と『唐令拾遺補』における復旧案は条文の一部分にとどまる断片的なものが多い(4)。よって唐軍防令の復原は、天聖令の発見によっていっそう盛んに議論が行われている他篇目と比較すると、立ち後れているといってもよいだろう。しかし、それにはいくつかの理由があるように思われる。

まず第一に、仁井田氏ですら断片的な復原に留まったことからわかるように、確実に令の逸文と判断できる制度的史料に乏しい点が挙げられる。これは、唐代前期の代表的兵制である「府兵制」(5)が開元二十五年令撰定段階では機能しておらず、すでに地方兵制は団結兵および長征健児の制へ移行しており(6)、唐軍防令の基幹である「府兵制」がもはや旧制となっていたことがかかわっている。さらに菊池英夫氏は、臨時的戦時動員体制である行軍制にかかわる条文が『唐令拾遺』ではまったく復旧されていないことについて、「国家組織の恒常的「制度」を記述する際には、主たる関心の対象からは外され」たことが史料の残存状況に影響している、と指摘した[7]。したがって唐令の復原を行うには、史料を博捜し復原根拠史料を見出す努力を重ねることはもちろんだが、同時に復原手法の深化をはかる必要があるのである。

いっぽうで、日本令も問題をかかえている。『令集解』の軍防令を含む巻は散逸しており、大宝令の様相を示してくれる古記を頼りにすることが難しい。大宝軍防令の復原は、亀田隆之・松本政春・野田嶺志各氏らによって試みられているものの[8]、唐令の場合と同様に史料的制約が大きく、復原が思うように進まない状況にある。これまでの成果は『唐令拾遺補』の「唐日両令対照一覧」に集成されているが、復原不能の条文が大多数を占めているのである。その結果、考察の基盤となる唐令と大宝令の条文が不確定であるため、必然的に両令の比較検討も困難な状況下におかれてしまっている。

こうした状況において、養老令を参考としつつ唐軍防令の全体像を把握することに努めたのは、菊池氏である[9]。氏は、平時体制と臨時的戦時動員体制の区分を示したうえで、日本史研究者の「府兵制」理解の誤りを指摘し、唐軍防令にも行軍関係の条文が存在したとみるなど、多くの重要な提言を行った。そして、個別条文について具体的な復原案の提示は行っていないものの、養老軍防令の内部構造の分類を行い、行軍・授勲・辺城隍関・防人・烽燧などの規定に対応する唐令条文の存在を推測したのである。ただ、氏は一覧表を以て結果を示すのみに留め、詳細な個別検討を他日に譲っている。そこで今回は、烽にかかわる条文群をとりあげ、再検討を試みたい。

（2）軍防令と烽

仁井田氏は『唐令拾遺』において、『唐六典』巻五尚書兵部職方郎中員外郎などの記事を根拠として、烽条文を計三条復原した（復旧三七・三八・三九条）。これについて瀧川政次郎氏は、北宋の慶暦四年（一〇四四）に著された『武経総要』前集巻五に唐兵部の烽式が多く引用されていることを示し、養老軍防令の条文と唐兵部式の条文とが多くの点で一致していることから、養老軍防令は唐の烽式によって立条されたのであって、唐軍防令に烽にかかわる条文は存在しなかったと結論した。[10]

この批判に対し、仁井田氏は詳細に反論した。[11] 氏の見解は令と式の関係を考える上でも重要な論点を多く含むが、ここでは特に次の三点に注目したい。

①『故唐律疏議』衛禁律33烽候不警条疏文に「依二職方式一」とあり、対応する式文が『武経総要』前集の烽式にみえることから、烽式は尚書兵部職方郎中員外郎の式、すなわち職方式に含まれていたとみてよい。

②『唐令拾遺』で復旧根拠とした『唐六典』巻五尚書兵部職方郎中員外郎の記述と職方式が一致せず、むしろ養老令と一致することは、『唐六典』の記事が唐式以外の史料によって著された可能性が高いことを示す。

③唐令は基本原則、唐式は補足的細目であって、同種の規定が令と式に存在したとしても問題にはならない。

右のような仁井田氏の指摘をふまえ、菊池氏は一覧表で養老軍防令66置烽条と68有賊入境条を除く日本令条文については、対応する唐令条文が存在したと想定している。その後、中国史では岡田功氏、日本史では亀谷弘明氏によって、仁井田氏の所見が支持されている。[12]

以上の研究史をふまえつつ、唐軍防令における烽関係条文の存否と、日本令の立条について検討を行っていきたい。なお、養老軍防令では66〜76条が烽関連条文であるが、大宝令文は一切復原されていない。しかし大宝律令制下の実例として、『続日本紀』和銅五年（七一二）正月壬辰条には「廃二河内国高安烽一、始置二高見烽及大倭国春日烽一、以通二平城一也」とあって烽が新たに設置されており、また『出雲国風土記』・『豊後国風土記』・『肥前国風土記』からは、烽の配備状況がうかがえる。(13) ここから、これらは何らかの規定にもとづき配備されていると考えられるため、大宝軍防令にも烽規定があったとみてよいものの、規定の内容が養老令と同一か否かを明示する史料は見出せない。よって行論の都合上、烽関連規定については、ひとまず大宝令と養老令とでは大きな差違はないという仮定にもとづき、議論を進める。(14)

先にまとめた仁井田氏の指摘のうち、①については、職方式の撰定年次をおさえておく必要がある。そもそも『武経総要』がどのような資料をもとにして成立したのかという点や、唐式を参照していても、それは唐式の実物を座右に置いて引用したのか、あるいは何らかの法制書の孫引きであるのかという点は未解決であり、史料自体の研究を今後深めていかなければならない。ただ、『武経総要』が北宋の仁宗の命をうけた曾公亮によって著された勅撰の兵書であることは、一つの示唆を与えてくれる。というのも、天聖七年（一〇二九）に施行された天聖令は、後唐の同光元年（九二三）に定州の勅庫で発見・献上された「唐朝格式律令凡二百八十六巻」(15)、すなわち開元二十五年令をもとにして撰定されたと推測されている。(16)『武経総要』も同じく仁宗治世下の著述である以上、引用する職方式が開元二十五年式である可能性は高いといえるだろう。(17)

これをふまえたうえで、まず重視したいのは②である。特に、『唐六典』は取意文であるにもかかわらず、これと合致するのが養老軍防令66条である点は見過ごせない（圏点部分が一致箇所。以下同じ）。

『唐六典』巻五尚書兵部職方郎中員外郎（『唐令拾遺』復旧三七条の根拠資料）

凡烽候所ㇾ置、大率相去三十里。〈若有二山岡隔絶一、須二逐ㇾ便安置一。得二相望見一、不三必要限二三十里一〉

日本養老軍防令66置烽条

凡置ㇾ烽、皆相去卌里。若有二山岡隔絶一、須二遂ㇾ便安置一者、但使ㇾ得二相照見一、不三必要限二卌里一。

これはまさしく烽の基本規定であり、現存する職方式に合致する文言がないことからも、『唐六典』は令によって叙述したとみてよい[18]。ただ、『唐六典』は開元七年律令格式にもとづいて叙述されており『武経総要』前集所引職方式とは撰定年次が異なることや、大宝令が唐永徽式をもとに立条されたと仮定した場合、『唐六典』も式によって叙述したと解せてしまうことを考慮すると[19]、断定はできない。しかし程喜霖氏が指摘するように[20]、烽と駅は設置間隔が同一であり（三〇里）[21]、後述のように烽の煙火によって情報伝達ができない場合は烽子が次の烽まで赴いたのであって、烽制は駅制と密接に関係している[22]。駅の設置は廐牧令に規定されていることからも、烽規定が軍防令に存在した可能性は高いとみなせよう。

さらに指摘したいのは、天聖賦役令不行唐15条に、課役免の雑任として烽帥と烽副がみえる点である。瀧川氏が述べるようにもし烽関係条文が令には存在せず、式のみで規定されていたとするならば、不行唐15条は令に設置・採用を定めない雑任について、課役免を規定したことになってしまう。これでは、令だけでは烽帥・烽副が何者であるのかわからないという事態に陥るため、このような状況は想定しづらい。よって、烽帥の任用および烽自体の設置にかかわる基本規定は、唐軍防令に存在したものと考えられる。このことは、次の養老軍防令69烽長条と唐職方式とを比較すると、より一層明瞭となる。

日本養老軍防令69烽長条

凡烽置㆓長二人㆒、検㆓校三烽以下㆒、唯不㆑得㆑越㆑境。国司簡㆘所部人家口重大、堪㆓検校㆒者㆖充。若無者、通用㆓散位勲位㆒、分番上下。三年一替。交替之日、令㆘教㆓新人㆒通解㆖、然後相代。其烽須㆓修理㆒、皆役㆓烽子㆒。自㆑非㆓公事㆒、不㆑得㆓輙離㆑所㆑守。

『武経総要』前集巻五「烽火」所引唐職方式[23]

凡掌二烽火一、置二帥一人・副一人一。毎レ烽置二烽子六人一、並取下謹信有二家口一者上充二副帥一、往来検校。烽子五人、分二更刻一望視、一人掌レ送二符牒一。並二年一代。代日、須下教二新人通解一、始得中代去上。如辺境用兵時、更加二衛兵五人一、兼守二烽城一。無二衛兵一、則選二郷丁武健者一、給レ仗充。

養老令69条はあくまで烽の管理者である烽長の規定に終始しているのに対し、職方式は烽に属する雑任すべての設置を定めた後、副帥（烽副）の任用細則は具体的に規定し、烽帥のそれについては言及しない。これは、仁井田氏の述べる令と式の補完関係を考慮すれば、自ずとその理由が理解されよう。すなわち、唐軍防令に烽帥の設置と任用規定が存在したため、職方式では触れなかったと考えられるのである。令では烽運用の最高現場責任者である烽帥の任用条件のみを掲げ、副帥は繁雑を避けて式に規定した、と位置づけられる。したがって、唐軍防令に烽関係の条文が存在したものと結論できるのである。なお「新人通解」などの語句が一致していることは、日本令が唐軍防令だけでなく、唐式も参照している可能性を示している点に注意しておきたい。

次に問題となるのは、日本令が唐令と唐式のいずれか、もしくは双方によって立条されたのかどうか、という点である。これは一見日本令のみにかかわる問題のようだが、実は唐軍防令の変遷にも深く関係している。注目したいのは、律で唯一烽について規定する、衛禁律烽候不警条の注釈である。

『故唐律疏議』衛禁律33烽候不警条疏文

疏議曰、依二職方式一、放レ烽訖而前烽不レ挙者、即差二脚力一往告レ之。不二即告一者、亦徒三年。故云二亦如一レ之。

日本養老衛禁律烽候不警条注

依レ令、放レ烽訖而前烽不レ挙者、即差二脚力一往告。不二即告一、亦徒二年。故云二亦如一レ之。

双方ともに、烽火を挙げても前烽が応じなかった場合、脚力を派遣して伝達することを述べている。特に傍線部は一致しており、引用箇所での相違点は、唐律で「依二職方式一」とあるのを養老律で「依レ令」に改めていることと、「之」「者」字がなく養老律が徒二年に減刑している点である。ここから仁井田氏は、「日本軍防令には唐職方式を参考としている部分があることがわかる」と指摘した(24)。しかし、はたしてそのように理解してよいのだろうか。

唐律疏文が引用する「職方式」は、『武経総要』前集巻五「烽火」所引唐職方式に「後烽放訖、前烽不レ応、煙尽二一時一、火尽二一炬一、即差二脚力人一走問、探三知失レ堠、或被二賊掩捉一」とあり、字句は同一でないものの対応箇所を確認できる。そして養老律の注で「依レ令」とあるのは、次の養老軍防令67烽昼夜条に対応する。

凡烽、昼夜分レ時候望。若須レ放レ烽者、昼放レ烟、夜放レ火。其烟尽二一刻一、火尽二一炬一。前烽不レ応者、即差二脚力一、往告二前烽一、問二知失レ候所由一、速申二所在官司一。

傍線部は、「不挙」とあるのが「不応」となっているほかは、同内容と判断できる。

ここで重要なのは、唐律疏文と日本律の注で同文である傍線部が、唐職方式よりも、むしろ日本令（養老軍防令）と字句がより一致する点である。この理由としてまず挙げられるのは、『武経総要』前集所引の唐職方式が、ある段階で字句の改変を受けているとする考え方である。

しかし、ここではもう一つの試案を提示したい。すなわち、養老律の注が大宝律のそれと同文であるとすれば、これは「依レ令」という文言も唐律疏文を引き写したとは考えられないだろうか。大宝律が藍本とした永徽律疏には「依二職方式一」ではなく「依レ令」とあり、大宝律はこれをそのまま注として取り込み、養老律に至ったとみなすのである。この場合、『故唐律疏議』(25)（開元二十五年律疏）では「令」を「職方式」に書き換えただけで、注釈そのものには手を加えなかったことになる。

このように考えてみたとき、どの段階で唐律疏文に手が加えられたのかが問題となる。注日したいのは、烽のあり方が開元二十五年に大きく変化した点である。『唐六典』巻五尚書兵部職方郎中員外郎には、次のようにみえる。

　開元二十五年勅、以㆓辺隅無㆑事、寰宇乂安㆒、内地置㆑烽、誠為㆓非要㆒。量停㆓近甸烽二百六十所㆒。計㆓烽帥等㆒一千三百八十八人。

開元二十五年に至り、勅によって二六〇箇所に及ぶ内地の烽を停止していることがうかがえる。[26] 開元二十五年律令格式は、開元七年律令格式を大幅に削除・改変したものであったことが知られている。[27] この勅が発せられた月日は不明であるものの、開元二十五年律令格式が同年九月に頒行されたことを念頭におけば、これは令の烽堠制度に大きな改変を加えたことを前提にした、内地の烽停止の発令であると考えられよう。

　したがって、唐制における烽の規定は少なくとも永徽令の段階では軍防令に存在したが、開元二十五年令ではその多くが式とされ（職方式に収載）、唐軍防令の烽関係条文は減少したと考えられる。これは、開元の治をうけての「辺隅無㆑事、寰宇乂安」という認識にもとづく、内地の烽を大幅に停止する施策と軌を一にするものといえるのである。

　以上から、日本令の烽条文全てが職方式をもとに立条されたという瀧川氏の見解は、成立が難しいと考える。ただこれは、日本軍防令の烽関係条文の中に、職方式によって立条されたものがあることを否定するわけではない。しかし、日本軍防令が模範とした永徽軍防令と開元二十五年軍防令とが内容面で大きく異なる以上、開元二十五年式とみられる『武経総要』前集所引職方式と日本令の字句が一致するからといって、唐式をもとに日本令を立条した、と断じることはできないのである。

　なぜなら開元二十五年式は、前述したように従来令に立てられていた条文を組み込んで新たに立文された可能性があるからである。日本令が依拠したのは永徽律令格式であって開元二十五年のそれではないから、『武経総要』前集所引唐職方式をもとに規定の継受関係を決定しようとするのは、危うい行論となろう。よって現時点でいえるのは、唐軍防令に烽の条文が存在し、また永徽令の段階では複数の条文が立てられていて、日本令のいくつかの条文はこれを継受して立条した、ということに留まるのである。

日本令が格をもとに令条（篇目）を立てたことは道僧格と僧尼令の事例から明らかだが、唐式から立条したかどうかという点は、さらに検討しなければならない。(28)『武経総要』前集所引唐式の性質解明や烽条文の位置づけの再考も含め、令と式との関係性については、今後の大きな課題といえるだろう。

第二節　唐軍防令と日本軍防令

(1) 唐軍防令復原根拠資料の再検討

前節では唐軍防令の烽条文について検討してきたが、個別条文を具体的に復原するには、いまだ史料的制約が大きいといえる。そのため、今後復原を進めていくには、『唐令拾遺』で仁井田氏が慎重を期して復原根拠資料としなかった諸史料を、いかに再検討して条文の復原につなげていくかという点が重要になってこよう。そこで注目したいのは、『新唐書』の兵志などにみえる軍事制度関係記事である。

これまで、『新唐書』の記事は『唐六典』や『旧唐書』に比べて史料価値が低くみられる傾向があり、(29)唐令復原においてはあまり重要視されてこなかった。しかし、榎本淳一氏は先述した補八（甲・乙）条と補九条の復原を行う過程で、『新唐書』兵志の記事が唐令（開元二十五年令）を直接参照して作成されている可能性を指摘し、唐令復原に積極的に使用することを提言している。『新唐書』の史料価値については、北宋天聖令から得た知見によって、兵志以外の記事でも追認することができる。

『新唐書』巻五三志四三食貨三には、尚書工部屯田郎中員外郎が管轄する屯田についてのまとまった記事がみえる。次の記述に注目したい。

(a)有レ警、則以二兵若夫千人一助レ収。(b)隷二司農一者、歳三月、卿・少卿循行、治二不法者一。

傍線部(a)は、屯田の収穫にあたって警衛が必要な際に兵や夫を動員して収穫を助けることを、傍線部(b)は、司農寺に属する屯田は毎年三月に司農卿・少卿が巡行して糺すことを述べている。

これらは従来唐令として復原されていなかったが、(a)は北宋天聖田令不行唐46条に、

諸屯之処、毎二収刈時一、若有二警急一者、所管官司与二州・鎮及軍府一相知、量差二管内軍人及夫一。一千人以下、各役二五日功一、防援助レ収。

と相応する条文が見出せ、(b)は次の不行唐42条に対応することが確認された。

諸屯隷二司農寺一者、卿及少卿毎レ至二三月一以後、分道巡歴。有二不レ如レ法者一、監官・屯将、随レ事推罪。

(a)・(b)ともに令文そのものではなく取意文とみなせるが、これによって『新唐書』の記事に開元二十五年令をもとにして叙述された部分があることは確実視してよいだろう。復原根拠資料としては『唐六典』と同様の扱いになると思われ、また格式の文を含み込んでいる可能性もあるため慎重に接すべきことに変わりはないが、従来のように『新唐書』の史料価値を不当に低く評価する必要はないと考えられるのである。

次に、今回の烽の検討のように唐軍防令条文の具体的な復原には至らなくとも、他篇目の軍事関係条文の復原に寄与するケースを考えてみたい。とりあげるのは、北宋天聖関市令宋5条である。

諸兵馬出レ関者、但得二本司連写勅符一、即宜二勘出一。其入レ関者、拠二部領兵将文帳一撿入。若鎮戍烽有二警急事一須レ告二前所一者、関司験二鎮戍烽文牒一、即宜レ聴レ過。

騎兵を含む軍勢が関を通過する際の手続きと、緊急事態が発生した際に使者が関を通過するにあたっての特例措置について規定する。本条は、筆者が復原した唐関市令条文排列案によれば、復原六条に該当する。[30] 唐令の復原にあたっては、『故唐律疏議』衛禁律29人兵度関妄度条疏文に、

準レ令、兵馬出レ関者、依二本司連写勅符一勘度。入レ関者、拠二部領兵将文帳一検入。

とあり、『唐令拾遺』はこれを根拠に復原している（復旧三条〔開二五〕）。よって同様に、宋5条前半部に対応する唐令字句を復原することができるだろう。本逸文は『唐令拾遺』では公式令または軍防令である疑いも慎重に示していたが、天聖令の発見によって関市令であることが確定した。

そこで問題となるのは、宋5条後半部「若鎮戍烽」以降の規定である。これは、軍事単位である鎮・戍、および烽が緊急事項を「前所」——すなわち目的地である次の官衙（軍事単位および烽を含む）[31]——に伝達するにあたっては、関司が鎮・戍・烽の使者が保持する文牒の内容を検査した上で、通過を許可してよいとする。しかし、北宋の兵制は禁軍・廂軍・郷兵からなり、地方の防守は主に郷兵が担っていたのであって、[32] 孟彦弘氏が指摘するように「鎮戍」が地方軍事単位として重きをおかれたのは唐代のことである。[33] よって本規定については、唐令まで遡り得るのではないか、という疑念が直ちに生じる。

注目したいのは、烽の使者が文牒を保持して前所に届けるケースを想定している点である。これは前節で検討した、烽火に応じなかった際に脚力を派遣することや、烽子の一人を符牒の伝送役に充てることが思い起こされ、これらを前提とした規定であると推測される。よって、個別文言を復原する根拠資料は見出せないものの、唐令にも同内容の規定が存在した可能性は、きわめて高いといえるのである。

二〇〇六年に公表された北宋天聖令残巻には、軍防令は含まれていない。[34] しかし、田令以下の一二篇目の唐令復原

を進めることで、唐令復原研究の手法自体のさらなる深化をはかることが可能となり、軍防令復原のための諸材料の抽出も期待できる。そして天聖令残巻には軍事力とかかわりの深い関市令・捕亡令が含まれていることから、この二篇目を詳細に検討することにより、法が規定する軍事力の様相とその位置づけを、より具体的に探求することもできるのである。いっぽうで、軍防令の復原検討が他篇目の条文復原に寄与することもあり、唐軍防令復原研究は、天聖令研究と一体のものとして進めていかねばならないだろう。

（2）北宋天聖令からみる日唐軍防令の特質

先述したように、北宋天聖令残巻には軍防令は含まれていない。しかし、令全体の三分の一とはいえ、まとまって状態をうかがうことのできる北宋天聖令残巻と日本養老令とを比較すると、ある傾向を導き出せる。それは、もともと軍事力と強い関係をもつ篇目である関市・捕亡・獄（官）令を除くと、日本令は軍事的規定の多くを削除する傾向をもつ点である。もちろん、各条文の削除原因は個別に検討を加えたうえで明らかにすべき問題であって、篇目の枠を越えて全体性を論じることは不適当であるかもしれない。しかし、二〇〇六年に残巻の全貌が公表された際、まず筆者が感じたのが上記の点であったことから、一つの論点として提示することは無駄ではないと考える。宋令は唐令を改変したものであるからここでは措き、不行唐令に即して具体的に述べていきたい。

まず田令では、唐令には計一二条もの屯田条文（不行唐38～49条）が存在したにもかかわらず、日本令は屯田のうち州鎮諸軍系統の軍糧田規定を削除し、二条のみを改変して継受した（養老田令36置官田条、37役丁条）。屯田の軍事的性質を継受しなかったことは、日本独自の理由によると考えられ[35]、看過できないだろう。

次に、倉庫令である。倉庫令は唐令のみならず日本令も散逸しており、全条文が復原されているわけではない。よって両者の比較は不確定要素を多く含むのであるが、天聖令には防人などの兵士に対する給糧・給塩規定が不行唐7・9条にみえるものの[36]、現状で復原されている養老令を通覧する限り、いずれも対応する条文は見出せない。そもそも日本の倉庫令は、武井紀子氏が明らかにしたように、国司の倉庫運用のマニュアルとして立案されたことに注意する必要があろう[37]。

　廐牧令では、不行唐20・22・23・24・25条が注目される。これらはいずれも、駅伝馬と府官馬（折衝府の兵馬）の管理にかかわる条文である。たとえば不行唐20条は、府官馬の飼育について、次のように規定する。

　諸府内、皆量付㆓官馬㆒令㆑養。其馬主、委㆓折衝・果毅等㆒、於㆓当府衛士及弩手内㆒、簡㆓家富堪㆑養者㆒充、免㆓其番上鎮・防及雑役㆒。若従㆓征軍㆒還、不㆑得㆑留㆑防。

経済的に馬の飼育に堪える兵士に対し、府官馬を委ねることを規定する。そして不行唐24条には、

　諸府官馬、府別差㆓校尉・旅帥二人㆒、折衝・果毅内一人、専令㆓検校㆒。若折衝・果毅不在、即令㆓別将・長史・兵曹一人専知㆒、不㆑得㆑令㆑有㆓損瘦㆒。

とあり、折衝府の武官が飼育・管理状況の検校にあたることが定められている。これらの二条から明らかなように、折衝府という地方軍事組織による馬の管理責任が令文上に規定されていることがわかる。

　しかし日本廐牧令をみると、地方軍事力である軍団が馬の管理に関与することは、不行唐20条に対応する養老廐牧令13牧馬応堪条、そして不行唐22条（馬の調習規定）に対応する養老廐牧令19軍団官馬条しか見出せない。不行唐24条のような軍事官司内部における検校規定は存在して然るべきであるが、日本令では継受しなかったのである。このような継受のあり方は、制度の簡略化という要素とともに、廐牧令における軍事的要素の減退という側面も指摘できるのである。

次いで、医疾令である。医疾令も日本令が散逸しているため、倉庫令と同様に留保がつく。行軍における医師設置規定（不行唐15条）は、丸山裕美子氏によれば日本令にも存在した可能性が高いが(38)、鎮戍・防人に対する医師派遣規定である不行唐21条は継受していない。

このほか、営繕令では衛士・防人による器仗類の製作・修理細則（不行唐1・3・4条）をすべて削除していることが挙げられる。

以上、唐令条文の存在がほぼ確実な不行唐令のみを取り上げて検討してきた。日本令は唐令の軍事関係条文を積極的に継受しない側面があることを見出せるのであるが、これは唐軍防令の内実を推測するとき、どのような手がかりを与えてくれるのだろうか。

日本の養老軍防令は計七六条あり、養老令では公式令・職員令に次いで三番目の多さである。全体的に唐令の軍事関係条文を削除する傾向がある日本令においてすら、これだけの条文数を有することは、唐永徽軍防令が最低でも日本令と同程度、おそらくはもっと多量の条文をかかえていたことを推測させる。

榎本氏によれば、大宝令には宮衛令という篇目は存在せず、その条文は軍防令に含み込まれていたと考えられる(39)。養老宮衛令は計二八条であるから、大宝令と養老令とで条文数に変化がなかったとすると、軍防令は一〇〇条を超える大部な篇目であったことになる。憶測を重ねると、大宝令撰定者が分量の多さに対して違和感をもたなかったのは、藍本である永徽軍防令もこれに匹敵し得る条文数だったからではないだろうか。

唐軍防令の条文数を養老令と同数以上であると推測すると、日本令で継受されなかった条文の復原を行う必要性が生じてくる。格式の存在を念頭におくとき、対応条文のない規定を唐令として復原することは当然危うさがつきまとうが、復原手法の深化をはかるなかで、養老令を参考としつつ、これに束縛されすぎないスタンスが必要となってくるだろう。

むすび――日唐軍防令比較研究の課題――

軍防令は律令軍事体制の基本構造を定義する重要な篇目であるが、史料的制約から唐令および大宝令の復原は困難をかかえている。現状を打開するには、結局のところ地道な逐条検討が求められるが、これを可能にするには、同時に『武経総要』や『新唐書』といった復原根拠資料そのものの再検討も行わねばならない。唐軍防令の復原、そして日唐令の比較研究を行うには、日本と唐の双方のあり方について積極的に理解を深める努力が不可欠なのである。また、烽の事例からわかるのは、唐代における令と式の関係の複雑さである。これを明らかにしてはじめて、唐式から日本令を立条することの意味を問うことができる。軍事制度に留まらず、天聖令研究と併行して律令格式のあり方や相互の関係性について思索を重ねることが、今後よりいっそう求められるのである。

注

（1）北宋天聖令発見以前の日唐律令比較研究では、両律令の差異を重視して考察が深められてきた。しかし両律令が同内容であることの意義も等閑視すべきでないことは、本書第五章を参照。

（2）仁井田陞『唐令拾遺』（東京大学出版会、一九六四年。初版は東方文化学院、一九三三年）。仁井田陞著、池田温編集代表『唐令拾遺補』（東京大学出版会、一九九七年）。

（3）榎本淳一「『新唐書』兵志の軍制記事について」（佐伯有清編『日本古代史研究と史料』青史出版、二〇〇五年）参照。

（4）仁井田氏自身が「唐軍防令は今日、その殆どが亡佚に帰している」と評している。仁井田陞「唐軍防令と烽燧制度―瀧川博士の批評に答えて―」（『唐令拾遺補』所収、初発表一九五四年）、一七一頁。
（5）カギ括弧付きの「府兵制」の語をもって唐王朝前半期の兵制を包括的に表現することについては、本書序章の注（9）を参照。
（6）濱口重國「府兵制度より新兵制へ」（『秦漢隋唐史の研究　上巻』東京大学出版会、一九六六年。初発表一九三〇年）参照。
（7）菊池英夫「節度使制確立以前における「軍」制度の展開」（『東洋学報』四四巻二号、一九六一年）、七六頁。
（8）亀田隆之「大宝軍防令」（『日本古代制度史論』吉川弘文館、一九八〇年。初発表一九七〇年）、松本政春「大宝軍防令の復原的研究」（『律令兵制史の研究』清文堂出版、二〇〇二年。初発表一九七一年）、野田嶺志「大宝軍防令の復原と検討」（『律令国家の軍事制』吉川弘文館、一九八四年）などが代表的な研究として挙げられる。
（9）菊池英夫「日唐軍制比較研究上の若干の問題―特に「行軍」制を中心に―」（唐代史研究会編『隋唐帝国と東アジア世界』汲古書院、一九七九年）、三九八～四〇七頁。
（10）瀧川政次郎「唐兵部式と日本軍防令」（『律令格式の研究　法制史論叢第一冊』角川書店、一九六七年。初発表一九五三年）参照。なお唐式は散逸しており、実物は敦煌で発見された開元二十五年水部式残巻があるほか、逸文については韓国磐「伝世文献中所見唐式輯存」（『厦門大学学報　哲学社会科学版』一九九四年五号）、黄正建「唐式摭遺（一）―兼論《式》与唐代社会生活的関係―」（韓金科主編『98法門寺唐文化国際学術討論会論文集』陝西人民出版社、二〇〇〇年）参照。
（11）仁井田氏前注（4）論文参照。
（12）岡田功「中国古代の烽火規定と律令との関係について」（『中国古代の法と社会　栗原益男先生古稀記念論集』汲古書院、一九八八年）の一〇四～一〇七頁、および亀谷弘明「情報と社会―古代の烽―」（『歴史と地理　地理の研究』五一四号、一九九八年）の四六～四七頁を参照。
（13）古代日本における烽の実例については、瀧川氏前注（10）論文、亀谷氏前注（12）論文、瀧川政次郎「石川縣に於ける烽の遺跡」（『日本歴史』五一号、一九五二年）、高橋富雄「烽の制度とその実態」（『東北学院大学東北文化研究所紀要』二号、一九七一年）などを参照。

(14) 大津透編『律令制研究入門』（名著刊行会、二〇一一年）に収載された旧稿の発表後、岡野誠氏が同書の書評の労をとられ、批判を頂いた（『唐代史研究』一六号、二〇一三年、一一九～一二〇頁）。そのなかで、大宝令と養老令の性格の理解についての指摘に対し、ここで補足したい。私見では、養老令は大宝令を実際に運用したことで判明した不具合を修正するという積極的意義をもっているが、すべての条文を改変したわけではないと考えている。特に不具合なく適用できている条文も、当然のことながら多数存在したと推測されるからである。

しかし軍防令については、本文で述べたように大宝令の状態を復原する手がかりがあまりにも少ないのであって、大宝軍防令と養老軍防令の条文がそれぞれ異なっているという明確な根拠がない限り、両者を同内容とみなす仮の前提を設定しなければ、八世紀前半の律令軍事制度の検討を行うことがほぼできなくなってしまう。ただ、筆者もこの点の論理的危うさは自覚しており、それゆえに旧稿の本文でも「仮定に基づき」としたうえで、またあくまで「試案」を提示するという姿勢をとった。

(15)『冊府元亀』巻六一三刑法部定律令五。

(16) 戴建国「《天聖令》所附唐令為開元二十五年令考」（『唐研究』一四巻、二〇〇八年）参照。ただし詳論は別稿に譲るが、「不行」とされた令が開元二十五年令そのままであるかは疑問の余地があると考えている。

(17) 瀧川氏も前注（10）論文で「多分開元の兵部式であろうと思う」と述べている（一七七頁）。

(18) なお養老令で「照見」とあり、『唐六典』に「望見」とあるのは、『唐六典』が武則天の諱を避けた後の時代の唐制にもとづくことによる。仁井田氏前注（4）論文参照。

(19)『唐六典』の記述に、式にもとづく部分があることは、仁井田氏前注（4）論文参照。

(20) 程喜霖『漢唐烽堠制度研究』（聯経出版事業公司、一九九一年）、二〇五～二一八頁。なお程氏は、軍防令と職方式の関係については深く立ち入っていない。折衝府兵士と烽の関係については、氣賀澤保規「唐代西州における府兵制の展開と府兵兵士」（『府兵制の研究─府兵兵士とその社会』同朋舎、一九九九年。初発表一九九七年）、三五四～三六八頁参照。

(21)　北宋天聖廐牧令不行唐32条。および、『唐令拾遺』の唐廐牧令復旧一〇条。

(22)　里数という点では、日本の駅は唐と同じく三〇里間隔であって、烽制とは一致しない。しかし、「烽家」と書された墨書土器が出土した栃木県宇都宮市飛山城跡は、推定古代東山道のルートに沿って立地しており、国家の交通システムと関係していたことは同様である。シンポジウム「古代国家とのろし」宇都宮市実行委員会ほか編『烽［とぶひ］の道―古代国家の通信システム』（青木書店、一九九七年）参照。

(23)　『武経総要』前集の本文は、鄭振鐸編『中国古代版画叢刊』第一冊（上海古籍出版社、一九八八年）に収載する、鄭振鐸旧蔵の明版に拠る。

(24)　仁井田氏前注（4）論文、一八五頁。

(25)　この場合、唐律疏文の「依二職方式一」以下の文章は取意文に転化するため、開元二十五年律疏撰定段階で字句が改められなかったことは、別段問題にならない。

(26)　とはいえ、安史の乱において潼関が陥落した際、玄宗は長安まで潼関の烽火が届かないことを気にしており（『安禄山事迹』巻下、天宝十五載〔七五六〕六月十四日条に「平安火不レ至、玄宗懼レ焉」とある）、内地の烽がすべて停止されたわけではない。

(27)　『唐会要』巻三九定格令。

(28)　たとえば、井上光貞ほか編『日本思想大系　律令』（岩波書店、一九七六年）の笹山晴生氏執筆宮衛令補注を参照。

(29)　濱口氏前注（6）論文、唐長孺『唐書兵志箋正』（科学出版社、一九五七年）参照。

(30)　本書第五章の表6を参照。第五章では、宋5条に対応する唐令条文の検討も行っており、あわせて御覧頂きたい。

(31)　「前所」の語は、天聖令中では廐牧令宋12条、獄官令不行唐7条、雑令宋20条にみえ、いずれも本文で示した意味で解釈して問題ない。

(32)　『宋史』巻一八七志一四〇兵一禁軍上。北宋の兵制については、王曽瑜『宋朝兵制初探』（中華書局、一九八三年）、小岩井弘光『宋代兵制史の研究』（汲古書院、一九九八年）、斎藤忠和『宋代募兵制の研究―近世職業兵士の実相』（勉誠出版、二〇一四年）を参照。

(33) 孟彦弘「唐関市令復原研究」（天一閣博物館・中国社会科学院歴史研究所天聖令課題組校証『天一閣蔵明鈔本天聖令校証 附 唐令復原研究』下冊、中華書局、二〇〇六年。以下、『天聖令校証』と略称）、五三一頁。

(34) 『群齋読書志』巻八刑法類の「天聖編勅三十巻」の項には、篇目について「軍防六」とみえる。

(35) 坂上康俊「律令国家の法と社会」（歴史学研究会・日本史研究会編『日本史講座第2巻 律令国家の展開』東京大学出版会、二〇〇四年）、三谷芳幸「令制官田の構造と展開」（『律令国家と土地支配』吉川弘文館、二〇一三年。初発表一九九八年）参照。

(36) なお、宋14条は倉庫の警備について規定する。本条と同様の規定が唐令にも存在したであろうことは李錦繡・武井紀子両氏によって推測されているが、史料的制約から条文の字句は復原されていない。李錦繡「唐倉庫令復原研究」（『天聖令校証』下冊）、武井紀子「日本古代倉庫制度の構造とその特質」（『史学雑誌』一一八編一〇号、二〇〇九年）参照。

(37) 武井氏前注（36）論文参照。

(38) 丸山裕美子「日唐医疾令の復原と比較」（『日本古代の医療制度』名著刊行会、一九九八年。初発表一九八八年）、一二一〜一五頁。

(39) 榎本淳一「養老律令試論」（笹山晴生先生還暦記念会編『日本律令制論集 上巻』吉川弘文館、一九九三年）、二七六〜二七七頁。

第Ⅱ部　地方支配における軍事力

第五章　律令関制度の構造と特質

関とは、交通の要衝（これは往々にして軍事的要衝と重なる）において、国家が支配体制の維持を目的として、往来する人々・物品を検察する施設である。関をどのように配置し、軍事力をもって守固するかという点は、国家の防衛体制を論ずるうえで重要な問題であると考えられる。この関について統治法である律令は、律には衛禁律に関連規定を内在させ、令には関市令という篇目を立て、その根幹を規定した。本章では、古代日本・唐・北宋における関市令の比較検討を行い、特に唐制との比較を通じて、日本の律令関制度の構造と特質を明らかにしたい。

関にかかわる諸問題については豊富な先行研究の蓄積があるが、日本史・中国史ともに、通行証である過所・公験に対する研究や、三関（美濃国不破関・伊勢国鈴鹿関・越前国愛発関）といった特定の関にかかわる研究など、実態面からのアプローチが主であった(1)。これには、日本では過所様木簡、中国では円珍将来の過所・公験や吐魯番出土の関係文書など、実態面を示す史料はそれなりに存在していた一方、制度面においては、日本では『令集解』関市令の散逸、唐では『唐令拾遺』・『唐令拾遺補』における復旧条文の少なさなど、大きな制約があったからと考えられる。しかしながら、北宋天聖関市令によって多くの唐令条文の復原が可能となり、日唐関制度の比較研究は新たな段階に入ったといえる。令の規定を詳細に検討し、関の管理・運営システムの法体系を明らかにする史料的素地が整ったのである。

天聖令の録文を提供した『天一閣蔵明鈔本天聖令校証』（以下、『天聖令校証』と略称）には、孟彦弘氏による先駆的復原研究が収録されており、今後拠るべき指針となっている。(2) しかし、唐令の条文排列、個別条文の復原手法など、依然として追求すべき課題があるようにも思われる。そこで本章ではまず、新たな条文排列案を提示し、関の根本規定である唐関市令第一条の復原を試みる。次いでこれをふまえ日唐関制度の比較検討を行い、日本の関のシステムについての新たな視点と、軍事力との関係にかかわる新知見を提示したい。

第一節　唐関市令条文排列の復原

北宋天聖関市令を概観すると、条文数は総数二七条、このうち関にかかわる条文が計一六条、市関連のものが計一一条である。そしてその条文構造は、次の六類にまとめられよう。すなわち、①過所の申請・発給（宋1、不行唐1）、②関における勘過（宋2〜5、不行唐2〜5）、③禁物の出入制限（宋6〜8、不行唐6・7）、④関門の管理（宋9）、⑤市の設置・管理（宋10〜12、不行唐8・9）、⑥交易にかかわる諸規定（宋13〜18）である。

天聖関市令と日本養老関市令をもとにして唐令の条文排列を復原するにあたっては、先に述べたように、すでに孟彦弘氏の復原案が提示されている。孟氏は、宋令の論理構造を最重視し、そのうえで宋令・不行唐令の順序を崩さずに復原する、という方法を採用している。これは、『天聖令校証』に収載する多くの他篇目の復原とは異なり、養老令の排列を重視しない点に特徴があるといえよう。しかしながらこの手法は、やや危険を伴うように思われる。池田温氏が述べるように、(3)「篇目配列や条文配列はある程度流動的で、一定の論理で常に固定しているものではない」からである。原則として、天聖令撰定の際に唐令を改変して新たに立条するにあたっては、もとの唐令の順序を崩すことなく排列したものと推測されるため（不行唐令も同様）[4]、まずは宋令・不行唐令・養老令それぞれの条文順序を生かして復原することを基本方針とすべきであろう。

ただし復原にあたっては、宋令条文立条の際に、藍本とした唐令条文の分割・結合・削除がなされた可能性について検討しなければならない。これについて孟氏が問題視したのは宋2・4・7条であるが、宋4・7条の結論については再検討を要するように思われる。

宋4条は、逓馬に乗った使者、および囚の関通過について規定する。[5]

　諸乗二逓馬一度レ関者、関司勘二聴往還一。若送レ囚度レ関者、防援人亦準レ此。其囚験二逓移一聴レ過。

孟氏は、宋4条の前半部分「諸乗二逓馬一度レ関者、関司勘二聴往還一」が前条の宋3条と内容的に重複することから、唐令における本条の存在を否定している。しかし私見では、囚の度関規定が本条のみに存在する点に注意すべきと考える。『故唐律疏議』断獄律13囚徒伴稽送併論条には「諸鞫獄官、囚徒伴二在他所一者、聴下移二送先繋処一併中論之上」とあって囚徒の移送を規定しており、宋4条に対応する唐令条文は存在したとみるのが穏当であろう。

次に問題となるのは、禁物流出を阻止した場合の報賞を規定する宋7条である。

　(a)諸有下私将二禁物一至レ関、已下二過所一、関司捉獲上者、其物没官。已度レ関及越度為レ人糾獲者、三二分其物一、一分賞二捉人一、一分入レ官。(b)若私共二化外人一交易、為レ人糾獲、其物悉賞二糾人一。如不レ合レ将至二応レ禁之地一、為レ人糾獲者、皆二二分其物一、一分賞二糾人一、一分入レ官。若官司於二其所部一捉獲者、不レ在二賞限一、其物没官。如糾人在二禁物郷一応レ得レ賞者、其違禁物準レ直官酬。其所レ獲物応レ入レ官者、年終申二所司一。〈其獲レ物給レ賞分数、自有二別勅一者、不レ拘二此限一〉

孟氏は、『故唐律疏議』衛禁律30齎禁物私度関条疏文所引の「関市令」や対応する養老令8官司条を参照しつつ、a・

表6　唐関市令条文排列復原案

復原排列	孟彦弘案	分類	天聖令 宋令	天聖令 不行唐令	天聖令条文名（仮称）	天聖関市令の各条文の内容	『唐令拾遺補』	養老令	養老令の条文名
1	1	関　①過所の申請・発給	1		欲度関条	行人が過所を申請するにあたっての細則。	1甲・乙	1	欲度関条
2				1	請過所条	行人が所持する来文（市券など）の複写規定。			
3	6	②関における勘過	2		行人度関条	関において関司が勘過を行う場所についての原則。	2	2、3	行人出入条、行人度関条
4	7		3		賣過所条	関司による行人の過所・駅券・逓牒の記録義務を明示。		4	賣過所条
5	×		4		乗逓馬度関条	逓馬に乗る行人、および護送する囚人等の勘過規定。			
6	8		5		兵馬出関条	軍勢を率いて出関する際の原則。	3		
7	2			2	丁匠上役条	丁匠が上役する際の関における勘過細則。		5	丁匠上役条
8	3			3	将物互市条	互市目的で関を通過する行人に対する検察規定。			
9	4			4	隔関条	同一州県内部に関が存在する場合の勘過業務簡略措置。			
10	5			5	関官司及家口出入余処関条	関司官人、その家口の過所申請などの便宜規定。			
11	12	③禁物の出入制限		6	錦等不得互市条	諸蕃や縁辺諸州に対する禁物の互市禁止規定。	4、補1	6	弓箭条
12	9		6		蕃客条	関における蕃客および随身物品の勘査規定。	補2	7	蕃客条
13	10、25		7		有私将禁物条	関における禁物没官と分配規定。		8	官司条
14	11		8		禁物条	関外在住者や蕃客等に対する、禁物出入の特例措置。		9	禁物条
15	13			7	禁鉄之郷条	鉄交易禁止地域の百姓の鉄製農具等入手特殊規定。			
16	14	④関門の管理	9		関門条	関門の開閉規定。		10	関門条

17	15	市	⑤市の設置・管理		8	非州県之所条	州県城のみに市の設置を許可し、市の開催時刻を規定。	6	11	市恒条
18	16			10		市四面条	市内部・周辺における店舗の設置などの細則。	7	12	毎肆立標条
19	17			11		官私交関条	官私間の交易に際する価格決定方法についての規定。	8	13	官司交関条
20	18				9	官私斛斗秤尺条	官私で使用する度量衡器の検査規定。	9	14	官司権衡条
21	19			12		用秤条	秤と格を用いる際の細則。	10	15	用称条
22	20		⑥交易にかかわる諸規定	13		売牛馬条	牛馬等の売却における立券規定。	11	16	売奴婢条
23	21			14		造弓箭等出売条	弓箭等の武装製造における製作者の姓名等の明記を規定。	12	17	出売条
24	22			15		欲居係官店肆条	官と交関する店舗の本属確認や、市での男女の別坐規定。		18	在市条
25	23			16		行濫条	交易された粗悪品の処理についての規定。	13	19	行濫条
26	24			17		縁辺互市条	外蕃と交易する際の互市官司による事前の価格設定規定。	5	(8)	(官司条)
27	26			18		官市買条	官が交易する際は必ず市において行うことなどを規定。	補3	20	除官市売条

〔備考〕
・『唐令拾遺』で一四条として復原された条文については、天聖関市令に対応条文がなく、また商税の規定は関市令にそぐわないことから、復原にあたって孟氏注（２）論文の指摘に従い削除した。

b部分を独立・改変して計二条の唐令条文を復原した。しかし、本条は関との関係でとらえるべきであって、関とのかかわりをもたない官司先買は日本独自の改変であり、日本令に引きつけて分割すべきではない、とする榎本淳一氏の批判に従うべきと考える。(6) よって、宋7条に対応する唐令は一条のみであったと判断する。

以上をふまえ、唐関市令の条文排列を復原すると、表6のようになる。(7) 宋令・不行唐令・養老令の条文順序を崩さないだけでなく、宋令部分の論理構造も保持できる点が、私案のメリットといえるだろう。

次に表6によって、条文の継受という観点から唐令と日本令とを比較すると、関のあり方などの日本の状況に合わせて、いくつかの条文を継受していないという点が指摘できる。まず唐令の字句がほぼ確実な不行唐令をみてみると、（日本の郡に対応する）県の境界に関を設置したケースを定めた不行唐4・5条を削除したのは、日本では関を国境に設置する方針が存在したことによると判断できる。(8) くわえて、広域的商業活動の発達度に対する認識の差違からか、不行唐3条が削除されていることも指摘できよう。また分類③「禁物の出入制限」については、榎本氏が指摘するように、縁辺と関とのかかわりを希薄化しているといえるのである。(9)

特に重要なのは、宋5条に対応する唐令を日本令で継受しなかった点である。本条は、兵馬が関を通過する際の手続きについて規定する。

諸兵馬出レ関者、但得二本司連写勅符一、即宜二勘出一。其入レ関者、拠二部領兵将文帳一検入。若鎮戍烽有二警急事一須レ告二前所一者、関司験二鎮戍烽文牒一、即宜レ聴レ過。

前半部分は、『故唐律疏議』衛禁律29人兵度関妄度条疏文所引の「令」（関市令）によって「兵馬出レ関者、依二本司連写勅符一勘度。入レ関者、拠二部領兵将文帳一検入」と復原可能であり、少なくとも本条の前半部分が唐令に存在したことは確実視できる。しかし日本では、後述するように関は唐と同様に軍事的性格が濃厚であるにもかかわらず、本条を継受しなかったのである。

この原因については、後半部分の鎮・戍・烽にかかわる補足規定が唐令にも存在したとすると、本条は辺要の関を強く意識させる条文となるため、日本令では縁辺と関とのかかわりを希薄化する意図にもとづき、削除されたと考えることができよう。いっぽう、別の考え方として、日本の関のあり方と地方兵制に起因するとみなすことも可能である。というのも、先に述べたように日本では国境に関を設置したため、国司や大少毅が兵馬を率いて関を越え行人の追捕等にあたることは、国境を越えることとなり、隣国に侵入することを意味する。しかしながら、日本の地方軍事システムは基本的に一国内で完結するものであり、国の単位を越える場合は非常事態とみなされ、天皇の勅許が必要とされる行為であった。(10) つまり、兵馬が出関する際には勅符を要するという本条の規定は、日本では国境に関を置くという設置方式と地方兵制のシステムを考慮すれば当然の原則であるため、大宝律令撰定者は本条を継受する必要性を特に認めなかったと推測されるのである。

以上から、日本は独自の関の設置方式や、地方の軍事システムなどを尊重しつつ、条文の取捨選択と規定の簡素化・改変を行ったと考えられる。しかしいっぽうで、関において過所にもとづき検察を行うという大原則は忠実に継受した、とも評価できるだろう。

では、過所の申請、および関における過所の勘検規定は、どの程度詳細に受け継いだのであろうか。そこで次に、関にかかわる条文群の根幹規定である、唐関市令第一条の復原を試みることとしたい。

第二節　唐関市令1欲度関条の復原

はじめに、復原の根拠史料である宋1条および養老令1欲度関条[11]、そして孟氏の復原案を掲げる。なお、孟氏は『天聖令校証』とは異なる復原案を新たに提示しているので、そちらを検討の対象とする。

北宋天聖関市令（宋1）欲度関条

諸欲レ度レ関者、皆経二当処官司一請二過所一、〈今日公憑。下皆准レ之〉具注二姓名・年紀及馬牛騾驢牝牡・毛色・歯歳一、判給。還者、連二来文一申牒勘給。若於二来文外一更須レ附者、験レ実聴之。日別総連為レ案。若已将二過所一、有レ故不レ去者、連二旧過所一申納。若在レ路有レ故者、経二随近官司一申牒改給、具レ状牒レ関。若船筏経レ関過者、亦請二過所一。

養老関市令1欲度関条

凡欲レ度レ関者、皆経二本部本司一請二過所一。官司検勘、然後判給。還者、連二来文一申牒勘給。若於二来文外一更須レ附者、験レ実聴之。日別惣連為レ案。若已得二過所一、有レ故卅日不レ去者、将二旧過所一申牒改給。若在レ路有レ故者、申二随近国司一、具レ状送レ関。雖レ非二所部一、有二来文一者亦給。若船筏経レ関過者、亦請二過所一。

孟氏復原案

①諸欲レ度レ関者、皆経二本部本司一請二過所一、⑤〈在京則省給之、在外、州給之。雖レ非二所部一、有二来文一者、所在給之〉具注二姓名・年紀及馬牛騾驢牝牡・毛色・歯歳一、官司検勘、然後判給。還者、連二来文一申牒勘給。若於二来文外一更須レ附者、験レ実聴之。⑥〈并令三自鈔二②（録）副白一、官司勘レ同、即依レ署給。其輸二送官物一者、検二鈔実一、付レ之〉日別総連為レ案。若已得二過所一、有レ故卅日不レ去者、将二旧過所一申牒③改給。若在レ路有レ故者、申二随近州県一、具レ状牒レ関。④若船筏経レ関過者、亦請二過所一。

本条は、往路と復路双方における行人の過所申請と発給、そして出発を取りやめた場合、および道中で目的地を変更した場合における手続きについて規定する。まさしく関制度の根本規定とみなせる条文である。

日宋令を概観すると、一見して宋令と養老令に共通する字句が多いことがわかる。しかしここで注意を喚起したいのは、宋1条の注に「今日公憑。下皆准レ之」とある点である。すでに仁井田陞氏が跡付けたように、宋代において過所は使用されておらず、関の通過には「公憑」が使用されていた。(12) よって孟氏が述べるように、これは宋令参定の際に附加されたものであるが、今後の復原作業にとって重要なのは、「公憑」と改めてしまえばよいところを、このような注を附して済ましている点である。これは、宋令の過所にかかわる諸規定が、唐令をさほど改変していない可能性を示唆していると考えられる。

そこで、この点に充分留意しつつ孟氏の復原案を検証すると、令本文および注について、計六つの問題があるように思われる（孟氏復原案に附した傍線部の①〜⑥部分。①〜④が令本文に、⑤・⑥が注にかかわるもの）。[13] 以下、個別に検討を進めたい。

（1）復原案の検証

①行人と家畜の記載規定　孟氏は宋1条の「具注二姓名・年紀及馬牛騾驢牝牡・毛色・歯歳一、判給」と養老令1条の「官司検勘、然後判給」を組み合わせて復原する。行人や家畜の詳細を記す規定は養老令にはみえないが、日本では次の養老公式令22過所式条で補完するという論理であったかと思われる。

過所式
其事云云。度二某関一往二其国一。
某官位姓。〈三位以上、称レ卿〉資人。位姓名。〈年若干。若庶人称二本属一〉従人。某国某郡某里人姓名年。〈奴名年。婢名年〉其物若干。其毛牡牝馬牛若干疋頭。
（下略）

荒川正晴氏によると、未復原の唐過所式条にも日本と同じ規定があったと推測されるが、[14] 具体的な文言が確定できない以上、唐令において行人や家畜の記載義務が関市令と公式令のどちらにあったかは断言できない。そこで過所の実例をみてみると、最も家畜の記載情報が豊富な「唐年某往京兆府過所」（72TAM228:9）ですら牡・牝の記載は確認できず、[15] しかも各過所によって記載状況に異同がある。したがって、家畜の記載情報の精粗は現実には許容されていたと考えられよう。以上から、過所にかかわる規定は改変の度合いが少ないのではないか、という先の推測もあわせ考えると、当該部分は唐令にも存在したとみてよいと判断できる。

なお、養老令1条にみえる「官司検勘、然後」という部分は、申請を受理してから新たに過所を作成する唐とは異なり、申請者があらかじめ必要事項を記入した文書を二通作成し、このうち一通が正式な過所となり申請者に給付されるという日本の過所発給システムの反映とみられるため[16]、唐令の字句としては復原すべきでないと考える。

②「卅日」という過所の有効期限の有無　養老令にみえる「卅日」という過所の有効期限が唐令に存在したか否かについては、すでに荒川正晴氏が「過所というものが、時間的にも、きわめて融通性の高いものであった」と指摘し、否定的な見解を提示していた[17]。そのいっぽうで、天聖令の発見をうけて孟氏は、天聖関市令不行唐5条に「（前略）若比県隔㆑関、百姓欲㆑往㆓市易及樵采㆒者、県司給㆓往還牒㆒、限㆓三十日内㆒聴㆓往還㆒。過㆑限者依㆑式更翻牒。（後略）」とあるのを根拠にして、養老令第1条と同様に「卅日」の規定を復原している。

しかし不行唐5条は、あくまで関周辺に居住する百姓に対する「往還牒」の支給という特別措置であり、過所と同一に論じてよいかは疑問である。そこで、出発前に過所を再申請した事例を探してみると、開元二十一年（七三三）西州都督府案巻（73TAM509: 8/4-2）にみえる薛光泚辞が挙げられる[18]。本史料は、開元十九年（七三一）に過所を取得したものの、申請者の母が病に倒れたため出発できなかったが、このたび病が癒え「今已隔年、請乞㆓改給㆒」というものである。ここから、過所に何らかの期限が存在したと解せるかもしれない。しかし申請理由に「今已隔年」とあるように、保持する過所が二年前に発給されたものであるため、関での勘検の際に余計な問題が発生することを懸念したとも理解可能である。

ゆえにこのままでは断案を得ないのであるが、先の史料からわかるように、「卅日」の有効期限は「改給」と一体の関係にある。そこで次に、「改給」規定について検討したい。

③「改給」規定の位置　本条では過所の「改給」を規定するが、宋令と養老令で想定するケースが異なっている。

・宋1条　　出発後、道中で路程の変更が生じた場合
・養老令1条　過所取得後三十日以内に出発しない場合

ただ「改給」の実例をみると、開元二十年（七三二）の石染典過所（73TAM509: 8/13）には単に本貫地へ帰還する際も「改給」とみえることから、[19]未出発や、出発後の途中変更に対して限定的に使用される用語ではないようである。

そこで注目したいのは、宋1条のケースに違犯した事例、すなわち出発後、道中で路程の変更が生じた際に改給を申請せず、拘束されたとみられる事例である。「唐開元二十一年西州都督府案巻為勘給過所事」にみえる王奉仙捕縛の一件（73TAM509: 8/14）は、次の一節より始まる。[20]

岸頭府界都遊弈所　　状上州
安西給二過所一放還京人王奉仙
右件人無下向二北庭一行文上。至二酸棗戍一捉獲。今随レ状送。

この後に西州都督府における取調記録が続き、詳細が判明する。長文のため経緯をまとめると、王奉仙は仕事を終えて帰京するため、開元二十年八月末に安西都護府から過所を支給され、西州都督府、赤亭鎮で勘検を受けたが、病を患って二カ月近く西州に逗留した。その後、張思忠という人物を追って王奉仙は再出発するが、追いつかないうちに酸棗戍で勘検を受け、所持する過所に北庭（庭州）に向かう行文がなかったために、北庭に向かっているとみなしていた酸棗戍の兵士によって捕縛されたのである。[21]この王奉仙の事例は、行路を変更する場合には新たなルートを記載した過所が再発行されるべきことを明示していると判断できよう。したがって、「改給」の語は宋1条の位置で復原すべしと考えられるのである。

そして②の「卅日」規定は、もし存在すれば養老令1条の位置にあるべきであるから、唐令に「卅日」規定はなかっ

たと判断できる。

④養老令にみえる「雖レ非二所部一、有二来文一者亦給」の有無　養老令をみると、水上交通について定める「若船筏経レ関過者……」の前に、「雖レ非二所部一、有二来文一者亦給」という規定が存在する。これは、『唐六典』巻六尚書刑部司門郎中員外郎にも、次のようにほぼ同文を確認できる。

凡度レ関者、先経二本部本司一請二過所一。在京、則省給之。在外、州給之。雖レ非二所部一、有二来文一者、所在給之。

養老令1条の当該部分の『令義解』は「所部」を「本部本司」と注釈するが、そもそも本条では過所の発給主体を「本部本司」と明記しており、本貫地から遠く離れた地点における復路の過所申請や道中での変更申請についての補助規定が必要である。これは当然唐令でも不可欠なはずであり、養老令と同文・同位置で復原すべきであると考える。

⑤・⑥注を附すことの妥当性　まず⑤についてであるが、孟氏が注としたのは、④で掲げた『唐六典』巻六尚書刑部司門郎中員外郎の一節である。しかし日本でも、発給主体は京師では左右京職、京外では国司というように内官と外官とに分離するのであって、『令義解』でもこのように注釈している。もし唐令に存在したのであれば担当官司を改変して継受するのが自然であり、日本令に存在しない理由が説明できないだろう。よって、孟氏のように復原するのは当たらないと考える。「雖レ非二所部一……」部分の復原についての私見は、④の検討で述べた通りである。

次に⑥は、不行唐1条を注として挿入したものである。孟氏は不行唐1条が単独ではその内容を理解しにくいことや、北宋天聖令に多く注が存在することを主たる根拠としてこのような復原を行うが、根拠に乏しく感じられる。唐令の注を宋令立条の際に独立させ、不行唐令として一条文に仕立て上げるというのは大きな変化である。しかし先に述べたように、宋令では過所にかかわる規定に大きく手を加えなかった可能性が高いため、現時点では注として挿入する必然性はないと考える。

（2）『倭名類聚抄』所引の「唐令」

以上で条文の復原はほぼ終わるが、最後に検討しなければならない点がある。『唐令拾遺』で復旧唐関市令一乙条となっている、『倭名類聚抄』所引の「唐令」である。居所部道路類の「津」の項目に、次のように引用されている。

唐令云、諸度二関津一、及乗二船筏一上下経レ津者、皆当レ有二過所一。

これは、関津を通過する場合、および船や筏で津を往来する場合には過所が必要であることを規定するが、日本令・宋令ともに該当する文言を確認できない。孟氏は本逸文を「若船筏経レ関過者、亦請二過所一」の大意をとったものとみるが、このように断ずるには『倭名類聚抄』所引「唐令」と天聖令との対応状況を検討する必要がある。これをまとめたのが、表7である。

注目したいのは、事例11である。『倭名類聚抄』の著者である源順は唐令（開元三年令）の原本を実見して引用したと推測されるが[22]、本事例から源順は、物品の項目ごとに条文から字句を抜き書きし、文章を再構成したことが明白にみてとれる。ただいっぽうで、『倭名抄』は唐令を忠実に引用したわけではないものの、源順が意を用いて一文すべてを新たに作文した形跡はうかがえないのであって、条文の大意をとったとする孟氏の理解は再考を要するように思われる。

さらに、北宋に成立した『太平御覧』によく似た条文が晋令としてみえることが、問題を複雑化する[23]。

晋令曰、諸渡レ関及乗二舡筏一上下経レ津者、皆有二過所一。写二一通一付二関吏一。

最後の「写二一通一付二関吏一」部分は『倭名抄』所引「唐令」にはみえないが、この「唐令」は前述のように取り合わせ文の可能性があるため、本来の唐令に存在しなかったとはいい切れない。晋令にこのような個別の字句に至るまで類似した条文がある以上、降って唐令にこの規定が存在した可能性は充分考えられよう。

表7　『倭名類聚抄』所引唐令と北宋天聖令

	『唐令拾遺補』篇目・条文番号	『倭名類聚抄』所収巻数・部類・項目（一〇巻本）	『倭名類聚抄』所引「唐令」	北宋天聖令篇目・条文番号	北宋天聖令対応箇所	備考
1	田令・1	巻一、天地部田野類、畝	諸田廣一歩、長二百卌歩為畝。畝百為頃。	田令・宋1	諸田廣一歩、長二百四十歩為畝、畝百為頃。	「卌」の表記以外は一致。
2	廐牧令・1	巻七、牛馬部牛馬類、乳牛	乳牛、犢十頭、給丁一人牧飼。	（廐牧令・宋1）	なし	「唐廐牧令云」として引用。宋1の立条に伴って削除か。
3	廐牧令・10	巻三、居処部道路具、駅	諸道須置駅者、毎卅里置一駅。若地勢険阻及無水草処、随縁置之。	廐牧令・不行唐32	諸道須置駅者、毎三十里置一駅。若地勢阻険及無水草処、随便安置。（下略）	「卅」の表記および文末の「随縁置之」以外は一致。
4	関市令・1乙	巻三、居処部道路類、津	諸度関津、及乗船筏上下経津者、皆当有過所。	（関市令・宋1）	（若船筏経関過者、亦請過所）	本章で問題とする条文。
5	関市令・7	巻三、居処部屋宅類、肆	諸市毎肆立標題。	関市令・宋10	諸市四面不得侵占官道以為賈舎。毎肆各標行名、市司毎行準平貨物時価為三等。（下略）	
6	獄官令・18	巻五、調度部刑罰具、盤枷	若無鉗者、著盤枷。	（獄官令・宋36）	なし	
7	獄官令・41	巻五、調度部刑罰具、笞 巻五、調度部刑罰具、杖	笞大頭二分、小頭一分半。 諸杖皆削去節目、長三尺五寸許。	獄官令・宋50	諸杖、皆削去節目。官杖長三尺五寸、大頭闊不得過二寸。（下略）	『唐六典』・『故唐律疏議』・『通典』は「笞」ではなく「笞杖」。
8	営繕令・3	巻三、居処部屋宅類、四阿 巻三、居処部屋宅具、鴟尾	宮殿皆四阿。 宮殿皆四阿、施鴟尾。	営繕令・宋4	太廟及宮殿皆四阿、施鴟尾。（下略）	《鴟尾》項目が引用する「唐令」とは完全一致。
9	営繕令・4	巻三、居処部屋宅類、両下（一〇巻本） 巻一〇、居処部屋宅類、両下（二〇巻本）	庶人門舎、不得過一門両下。 門舎、三品已上、五架三門、五品以上、三門両下。	営繕令・宋5	諸王公以下、舎屋不得施重拱・藻井。三品以上不得過九架、五品以上不得過七架、並庁厦両頭。六品以下不得過五	『倭名類聚抄』一〇巻本・二〇巻本それぞれの記事が相違。

		巻三、居処部門戸類、門（一〇巻本）	門舎、三品以上五架三門、五品以上三門両下、六品以下及庶人不得過一門両下。		架。其門舎、三品以上不得過五架三間、五品以上不得過三間両厦、六品以下及庶人不得過一間両厦。（下略）	
		巻一〇、居処部門戸類、門（二〇巻本）	門舎、六品以下及庶人、不得過一門両下。			
10	営繕令・補1	巻三、布帛部絹布類、綿絮	綿六両為屯。	営繕令・宋10	諸造綿・羅・紗・縠・紬・絹・絁・布之類、皆闊二尺、長四丈為匹、布長五丈為端。（中略）、絲綿以両、麻以斤。	宋10条の立条に伴って削除か。
11	雑令・13乙	巻四、装束部冠帽類、頭巾	諸給時服、冬則頭巾一枚。	倉庫令・不行唐22	諸給時服、称一具者、春秋給袷袍一領、絹汗衫一領、頭巾一枚、白練袷袴一腰、絹褌一腰、韈一量并毡。（下略）	『倭名類聚抄』所引「唐令」は、それぞれの項目に合うように唐令条文の一部を抜き書きして構成した取意文と判断可能。
		巻四、装束部衣服類、襖子	諸給時服、冬則白襖子一領。			
		巻四、装束部衣服類、汗衫	諸給時服、夏則汗衫一領。			
		巻四、装束部履襪具、靴氈	諸給時服、春秋各給靴一両并氈。			
12	雑令・31	巻一、人倫部男女類、挾杪	挾杪	なし	なし	雑令ほか一致する条文なし。
参考	倉庫令・2	巻六、調度部稱量具、半石	大倉署函斛、函者受五斗、形如此間酒槽耳。	倉庫令・不行唐5	諸量函、所在官造。大者五斛、中者三斛、小者一斛。皆以鉄為縁、勘平印署、然後給用。	「唐令私記云」として引用。唐令本文ではないとみてよい。

〔備考〕

・『倭名類聚抄』の本文は、京都大学文学部国語学国文学研究室編『諸本集成倭名類聚抄 本文篇』（臨川書店、一九六八年）に拠る。『倭名類聚抄』には一〇巻本系と二〇巻本系があるが、特に断らない場合は狩谷棭斎『箋注倭名類聚抄』（一〇巻本系）より本文を引用した。

・『倭名抄』所引唐令条文と一致する字句・文章は見当たらないものの、対応するとみられる天聖令条文については、〃北宋天聖令篇目・条文番号〃項目に丸括弧を附して注記した。

そもそも、開元二十五年律である『故唐律疏議』衛禁律27関津留難条疏文には「関、謂下判二過所一之処上。津、直度レ人、不レ判二過所一者」とあり、渡河点である津では制度上、過所を勘検しないことになっていた。[24] よって『倭名抄』所引「唐令」とは齟齬することになるが、この矛盾は次のように説明できる。すなわち、大宝令が藍本とした永徽令には本逸文の規定は存在しなかった。しかしその後、おそらく永徽年間に津吏を上関に新設した関係で、[25] 開元三年令に至るまでのいずれかの令において、古く晋令にも定められた本規定が唐関市令に復活した。しかし開元七年令あるいは二十五年令において何らかの理由で本規定は削除され、この状況を『故唐律疏議』の疏文は反映している、と。

『倭名抄』所引「唐令」が取り合わせ文でもあり得る以上、冒頭の「諸」字も他条から引用した可能性があるため、本逸文が開元三年令において単独の条文であったか、それとも他条の一部であったかは判断し難い。しかし、第一条の「若船筏経レ関過者、亦請二過所一」の詳細を説明した内容となっていることを考えると、独立した条文ではなく、この部分に附された注だったのではないか、と現時点では考えておきたい。

以上、煩雑な考察を加えてきたが、検討結果を総合すると、唐関市令1欲度関条は次のように復原できる（ただし注は開元三年令のみ）。

復原唐関市令1欲度関条

一〔唐〕諸欲レ度レ関者、皆経二本部本司一請二過所一、具注二姓名・年紀及馬牛騾驢牝牡・毛色・歯歳一、判給。還者、連二来文一申牒勘給。若於二来文外一更須レ附者、験レ実聴之。日別総連為レ案。若已得二過所一、有レ故不レ去者、連二旧過所一申納。若在レ路有レ故者、経二随近州県一申牒改給、具レ状牒レ関。雖レ非二所部一、有二来文一者亦給。若船筏経レ関過者、亦請二過所一。〈度二関津一、及乗二船筏一上下経レ津者、皆当レ有二過所一〉

日唐令を比較すると、日本令はかなり忠実に唐令を継受し、関の勘検システムを定義した、と位置づけられる。むしろ、「卅日」規定が日本独自のものである以上、人民の関通過に対する姿勢は、日本の方が厳格ともいい得るのである。
それでは、律令に規定される関のシステムは、総体としてどのようにとらえられるのだろうか。

第三節　日唐関制度の同質性

日本では天武朝以後、叛乱者の畿内から東国への脱出を防ぐことを目的として、美濃国不破関・伊勢国鈴鹿関・越前国愛発関から成る三関の整備を行い、[26] 同時に大坂・龍田といった畿内の交通の要衝にも関を設置していった。[27] そして養老衛禁律25私度関条に、

凡私度レ関者、徒一年。諸三関者。摂津長門、減二一等一。余関、又減二二等一。越度者、各加二一等一。〈不レ由レ門為レ越〉

（下略）

とあるように、三関を最上位に据えた次のような三段階のシステムが、大宝律令の施行によって構築されたと考えられる。[28]

三関　——　摂津・長門関　——　余関

舘野和己氏によれば、各関は国司が管理し、三関に倣って都より遠い国の国境に設置されるものであった。ただし氏が指摘するように、すべての国境に関が設置されたわけではなく、むしろその数は限られていたらしい、という点に留意すべきである。[29]

次に唐であるが、礪波護氏によれば、[30] 太宗即位後、潼関以東の関を廃止するなど各地の関の整理が進められ、[31] 開元七年までに『唐六典』にみえる二六関に整備縮小されたと考えられる。『唐六典』巻六尚書刑部司門郎中員外郎には、

次のようにある。

凡関二十有六、而為二上・中・下之差一。京城四面関有二駅道一者為二上関一、〈上関六。京兆府藍田関、華州潼関、同州蒲津関、岐州散関、隴州大震関、原州隴山関〉余関有二駅道一及四面関無二駅道一者為二中関一、〈中関一十三。京兆府子午・駱谷・庫谷、同州龍門、会州会寧、原州木峡、石州孟門、嵐州合河、雅州邛莱、彭州蠶崖、安西鉄門、興州興城、華州渭津也〉他皆為二下関一焉。〈下関七。梁州甘亭・百牢、河州鳳林、利州石門、延州永和、綿州松嶺、龍州涪水〉

ここから、日本と同様に三段階の構造をなしていたことがうかがえよう。

上関（六関）――中関（十三関）――下関（七関）

このうち京城四面関は計一一関あり、日本の三関に対応する上関が、すべて京城四面関で占められていた点は特筆すべきである[32]。各関には、関のランクに応じて関令以下の官吏が中央から派遣され、行人に対する勘検が実施されていた[33]。

右のように関のあり方を比較対照すると、日唐ともに京師防衛という共通要素が浮かび上がってくるだろう。従来、日本と唐の関のあり方については、舘野氏の見解に代表されるように、唐が突厥や吐蕃への対外的関心によって関を設置しているのに対し、日本は叛乱対策という対内的関心を重視したものと理解されてきた[34]。叛乱者の出関を防ぐという、三関の特殊性をもって日本の関のシステムの独自性を強調したのである。しかし先にみたように『唐六典』からうかがえる関のあり方は、京城四面関を上関とし、京師防衛を最重要課題に据えて配置されていた。よって日本衛禁律にみえる三等の区分も、関市令第1条が唐のあり方をかなり忠実に継受したのと同様に、唐代における関の構造を継受したのではないか、と推測されるのである。

とはいえ岸俊男氏が明らかにしたように、[35]日本における関のあり方は、七世紀後半を通じて直接的には壬申の乱の経験をもとに独自に形成されてきたのであって、すべてが唐の関の構造を継受したと述べるつもりはない。山中章氏によれば、不破関と鈴鹿関は「官道の西からの進行に対する強固な防御性と東への視界の広さ」をもち、「西に対しては防御性（軍事性）、東に対しては象徴性を強調するという二面性を同時に持たせ得る立地と構造」のうえに設置されたという共通性を有していた。[36]愛発関の詳細は不明であるが、おそらく三関は同一のプランのもとに、畿内から叛乱者が東国に脱出することの防止を最大の目的として整備されたと考えられる。また、三関を有する国司の職掌には「掌関剗及関契事」とある（養老職員令70大国条）。「剗」は関所の意味をもち、[37]これは日本独自の用法である可能性が高いものの、[38]日本関市令には「剗」の規定はなく、規定するセキはすべて「関」であった。「剗」のような日本独自のセキのあり方が不完全な形で令の中に混在（もしくは遺存）し、『出雲国風土記』にも確認できるように実際に機能していたことには、注意を要する。[39]

このように、日本の関のシステムは独自の要素を内包しているのであるが、京師防衛という共通の意図が日本と唐に存在することは、やはり看過できない点である。主として列島内部の要因によって形成されてきた関のあり方をシステマティックな形で整備したのは、律を完備した大宝律令であった。そこに唐と同じ原則が貫徹されていることは、律令における両者の同質性を示しているのであり、日本は七世紀後半から形成されてきた独自の関のあり方を最大限に生かす形で、唐における関の京師防衛という性質を巧みに自己に取り入れ、日本的な京師防衛の関のシステムを律令内部に構築したといえるのである。

日本の関は行人・物品の「出関」の検察を主眼としたのに対し、唐は出入双方であって、この力点の大きな差異は、両者の関の形成過程の相違にもとづいている。しかし、律令における関の設置理念は京師防衛という点で日唐共通し、日本ではこの方針を前提として条文の継受が行われ、関制度の構造を確立したと結論できるのである。

むすび――日唐関制度の差違と同質性――

本章では、北宋天聖関市令の公表をうけ、唐関市令の条文排列、および唐関市令1欲度関条の復原を行い、日唐の関制度について比較検討を行った。そこから、日本では大宝律令撰定当時の関設置方針を充分に考慮したうえで条文の継受を行ったが、関において過所をもって行人を勘検するという原則は忠実に継受し、唐よりも厳しい姿勢で行人に臨もうとしていたことが明らかとなった。また、日本は壬申の乱を経て独自の関のあり方を形成していたが、これを最大限生かすために、唐の関制度における京師防衛という性質を吸収して、大宝律令内部にシステマティックな関制度を構築したと結論できるのである。

今回は、従来日唐令の比較研究で行われてきた、日唐の差違を専ら追求するという姿勢にとらわれず、両者の同質性に注目し考察を進めてきた。しかし具体的な検討は一条のみであり、上記の見通しは個別に再検証されなければならない。特に関と剗の関係については、セキの実態面に即した、より具体的な考察を行う必要がある。くわえて、日唐律令関制度の根本的な性質を京師防衛と指摘しながらも、地方軍事力と関との関係――日本においては、軍団と関――についてはほとんど検討を加えることができなかった。

よって、これらの点が次の課題となる。章を改めて検討を行いたい。

注

（1）紙幅の関係上すべてを掲げることはできないが、たとえば日本古代史では、瀧川政次郎「過所考」（『日本歴史』一一八・一一九・一二〇号、一九五八年）、岸俊男「元明太上天皇の崩御―八世紀における皇権の所在―」（『日本古代政治史研究』塙書房、一九六六年。初発表一九六五年）、佐藤信「過所木簡考」（『日本古代の宮都と木簡』吉川弘文館、一九九七年。初発表一九七七年）、舘野和己「律令制下の交通と人民支配」（『日本古代の交通と社会』塙書房、一九九八年。初発表一九八〇年）などを参照。中国史では、杉井一臣「唐代の過所発給について」（布目潮渢博士記念論集刊行会編『布目潮渢博士古稀記念論集　東アジアの法と社会』汲古書院、一九九〇年）、礪波護「唐代の過所と公験」（礪波護編『中国中世の文物』京都大学人文科学研究所、一九九三年）、程喜霖『唐代過所研究』（中華書局、二〇〇〇年）、曹家斉『宋代交通管理制度研究』（河南大学出版社、二〇〇二年）などが挙げられる。

（2）孟彦弘「唐関市令復原研究」（天一閣博物館・中国社会科学院歴史研究所天聖令整理課題組校証『天一閣蔵明鈔本天聖令校証　附　唐令復原研究』下冊、中華書局、二〇〇六年）。

（3）池田温「唐令と日本令―〈唐令拾遺補〉編纂によせて―」（池田温編『中国礼法と日本律令制』東方書店、一九九二年）、一八五頁。

（4）黄正建「関於天一閣蔵宋天聖令整理的若干問題」（前注〔2〕書の上冊所収）、一七頁。ただし、丸山裕美子氏が指摘するようにこれはあくまで原則論であり、組み替えがなされている可能性は否定できない。同「日唐令復原・比較研究の新地平―北宋天聖令残巻と日本古代史研究―」（『歴史科学』一九一号、二〇〇八年）、六〜七頁参照。

（5）なお、最も信頼すべき『令義解』の写本である紅葉山文庫本は、関市令の冒頭（第一条の前半）に欠失があり、令文および注釈部分の復原を行う必要がある。本章では、舘野和己「関市令欲度関条の復原」（前注〔1〕書に同じ）の成果に従った。また、天聖令文の引用は基本的に『天聖令校証』下冊所載の清本によるが、校訂に賛同できない場合は底本の字句をそのまま採用している。

（6）榎本淳一「北宋天聖令による唐関市令朝貢・貿易管理規定の復原」（『唐王朝と古代日本』吉川弘文館、二〇〇八年）、一一六～一二二頁参照。

（7）なお孟氏は、「唐代の「副過所」及び過所の「副白」「録白案記」辨析―兼ねて過所の意義を論ず―」（『東方学』一一七輯、二〇〇九年。辻正博氏翻訳）において、不行唐1条を復原第一条の注とみなし、『天聖令校証』における自身の復原を修正している。よって表6で孟氏の条文排列復原案を掲げるにあたっては、この点を反映させている。本論文については、黄正建主編『《天聖令》與唐宋制度研究』（中国社会科学出版社、二〇一一年）に改訂のうえ収録され、のちに孟彦弘『出土文献与漢唐典制研究』（北京大学出版社、二〇一五年）に「唐代〝副過所〟及過所的〝副白〟〝録白案記〟辨釋―兼論過所的意義―」と題して収められた。後述する西州都督府案巻中の薛光泚辞の解釈などについては私見と相違するものの、氏の復原案に変更はない。

（8）舘野氏前注（1）論文、二三～三一頁参照。

（9）榎本氏前注（6）論文、一二〇頁。

（10）本書第一章および第八章を参照。

（11）孟氏前注（7）論文参照。

（12）『続資治通鑑長編』巻一〇六、天聖六年（一〇二八）九月癸丑条参照。仁井田陞「過所及び公験」（『唐宋法律文書の研究』東京大学出版会、一九八三年。初版は一九三七年）、八五四～八五五頁。

（13）ここで、天聖令による唐令復原の手法を確認しておきたい。本書においては、(a)～(c)の三点を基準として復原を行う。

(a)天聖令と養老令は直接の継受関係にないため、両者の字句の一致部分は同文の唐令を復原可能である。ただし、これには大宝令と養老令の状態の差違に注意しなければならないが、『令集解』が散逸している篇目（たとえば関市令・捕亡令）の大宝令の復原は困難をきわめる。ゆえに特に問題がない場合、養老令と大宝令は同文であったと判断する。

(b)宋令立条の際に根拠とした「唐令」については、本書序章で述べたように、唐末・五代・北宋期に改変が加えられたとする指摘がある。私見でも唐開元二十五年令そのままとは考えていないが、開元二十五年令の姿をかなりの程度伝えているとみなしておく。

(c)天聖令と養老令の藍本である唐令は撰定年次が異なるため、両令をもとにして復原した唐令条文については、ひとまず『唐令拾遺』における分類の〔唐〕（年次不分明）とする。

(14) 荒川正晴「唐の通過公証制度と公・私用交通」の第六節（『ユーラシアの交通・交易と唐帝国』名古屋大学出版会、二〇一〇年。本節の初発表は一九九七年）参照。

(15)『吐魯番出土文書』図録本第肆冊（文物出版社、一九九六年）、一九九頁。

(16) 手続きの詳細は、『令集解』公式令22過所式条穴記を参照。

(17) 荒川氏前注（14）論文の第五節（初発表二〇〇〇年）、四二〇頁。

(18)『吐魯番出土文書』図録本第肆冊、二七一～二七二頁。

(19)『吐魯番出土文書』図録本第肆冊、二七五頁。

(20)『吐魯番出土文書』図録本第肆冊、二八八～二九四頁。

(21) 本事件の詳細については、程氏前注（1）書の七六～七八頁、および郭平梁「唐朝王奉仙被捉案文書考釈—唐代西域陸路交通運輸初探—」（『中国史研究』一九八六年第一期）参照。

(22) 坂上康俊「舶載唐開元令考—『和名類聚抄』所引唐令の年代比定を手懸りに—」（『日本歴史』五七八号、一九九六年）、五～八頁参照。

(23) 同書巻五九八文部一四過所。中華書局影印本（宋本を影印した商務印書館本を縮印したもの）は「皆有所」とするが、内藤虎次郎氏の指摘に従い、「過」字を補った。内藤虎次郎「三井寺所蔵の唐過所に就て」（『内藤湖南全集第七巻』筑摩書房、一九七〇年。初発表一九三一年）、六一七頁参照。

(24) 舘野和己「関津道路における交通検察」（前注〔1〕書に同じ。初発表一九八四年）、一二六～一三四頁参照。ただしこれはあくまで制度上の原則であって、円珍将来の大中九年（八五五）越州都督府過所に「恐所在州県鎮鋪関津堰寺、不レ練二行由一」とあるように、実際には津も含めて様々な場所で行人の検察は行われており、過所や公験といった通行証の提示を求められるケースは多かったと考えられる。程氏前注（1）書、一一七～一三二頁参照。

なお、舘野氏も本逸文と唐律疏文との整合性をつけるため詳しく検討しているが、『倭名抄』所引「唐令」を開元二十五年令としている点で、筆者の立場と異なる。

(25)『新唐書』巻四九下志三九下百官四下の上関に「永徽中、廃二津尉一、上関置二津吏八人一」とある。

(26)岸氏前注（1）論文、および柴田博子「鈴鹿関と不破関―壬申の乱とのかかわりをめぐって―」（佐藤宗諄編『日本の古代国家と城』新人物往来社、一九九四年）参照。

(27)『日本書紀』天武天皇八年（六七九）十一月是月条。

(28)本条の大宝律の状態であるが、『令集解』職員令58弾正台条古記によって、冒頭部を「私度関津」と復原することができる。この場合の「津」とは、主に摂津国の難波津をはじめとした海濱の関を指すと考えられるが、未復原部分を含め、大宝律と養老律の条文の意図に変更はないとみておきたい。また、本条に対応する唐律条文は三段階の区分を設けていないが、これは唐では私度・越度に対して一律に厳格な姿勢で臨んでいたためと評価できよう。

なお松原弘宣氏は、七世紀後半における関の設置は京師防衛という軍事的性格が濃厚であり、大宝律令が施行されて「余関」が設置されることとなってはじめて、交通規制という視点が加えられたとする。松原弘宣「関の情報管理機能と過所」（『日本古代の交通と情報伝達』汲古書院、二〇〇九年。初発表二〇〇八年）参照。

(29)舘野氏前注（24）論文参照。

(30)礪波護「唐代の畿内と京城四面関」（唐代史研究会編『中国の都市と農村』汲古書院、一九九二年）参照。

(31)『唐大詔令集』巻一〇八、廃潼関以東縁河諸関不禁金銀綾綺詔。

(32)なお程喜霖氏は、『新唐書』・『元和郡県図志』・『玉海』等から関の実例を収集し、唐代の関を総数一六六関と数えている。しかし青山定雄氏によれば、関は安史の乱後、節度使によってかなりの量が増置されたと推測される。また、礪波氏が指摘するように円珍将来の過所に勘検を施したのが潼関と蒲津関のみであることは、京城四面関の重要性を明示しているいっぽうで、これは裏返せば、長大な円珍の行路において他に勘検を行う関が存在しなかったことをも示していよう。よって、程氏が挙げる関すべてが唐代を通じて存続したとはみなし難く、関自体の時期差を考慮すべきであると考える。程氏前注（1）

書、青山定雄「唐・五代の関津と商税」（『唐宋時代の交通と地誌地圖の研究』吉川弘文館、一九六三年。初発表一九五〇年）、礪波護「神都洛陽の四面関」（金田章裕編『アジアにおける都市の形態と構造に関する歴史地理学的研究』科学研究費研究成果報告書、京都大学文学部、一九九〇年）参照。

(33)『唐六典』巻三〇、三府督護州県官吏、鎮戍嶽瀆関津官吏。

(34) 舘野氏前注（24）論文参照。

(35) 岸氏前注（1）論文参照。

(36) 山中章「立地・構造からみた日本古代三関の機能—東アジア古代の関との比較を視野に—」（『資料学の方法を探る』七号、二〇〇八年）、六〇頁。

(37) 舘野氏前注（1）論文、二二三～二三一頁参照。

(38)『廣雅』巻三上釈詁によれば剗は削と同義であって、削除・廃除等の意味の動詞となり、関との関連性は薄い。むしろ、『史記』巻一〇四田叔列伝第四四に「谷口蜀剗道近レ山」とあるのを正義が「按、行レ谷有二桟道一也」と注釈することから（この場合は谷を通るかけはしを指す）、「桟」字と同義であることが重要である。『故唐律疏議』衛禁律25私度関条疏文には「水陸関桟、両岸皆有二防禁一」とみえ、同じく名例律43共犯罪而本罪別条疏文は「関謂二検判之処一、桟謂二塹柵之所一」（対応する養老律では「桟」を「剗」とする）とし、それぞれかけはしやほり・柵を意味しており、関ではない。関の官吏である典事の職掌には「掌下巡二剗鋪一及雑当上」（『唐六典』巻三〇）とあるが、この「剗」も関が置かれた谷や河川に渡した桟道、あるいは関に廻らされたほり・柵を指していると考えられる。いずれにせよ、日本のように明確に関所の意味で使用された事例は確認できない。

(39)『出雲国風土記』仁多郡条には、「常有レ剗」・「常无レ剗。但当二有レ政時一、権置耳」とみえ、国境に「剗」が設置されたことが確認できる。関と剗の性格の相違については、本書第六章を参照。

第六章　律令制下における関剗の機能

古代日本においては、三関（美濃国不破関・伊勢国鈴鹿関・越前国愛発関）を筆頭とする関が各地に設置されていた。関については数多くの研究がなされているが、先駆的研究としては、戦前における衣笠健雄・喜田新六両氏のものが挙げられ(1)、特に喜田氏は関の非違・浮浪・逃亡を防止する軍事警察的性質を評価した。以後、関に対する諸研究が蓄積されていったものの、主としてその対象が三関等の個別の関に移行する傾向があった(2)。そのなかで吉村武彦氏は、本貫地主義の維持について論じた際、軍団兵士の活動と、これが守固する関の機能が果たした役割を評価した(3)。そして舘野和己氏は、関制度全般について吉村氏の見解を継承発展させ、関の設置原則などの重要な事象を数多く解明したのである(4)。

しかしながら、先行研究では個別の関のあり方や、律令国家の民衆把握にかかわる本貫地主義にかんする検討が主であり、関制度全般に対する軍事的側面も視野に入れた包括的な研究という点では、まだ検討の余地があるように思われる。この関のシステムについて、本書第五章では日本と唐において京師防衛という共通点が存在することを指摘した。本章ではこれをふまえつつ、日本古代の律令制下における関と剗の機能、そして地方軍事力との関係について考察していきたい。

第一節　関の設置原則をめぐる問題

日本古代において、関はどのような基準で設置されたのか。これを考えるにあたっては、法制面・実態面それぞれからのアプローチが可能であるが、ここではまず、法制面からみていきたい。養老衛禁律私度関条には、次のようにある（なお大宝律は冒頭部が「私度関津者」であったと考えられる[5]が、律条の趣旨に大きな変更はないとみておきたい）。

凡私度㆑関者、徒一年。謂三関者。摂津長門、減㆓一等㆒。余関、又減㆓二等㆒。越度者、各加㆓一等㆒。〈不㆑由㆑門為㆑越〉

（下略）

本条は、「私度」（通行証なしに関門を通行しようとすること）に対する罰則を定めるが、その重さによって三つのランクがあることがわかる。

(1)三関　――　(2)摂津・長門　――　(3)余関

すなわち、三関を最上位とする構造である。ただ、第二等である摂津・長門は関という用語をもたず、国名のみが記されている点に留意しておきたい。

これに対し、日本が範をとった唐においても、関にはランクが存在した。『唐六典』巻六尚書刑部司門郎中員外郎には、

凡関二十有六、而為㆓上・中・下之差㆒。京城四面関有㆓駅道㆒者、為㆓上関㆒。（注省略）余関有㆓駅道㆒及四面関無㆓駅道㆒者、為㆓中関㆒。（注省略）他皆為㆓下関㆒焉。（下略）

とあり、開元七年令施行時に全国に置かれた関は二六関のみであって、上中下の三等に分かれていた。ここから、日本の三等構造は唐制をモデルとしたのではないかという考えがすぐに浮かぶが、いっぽうで先の養老律に対応する『故唐律疏議』衛禁律25私度関条には「諸私度レ関者、徒一年。越度者、加二一等一。〈不レ由レ門為レ越〉」とあり、私度に対する罪刑に関のランクは反映されていない。すなわち、唐では重要度に応じて関に等級を設けるものの、私度や越度といったいわゆる関所破りの刑にその区分を持ち込まず、私度は徒一年、越度は徒一年半に処したということになろう。これに対し日本では三等を設け、日本律は唐律に比して一般に刑罰を軽くする傾向があるにもかかわらず、三関の私度を唐律と同じく徒一年としている。ここから、日本律における改変は、明確に当時の為政者の関に対する意識が反映されており、八世紀初頭における各関の重要度をより直截的に示していると考えられるのである。

　そして令では、養老軍防令54置関条に次のようにある（大宝令も同趣旨とみてよい）[6]。

凡置レ関応二守固一者、並置二配兵士一、分番上下。其三関者、設二鼓吹軍器一、国司分当守固。所レ配兵士之数、依二別式一。

関には兵士を配置して守固にあたらせること、三関には軍隊指揮具である「鼓吹軍器」を特別に設け、国司に兵士を統括させ防守することなどを規定する。『令義解』が「国司分当守固」について「謂目以上也。言二三関者、国司別当守固一。其余差二配兵士一」と注釈することもあわせて考えると、関の防衛上の区分は、三関のみを特化する〝三関―余関〟という二等区分であったことがわかる。律と一致しない点については後述するが、律・令ともに三関を最重要視する点が共通しており、特に注意しておきたい。

　次に関の実例であるが、現時点で存在をほぼ認めてよいと思われる事例をまとめると、表8のようになる。通観してまず気付くのは、史料の残存状態の制約はあるものの、関がすべての国境に設置されたと考えると、その数があま

表8　八世紀以後の関・剗

関・剗名	位置	所在国	典拠
鈴鹿関	伊賀・近江～伊勢国境	伊勢国	養老衛禁律私度関条、『令義解』軍防令54置関条ほか
不破関	近江～美濃国境	美濃国	養老衛禁律私度関条ほか
愛発関	近江～越前国境	越前国	養老衛禁律私度関条ほか
摂津関	難波津	摂津職	養老衛禁律私度関条ほか
長門関	関門海峡東岸	長門国	養老衛禁律私度関条ほか
関	大和～紀伊国境	紀伊国カ	『万葉集』巻四、五四五番（神亀元年（七二四））
手間剗	出雲～伯耆国境	出雲国	『出雲国風土記』意宇郡条（天平五年（七三三））
戸江剗	出雲～伯耆国境	出雲国	『出雲国風土記』嶋根郡条（天平五年）
剗（常置）	出雲～石見国安濃郡堺	出雲国	『出雲国風土記』神門郡条（天平五年）
剗（権置）	出雲～石見国安濃郡堺	出雲国	
剗（常置）	出雲～備後国恵宗郡堺	出雲国	『出雲国風土記』飯石郡条（天平五年）
剗（権置）	出雲～備後国恵宗郡堺	出雲国	
剗（常置）	出雲～備後国三次郡堺	出雲国	
剗（権置）	出雲～備後路（波多径）	出雲国	
剗（権置）	出雲～備後路（須佐径）	出雲国	
剗（権置）	出雲～備後路（志都美径）	出雲国	
剗（常置）	出雲～伯耆国日野郡堺	出雲国	『出雲国風土記』仁多郡条（天平五年）
剗（常置）	出雲～備後国恵宗郡堺	出雲国	
川口関	伊賀～伊勢国境	伊勢国	『平城宮木簡一』七九号木簡（天平十九年（七四七）以前）
礪波関	越後～越中国境	越中国	『万葉集』巻一八、四〇八五番（天平感宝元年（七四九））
奈羅剗	大和～山背道	大和国カ	『続日本紀』天平宝字元年（七五七）七月庚戌条
尾垂剗	大神宮堺、伊勢～志摩国境	伊勢国カ	『続日本紀』天平宝字三年（七五九）十月戊申条
相坂剗（第一次）	山背～近江国境	近江国	『日本紀略』延暦十四年（七九五）八月己卯条
白河剗	下野～陸奥（旧石背）国境	陸奥国（石背）	『河海抄』所引弘仁格逸文（延暦十八年（七九九）十二月十日官符）
菊多剗	常陸～陸奥（旧石城）国境	陸奥国（石城）	

相坂関（剗カ、第二次）	山背～近江国境	近江国	『日本文徳天皇実録』天安元年（八五七）四月庚寅条
大石関（剗カ）	山背～近江国境	近江国	
竜花関（剗カ）	山背～近江国境	近江国	
関	美濃～信濃国境	美濃国	『日本三代実録』元慶三年（八七九）九月四日辛卯条
剗	不明	出羽国カ	『秋田城跡Ⅱ―鵜ノ木地区―』所載、鵜ノ木地区出土墨書土器（遺物番号六―二四八、九世紀第3四半期）
足柄関	駿河～相模国境	相模国	『類聚三代格』巻一八、昌泰二年（八九九）九月十九日官符
碓氷関	信濃～上野国境	上野国	
玉前剗	阿武隈川渡河点（旧石城～旧陸奥国境）	陸奥国	『多賀城跡本簡Ⅱ』所載、第二七〇号木簡（九～一〇世紀前半）
岫崎関	駿河国内	駿河国	『日本紀略』天慶三年（九四〇）正月二十五日条
山崎関	山城～摂津	山城国カ	『貞信公記抄』天慶三年二月二十五日条
清見関	駿河国内	駿河国	『朝野群載』巻二二、天暦十年（九五六）六月二十一日駿河国解
横走関	駿河～相模国境	駿河国	

〔備考〕
・本表は、舘野氏b論文の「表1 国境に位置する関」および永田英明「通行証」（平川南ほか編『文字と古代日本3 流通と文字』吉川弘文館、二〇〇五年）の表「4 古代史料に見える関・剗」、および倉田実「平安時代の関所」（倉田実ほか編『平安文学と隣接諸学七 王朝文学と交通』竹林舎、二〇〇九年）の表「平安時代までの関・関跡（抄）」をもとに作成した。ただし平安時代の和歌にみえる事例については筆者の検討が不充分であり、今回は採録していない。
・金田章裕氏は岫崎関が破られた後に清見関が設置されたと推定するが、本表では一応別個に掲げる。なお、清見関は海岸線に位置する関である（『更級日記』上洛の記）。金田章裕「駿河国」（藤岡謙二郎編『古代日本の交通路Ⅰ』大明堂、一九七八年）参照。

りに少なすぎる点である。この問題は、養老関市令7蓄客条に「（前略）入二一関一以後、更不レ須レ検。若無レ関処、初経二国司一亦准レ此」とあることから、関のない国を想定していることが従来指摘されてきた。本条については、対応する北宋天聖関市令宋6条に「入二一関一以後、更不レ須レ検。若無レ関処、初経二州鎮一亦準レ此」とある点に注意したい。母法を同じくする日本令・宋令が一致する以上、唐令にも同様の規定があったことが想定され、日本令は〝すべての州に関を置くわけではない〟という唐令の趣旨――そもそも、すべての州境に関を置くという原則自体が存在しないのであるが――を継受したことがわかる。くわえて『続日本紀』慶雲元年（七〇四）六月丁巳条には、軍団兵士の分番教習を定めた勅の後半部に「其有二関須一レ守者、随レ便斟酌、令レ足二守備一」とあり、守固すべき関があれば充分に兵士を差配せよとするのも、同様の認識にもとづく施策とみてよいだろう。

それでは、関の配置はどのようになっていたのだろうか。舘野氏は個別実例の検討をもとに、関は国境に設置され、確認される実例からすればすべて都から遠い国に属するという原則をもつと結論した。(7) 剗については松原弘宣氏が疑念を呈するように問題があるものの、(8) 次節で述べるように「関」と「剗」は別個にとらえるべきであると考えるため、「関」については舘野氏の結論でよいと思われる。そして氏は、この配置方式を三関の配置と同様の政治的意図に由来すると位置づけたのである。

三関の設置意図を考えるにあたっては、不破・鈴鹿・愛発の三関の成立と、この三関を美濃・伊勢・越前三国が管掌する三関国のシステムの成立とに分けて考える必要がある。というのも、三関はいずれも近江大津京を基点として東国に入るルートに位置しており、天武朝以後に京師が置かれた大和盆地からみると、防衛上地理的にやや不適当だからである。横田健一氏は、天智朝末年に東国での叛乱に備えて近江京を防衛するという対内的政策の見地から三関の構想が生み出されたとし、壬申の乱を経て、天武天皇によって三関の具現化と三関国の形成が進められたとした。(9) これをふまえ岸俊男氏は、八世紀以後に直接的に繋がる三関の成立は壬申の乱を契機とするものであり、「三関は京師に叛乱が起こったとき、その逆謀者の東国への逃入を防ぎ、それによって東国を拠点とし、あるいは東国の勢力を動員して行われる反撃を、未然に抑える役割を果たしていた」(10) と位置づけた。そしてこの指摘を批判的に継承・発展させた永田英明氏は、三関は王権にとってその安定を維持するための権力基盤であって、固関使の派遣は「反乱者の逃亡防止というよりは、むしろ三関が敵対する勢力によって掌握・占拠されること」の防禦が目的であり、三関の軍備は「国家の重要施設（拠点）を守るための軍事力」であると論じている。(11)

こうした先行研究をふまえるならば、天智朝の政治的状況によって生み出された三関の構想が、壬申の乱を経ることによって、叛乱対策という切実な政治的要請を組み込んで改めて整備・充実され、大宝律令制下の三関と三関国のシステムに結実していったと考えられる。そして舘野氏が指摘するように、地方の「関」が三関と同じ設置方式をとることは、律令体制下にみられるセキのうち、律令（特に衛禁律・関市令）に規定する「関」については、列島内部の要因――すなわち王権の存立を脅かすような叛乱への対策――を重視して置かれたと推測されるのである。

榎本淳一氏が指摘するように、日本の関市令は、唐とは異なり縁辺と関とのかかわりを希薄化していることに特徴があった。(12)これは、令に規定する関が、対外的脅威に備えたものというより、むしろ列島内部を強く意識したものであることを示している。そして、唐令にみえる関通行の便宜規定（北宋天聖関市令不行唐4・5条にあたる）を継受しなかったことは、関における勘検をよりいっそう厳格にしたものと判断でき、これは叛乱対策という指向性が然らしめたものと考えられよう。

そして衛禁律にみえる関の三等ランクのうち、第二等の「摂津・長門」については、瀬戸内交通の東西の両端に位置することから、対外的要因を重視して理解されてきた。とりわけ長門国は、西海道に接するという地理的要因より、長門国司自身によっても辺要に准じた地域であると認識されていた。(13)しかしこの二つの関についても、瀬戸内交通の両端を抑えることにより、都の西側の交通の要衝を掌握するという列島内統治の側面からとらえることも可能であろう。「摂津・長門」は、対外的脅威への備えという要素と列島内統治上の要素の双方をあわせもつため、「余関」とは特別に区別されて、重要度が一段上昇したものと考えられるのである。

しかしながら、八世紀以後の諸史料には、「関」と「剗」の二種類のセキが散見する。両者はどのような関係となっていたのだろうか。

第二節　関と剗

そもそも「剗」は、養老職員令70大国条に三関国司の職掌として「掌二関剗及関契事一」とあって関と並び称されており、また養老名例律共犯罪而本罪別条の注に「剗謂二塹柵之所一」とあって、律・令ともに存在が確認される施設である。また実例も表8によれば一九例あり、関よりも多い。では、関と剗はどのように区別されていたのだろうか。

両者の位置づけについては、まず喜田新六氏が、関は警察的任務を掌り、剗は軍事的要所であると指摘した(14)。次いで青木和夫氏は、関は三関のような国家的に重要な施設であり、剗は国司が自国の管理上置いたものとしている(15)。そして舘野和巳氏は、剗は関より軍事的性格が強いかもしれないが、両者はいずれもいわゆる関所の範疇に属し、特に本質的相違は認められないとした(16)。従来は、関と剗を同様のものとみなす舘野氏の所説が通説的理解を占めていたが、永田英明氏によって新たな見解が示された。すなわち「八・九世紀の関所は、三関・摂津・長門といった律令法に根拠を置く「関」と、その枠外に存在する多数の「剗」という二重構造」であると位置づけたのである(17)。本節では上記の先行研究を批判的に継承しつつ、検討を進めていきたい。

まず確認しておきたいのは、管見では剗に関所の意味をもたせる用法が、唐にはみえない点である。すでに本書第五章で述べたように、「剗」字は柵やほりのことを意味するのであって、関の構造物の一部ではあっても、それ自体が単独で関所の役割を果たすわけではない(18)。剗と棧は同義であり、『故唐律疏議』名例律43共犯罪而本罪別条疏文に「棧謂二塹柵之所一」とあるのがこれを端的に示している。また、現在復原されている唐令にセキとしての「剗」の用法はなく、「棧」のみが唯一、北宋天聖捕亡令不行唐3条に「諸奴婢逃亡経二三宿一及出二五十里外一、若度二関棧一捉獲者、六分賞レ一。（下略）」とみえる。しかしこれも、先の名例律43条に「私二度越度関棧垣籬一者、亦無二首従一」とあることをふまえれば[19]、逃亡した奴婢が「関棧」（関所を囲繞し、その周辺に設けられた城壁・柵・ほり）を不法に度えようとした際のことを規定しているとみられ、「棧」単体で関所の意味があるわけではない。何より対応する日本令（養老捕亡令7官私奴婢条）では、唐令の「関棧」を「関津」に改変しているのである。よって、「剗（棧）」とは特定の機関ではなく、あくまで構造物の一部を指す一般名詞と考えた方がよいのである。

このような唐のあり方をふまえると、剗に単体で関所の意味をもたせるのは、日本独自の用法であることになる。先に掲げた職員令70大国条の一節は、大宝令では「三関国、又掌二関剗木契事一」とあったと推測され[20]、関と剗を別々に挙げていることから、八世紀初頭においても両者に何らかの区分があったことが知られる。この「剗」について『令集解』同条の令私記をみると、たとえば令釈が「剗柵也。閤也。名例律云、剗謂二塹柵之所一。関左右小関、亦可レ云レ剗也」と注釈している[21]。舘野氏がこの「関左右小関」に合致する事例として、不破関の北方に「小関」という地名を見出したことなどから、令釈の「関の左右近傍にある小関もまた剗と称する」という解釈が特に注目されてきた。

しかし、ここで少し立ち止まって考えたいのは、令釈はあくまで「小関もまた剗と称する」と述べているのであって、その表現から付加的な定義にすぎない点である。令釈が注する剗の主たる意味はその前半部にあり、養老名例律のいう「塹柵之所」なのである。これは、『令集解』に同時に掲げられている跡記が「剗者在二関辺一垣也」、伴云が「剗者諸人往来可レ障、皆謂レ剗也」と述べていることと趣旨を違わない。特に伴云の解釈は、関という枠組にとらわれず、往来を検察する施設はみな剗と称すると考えており、注目に値しよう。いずれも養老令制下の解釈であるが、関・剗ともに機能している時期であり、軽視すべきではないだろう。すなわち制度面での解釈としては、「剗」とは道路上に柵・塹などを設けた往来の検察施設であり、関市令に規定する「関」と同一視する必要はないと考えられるのである。

　では、実際に剗はどのように機能していたのだろうか。表8をみると、八世紀において具体的な名称が知られる剗としては奈羅剗・尾垂剗があるものの、これらは現在も故地を確定することができない。そこでとりあげたいのは、『出雲国風土記』にみえる一二の剗である。『出雲国風土記』が撰進された天平五年（七三三）は節度使体制下であり、対外的脅威に備えて特別な警戒体制が布かれていた(22)。よって一般化するのはやや不安もあるが、たとえば神門郡条に次のようにある。

　通二石見国安農郡堺多伎々山一、卅三里〈路、常有レ剗〉通二同安農郡川相郷一、卅六里。径常剗不レ有。但当二有レ政時一、権置耳。

まず注意したいのは、二つの剗のうち一方は常時置かれた剗であるのに対し、もう一方は平時は維持されず「政有る時に当たりて」置かれた臨時の剗という点である。つまり、「常に剗有らず」という記載から、隣国へ通ずるすべての道に関・剗が置かれていたわけではなく、剗の設置・撤去は基本的に国司の裁量に任されていたとみなせよう。

　ここで考えたいのは、神門郡の二剗が出雲国内に置かれていたとすれば、〝都より遠い側の国境に設置する〟という舘野氏の立てた原則に反するという点である。舘野氏は出雲国の剗がすべて出雲国内にあった可能性を意識しつつ、仮にそうであっても節度使体制下の特殊例であり、一般化はできないとした(23)。しかし、出雲国司が作成した『出雲国風土記』に石見国内の剗を「政有る時に当たりては、権に置く」と記すとは考えられず、風土記編纂の趣旨を想起するならば、「権に置く」主体は出雲国司とせざるを得ない。舘野氏は関設置の原則を提示するためにこれを特殊例と処理したが、関と剗が本来異なるものであるという前提に立てば、都との距離如何を考慮する必要はない。むしろ、国司の裁量で一国内の要地に設置可能であるという性格を剗がもつことを、『出雲国風土記』から見出すべきなのである。

さらに剗の性格をうかがうため、九世紀前半の事例ではあるものの、次の『類聚三代格』巻一八、承和二年（八三五）十二月三日付太政官符をとりあげたい。

太政官符

応㆘准㆓長門国関㆒勘㆗過白河菊多両剗㆖事

右得㆓陸奥国解㆒偁、検㆓旧記㆒、置㆑剗以来、于㆑今四百余歳矣。至㆑有㆓越度㆒、重以決罰。謹案㆓格律㆒、無㆑見㆓件剗㆒。然則雖㆑有㆑所㆑犯不㆑可㆓輙勘㆒。而此国俘囚多㆑数、出入任㆑意。若不㆓勘過㆒、何用為㆑固。加以進㆑官雑物触㆑色有㆑数。商旅之輩竊買将去。望請、勘過之事、一同㆓長門㆒。謹請㆓官裁㆒者。権中納言従三位兼行左兵衛督藤原朝臣良房宣、奉㆑勅、依㆑請。

承和二年十二月三日

本官符によれば、これまで白河・菊多の両剗は、越度（関門によらず関の垣を乗り越えて通過しようとすること）を検察し決罰してきた。[24] しかし、「格律」に両剗の記載がないため勘過を行う法的根拠がないことから、長門国の関に倣って行人を勘過せんことを陸奥国司が要望し、勅許されている。「長門国関」は衛禁律にみえる長門国の関を指すが、「勘過の事を長門と同一にする」とあるのは、過所の勘検を行うことを示している。そして陸奥国は、剗が勘過を行うには「格律」に名称の記載があることが重要であり、そのためには中央政府の許可が不可欠であると考えていた。この「格律」については、律令では養老僧尼令21准格律条にのみ確認され、同条の『令義解』や『令集解』穴記・跡記などの解釈をみると、格および律のことを示すとみてよいようである。[25]

ただし白河・菊多両剗自体は、これ以前に格に掲載されていた。室町時代初期に著された『源氏物語』の注釈書で

ある『河海抄』巻一二には、次のようにある。(26)

菊多剗関《セキ》在陸奥国。能因歌枕。俗にはきくたのせきと云。八雲御抄河内云々。

弘仁式云

太政官符

応レ給レ考陸奥国外散位三十三人事

擬郡司廿八人　白河菊多剗《クキタノセキ》守六十人〈自余略之〉

右直二国府一外散位等如レ件。省宜二承知依レ件給レ考。

延暦十八年十二月十日

本官符より、国府に直していた外散位が白河・菊多両剗に剗守として派遣されていたことがわかる。二行目に「弘仁式」とあるが、『弘仁格抄』(27)巻三式部下に「応レ給レ考陸奥国外散位参仟拾参人　延暦十八年十二月十日」とあることから、「式」とあるのは誤りで、本官符は弘仁格に収録されていた。ここから、「格律」に両剗が見えないというのは、勘過業務を認められたセキとして挙げられていないことを意味すると考えられる。したがってこの二例からうかがえるのは、過所を行人に請求して勘過業務を行うことは、天皇および中央政府の許可が必要な国家的重要行為であり、「剗」には行人に過所を請求する法的根拠はなく、まさにこれこそが「関」と「剗」の相違点とみられるのである。すなわち剗は、国司が各国内の地域支配の必要性に応じて設けた往来の検閲所であることを基本とし、それは承和二年官符から推測すると、不審者の通行に目を光らせ、必要に応じて個別に勘検を行うものであった。国司発給の過所の提示が不可欠であった関と比べるならば、幾分緩やかな検察だったと思われる。そのため、剗守が行人に求め得たのは、過所ではなく地方統治機関が発行した通行証・身元証明書の類であったのだろう（ただし、剗に至った行人が過所を保持しており、身分証・通行証としてこれを提示した場合は、結果として過所を勘検することになろう）。そこで注目したいのは、次の石川県河北郡津幡町加茂遺跡出土の第六号木簡である。(28)

・「往還人□丸羽咋郷長官
　路□〔作カ〕□不可召遂〔逐カ〕」
・「道公□乙兄羽咋□丸
　　『保長羽咋〔別筆1〕
　　男□〔伎カ〕丸』
　『二月廿四日』〔別筆2〕」

一八〇×二九×四　〇一一型式

判読できない部分があるため文意を確定することはできないが、平川南氏は「往還人である□丸は、羽咋郷長に率いられ、官路を作る（人夫として深見関〈剗〉を通過するが）召し逐うべからず（＝拘束しないでほしい）」と解釈している。(29)本木簡の推定年代である九世紀半ばにおいて、加茂遺跡は深見村と称された地域に位置し、(30)越中国に向かう北陸道と能登支路の分岐点のすぐ北方を占める交通の要衝であった。(31)そのためこの地には、行人を検察する施設が置かれていたとみられる。

平川氏は「関〈剗〉」と二種類のセキを並記するが、本木簡は剗の通過に際して使われたと考えられる。というのも、別筆1とする保長の署名は行人である某丸の身元を保証したものとみられるが、公式令・関市令・職員令の諸規定によれば、(32)過所は国司のみがその実効性を保証し得たため、保長の署名によって関を通過することは考えられないからである。本木簡は同遺跡で発掘された牓示札と同時期（嘉祥年間）であり、九世紀半ばまで降るのであるが、剗の通行に際し使用された可能性がある通行証の一類型として指摘しておきたい。

さて、本節で具体的に取り上げた事例の多くは九世紀前半のものであり、これを八世紀初頭まで遡らせるのは一定の留保が必要である。しかし『出雲国風土記』から導き出した、国司が統治上の要請に従って剗を設置・管理し得たという点は、承和二年官符にみえる剗のあり方と齟齬しない。関は中央政府が全国統治を維持するうえで政治的に必要な地点へ設けた国家的重要施設であり、厳密な検査を経て発給された過所を行人に提出させて勘過することは、天皇と中央政府の許可があってはじめて可能であった。これに対し剗は、国司が国内統治の必要に応じて任意に設置できる、往来の検閲所であったとみられる(33)。

したがって、「関」は京師防衛を最重要目的とした中央政府の全国支配の安定化を主眼とし、「剗」は各国内の民衆支配の安定化を目的とした、とそれぞれとらえるべきである。両者は八世紀以後に使われるようになり、漸次その区別が図られるようになっていったと推測される。「関」と「剗」は、その設置主体、設置場所、および勘検の程度という三点で区別され、その性格も異にしていたと考えられるのである。

それでは、関剗の管理と守固は具体的にどのように理解できるのだろうか。

第三節　関司の実態と軍団

関を管理する官司は、律令では「関司」と呼称されていた。たとえば養老関市令4賷過所条には、次のようにある。

凡行人賷㆓過所㆒及乗㆓駅伝馬㆒出㆓入関㆒者、関司勘過、録白案記。其正過所及駅鈴伝符、並付㆓行人㆒、自随。仍駅鈴伝符、年終録㆑目、申㆓太政官㆒惣勘。

これによれば、関を出入するすべての行人は関司の勘検をうけ、通行証が写し取られるのであり、なかでも駅使・伝使の出入については、その記録を太政官に報告することになっていた。同様に律においても、養老衛禁律領人兵度関条に「凡領㆓人兵㆒度㆑関、而別人妄随度者、将領主司、以㆓関司㆒論。関司不㆑覚、減㆓将領者罪一等㆒。知㆑情者、各依㆓故縦法㆒」とあるように、関司が勘検の主体および罪科の基準となっている。このほか日本・唐ともに関市令や衛禁律には関の管理主体としての「関司」が散見し(34)、日本律令のあり方は唐制を引き継いだものであったと考えられる。

しかしながら職員令をみると、日本には「関司」という独立官司は存在せず、関の管理職務自体、大国条の三関国司の職掌に唯一「掌㆓関剗及関契事㆒」とみえるだけである。それどころか、関を全国に設置するにもかかわらず、これを一括して管理する専当官も中央には存在しない(35)。これは、州県とは別個に関令以下の管理官を中央から派遣し、各地の関を尚書刑部司門郎中・員外郎が集中管理する唐のあり方とは大きく異なっている(36)。

唐において「関司」とは主として中央派遣官である関令・関丞のことを指し、その考課についても『唐令拾遺』の復旧唐考課令三〇条（開元七年令）に「譏察有㆑方、行旅無㆑壅、為㆓関津之最㆒」と規定されていた(37)。では、「関司」が独立官司としての体をなしていない日本では本条が削除されたかというとそうではなく、養老考課令49条（関司之最）には「譏察有㆑方、行人無㆑擁、為㆓関司之最㆒」とあり、唐令とほぼ同文をもって関司の責任を定めている（大宝令も同内容と推測される(38)）。

セキの管理は、壬申の乱の際に鈴鹿関に官人が配置されていたことや(39)、七世紀後半の天武朝のころと目される奈良県明日香村石神遺跡出土木簡に「□〔道カ〕勢岐官前□」とあることより(40)、六七〇年前後にはすでに〝セキノツカサ〟と称される管理官がセキに派遣されていたことが確認できる。当該時期のセキノツカサの実態は不明だが、石神遺跡出土木簡が「道の勢岐官《セキノツカサ》の前に……」という上申文書の様式をとっていたことを考えると、セキを守固する兵員のみならず、文書を判読できる統括官が存在したとみることができよう。

では、八世紀ではどのように変化したのだろうか。先に引用した養老考課令49条について『令集解』同条古記は「譏、問也。推也。関司、軍防令云、其三国関者、設二鼓吹軍器一、国司分当守固。所レ配兵士之数、依二別式一也。国司謂二目以上一也」と注釈し、三関を具体的な事例として挙げ、国司の目以上を「関司」と理解している。令釈や『令義解』も同様であることから、法解釈上は国司が「関司」を兼ねていたとみてよいだろう。ただ、すべての関で目以上が派遣されていたかというと、反例となる理解が存在する。第一節で引用した軍防令54置関条の『令義解』の注釈には、「国司分当守固」について次のようにある。

　謂、目以上也。言二三関者、国司別当守固一。其余差二配兵士一。

これによれば、実際に国司の目以上が派遣されるのは三関のみであり、そのほかの関については、軍団兵士を差配して守固させるのみと解釈している。公定注釈書である『令義解』は天長十年（八三三）の成立であり、そのまま八世紀に遡及させることは躊躇されるが、三関は延暦八年（七八九）に停廃されており、実はそもそも三関自体が『令義解』の編纂時に存在しない。よって、『令義解』は先行する明法家説（おそらくは令釈）をそのまま採用したと考えるのが穏当であろう。

このように考えていくと、考課令49条の古記や令釈が、軍防令54条の三関国の規定を引用して注釈していることに再び注意が向く。職員令に関の職掌をもつのが三関国のみであることや、考課令49条が三関を想定して注釈されていることを考慮すると、むしろ大宝律令制定時には「関」とは主として三関を指しており、その他（余関）については具体性が乏しく、設置に従って随時処置していく方針ではなかったか、と推測できるのである。

では「摂津・長門」はどのように考えるかと問われれば、大宝衛禁律私度関条の冒頭部が「凡私度関津」であったことを重視したい。つまり、ここでいう「摂津・長門」とは「関」を兼ねる「津」であり、「関」でありながらも「津」

としての意味に当時はより重きが置かれていた、と考えられるのである。それゆえに、大宝律では「私度関津」という表現になっていたのであり、その後各地に関が設置されていくに従って、養老律では「関」という論理で明確な一貫性を示すために、唐律と同じく「私度関者」という表現に改変したのである。(41) 大宝律令は唐令に異を唱えて独自性を示す傾向が強いとされるが、私度関条もその一例としてとらえることができる。これは前節で述べたような、七世紀以前における瀬戸内海の海上交通と、それを両端で管理する摂津（難波津）と長門の役割に由来するものと推測されよう。

以上の点をふまえつつ、さらに守固という点から「関司」について検討したい。

軍団は地域支配を行う国司の爪牙となる地方軍事力であり、平時には治安維持を、有事の際には征討・対外防衛の主力となる、支配のための軍事力であった。(42) 軍防令54条に規定するように、軍隊指揮具である「鼓吹軍器」を常備する三関の維持に軍団兵士が不可欠であったことは、すでに永田英明氏が詳細に論じた通りである。(43) 天平十一年（七三九）に至り、軍団兵士が一部の国を除いて停止されたが、これを命じた兵部省符には次のようにある。(44)

兵部省去天平十一年五月廿五日符偁、被㆓太政官符㆒偁、奉㆑勅、諸国兵士皆悉暫停。但三関并陸奥出羽越後長門并大宰管内諸国等兵士依㆑常勿㆑改者。

軍団制が維持された国として、辺要である陸奥・出羽・越後・大宰管内諸国のほかに、三関国と長門国がみえている。(45) 衛禁律の上位二等を占める関の所在国で軍団制が保持されたことは、関の守固に軍団兵士の果たす役割が大きかったことを明示していよう。

前掲の『令義解』軍防令54条の注釈によれば、三関では国司の目以上が関に派遣され、軍団兵士と共に守固にあたっていた。そのほかの関については、兵士が差配されるのみであるとしている。

注意したいのは、養老軍防令1軍団大毅条に「凡軍団大毅、領㆓一千人㆒。少毅副領。校尉二百人。旅帥一百人。隊正五十人」とあるように、兵士が活動するにあたっては、その人数に応じて統括者が設置されていた点である。ゆえに、三関には大少毅以下隊正以上の軍団指揮官の幾人かが兵士を率いて国司の指揮に従っており、国司を派遣しない他の関では、兵士を統括する軍団の官人自身が勘過業務についていたと考えられる。ただ、関では各種の文書作成を行わなければならなかったことや、軍団には書記官である主帳が一人しかいなかったことをあわせ考えると[46]、国府から史生や国書生といった書記官が派遣されており[47]、これとともに勘過業務にあたった可能性が高い。このように、国司などの統括官を筆頭に、守固する軍事力までを含めた総体が、広義の「関司（セキノツカサ）」であるとみてよいだろう。狭義の「関司」は考課令49条（関司之最）の対象である国司とすべきであるが、関における検察の実態は、上記のようにとらえられるのである。また、剗にかんしては考課令49条の解釈を必ずしも当てはめる必要はないため、三関を除く関と同様か、もしくはこれを簡略化した形態であったと推測される。

このように関の守固形態を想定すると、政治状況に対応して中央政府が全国各地に関を設置するためには、守固任務に就ける国家的軍事力（すなわち国司の爪牙たり得る軍事力）が当該地域に存在することが不可欠である。延暦十一年に辺要を除く地域の軍団が停廃されたが、延暦二十一年（八〇二）に至って長門国は「勘㆓過上下雑物㆒」するために、「非常之儲」として「依㆑旧置㆓兵士五百人㆒」ことを申請し、許可されている[48]。律令に規定する関の設置と維持には、支配のための軍事力である軍団兵士の存在が不可欠だったと位置づけられるのである。

むすび――関・剗の設置目的と機能――

本章では、律令制下における関剗の設置方針・機能・性格について検討を加えてきた。その結果、本書第五章で指摘した、律令関制度のもつ京師防衛という基本的性格の存在を再確認することができた。京師防衛とは、三関に即して考えると主として叛乱対策という形で体現されるが、摂津・長門関が「余関」と区別された理由を考慮すれば、列島外部からの脅威への備えも含み込んだ意味でとらえるべきである。

そして、関と剗はその設置目的が異なるという事実が明らかとなった。律令に規定するセキである「関」は京師防衛に備えて設置された国家的重要拠点であり、これに対して「剗」は国司による地域支配のために必要な交通拠点へ、国司の判断で設置された検察施設であると位置づけられる。

関の管理官司である「関司」については、国司・軍団官人・兵士によって守固・勘検が行われるのが基本であるとしたうえで、大宝律令施行当初においては、具体的に焦点をしぼって想定されていた関は三関であり、令の具体的規定や明法家の説はこれを反映しているととらえた。そして三関が軍団兵士の軍事力を不可欠としたように、関を設置するにあたっては軍団の存在が不可欠であり、関の設置と軍団制とは密接にかかわると結論した。

ただ、このような律令制下におけるセキのあり方は、延暦八年に三関が停廃されるに至って、変質を余儀なくされたのではないかと推測される。これについては若干の見通しをかつて述べたことがあり[49]、通行証のあり方の変遷とともに追求すべき課題であるが、本書の趣旨からやや外れるため、別に機会を改めて考察を行うこととしたい。

注

（1）衣笠健雄「我国上代に於ける関の配置に就て」（『歴史地理』三四巻四号、一九一九年）、喜田新六「上代の関の研究」（『歴史地理』五七巻四号、一九三一年）。
（2）野村忠夫「律令三関の称呼をめぐって―美濃不破関跡の発掘調査にあたっての文献的一検討―」（『日本歴史』三一四号、一九七四年）、木下良「三関跡考定試論」（織田武雄先生退官記念事業会編『織田武雄先生退官記念 人文地理学論叢』柳原書店、一九七一年）など。
（3）吉村武彦「日本古代における律令制的農民支配の特質」（歴史学研究会編『歴史における民族と民主主義』青木書店、一九七三年）。
（4）舘野和己a「律令制下の交通と人民支配」（『日本古代の交通と社会』塙書房、一九九八年、初発表一九八〇年）、b「関津道路における交通検察」（上掲書に同じ、初発表一九八四年）。以下、舘野氏a論文、同b論文と略称する。
（5）『令集解』職員令58弾正台条古記に、「衛禁律私度関津条」とある。
（6）本条の大宝令については、『令集解』考課令49条（関司之最）古記に「軍防令云、其三国関者、設二鼓吹軍器一、国司分当守固。所レ配兵士之数、依二別式一也」とあり、後半部をほぼ復原し得る。養老令の「三関者」が大宝令では「三国関者」となっているが、これは野村忠夫氏が指摘するように、不破・鈴鹿・愛発の三関が単なる地名を冠する関ではなく、それぞれ美濃・伊勢・越前三国によって管理される「国家枢要の関」であったことを明示する意図があったと考えられる。よって字句の改変は表現上のものであり、条文の趣旨に変更はないとみておきたい。野村氏前注（2）論文、二八～三〇頁参照。
（7）舘野氏前注（4）b論文、一三五～一四二頁参照。
（8）松原弘宣「関の情報管理機能と過所」（『日本古代の交通と情報伝達』汲古書院、二〇〇九年。初発表二〇〇八年）参照。
（9）この点に加え、三関と三関国の区別、三関の地理的性格などについては横田健一「大和国家権力の交通的基礎―畿内を中心とする二、三の考察―」（『白鳳天平の世界』創元社、一九七三年。初発表一九六二年）、三五二～三六二頁を参照。
（10）岸俊男「元明太上天皇の崩御―八世紀における皇権の所在―」（『日本古代政治史研究』塙書房、一九六六年。初発表一九六五年）、一八二頁。

（11）永田英明「奈良時代の王権と三関―三関停廃の歴史的意義―」（今泉隆雄先生還暦記念論文集刊行会編『今泉隆雄先生還暦記念論文集　杜都古代史論叢』今野印刷、二〇〇八年）参照。

（12）榎本淳一「北宋天聖令による唐関市令朝貢・貿易管理規定の復原」（『唐王朝と古代日本』吉川弘文館、二〇〇八年）、一二〇頁。

（13）『類聚三代格』巻一八、延暦二十一年十二月某日付太政官符。松本政春「山陰道節度使判官の長門守任官」（『日本歴史』八〇八号、二〇一五年）参照。

（14）喜田氏前注（1）論文、三五〇頁。

（15）青木和夫「古代の交通」（『日本律令国家論攷』岩波書店、一九九二年。初発表一九七〇年）、三〇六～三〇九頁。

（16）舘野氏前注（4）a論文、二四頁および同論文の注（18）を参照。

（17）永田氏前注（11）論文、六～八頁。

（18）本書第五章の注（38）を参照。

（19）疏文には、「関謂㆓検判之処㆒、桟謂㆓塹柵之所㆒、垣謂㆓宮殿及府廨垣墻㆒、籬謂㆑不㆑築㆓墻垣㆒」とある。

（20）『令集解』後宮職員令5蔵司条古記より、本文のように復原される。

（21）舘野氏前注（4）a論文、二九～三一頁。

（22）この時期の節度使については、北啓太「天平四年の節度使」（土田直鎮先生還暦記念会編『奈良平安時代史論集　上巻』吉川弘文館、一九八四年）および中尾浩康「天平期の節度使に関する一考察」（『続日本紀研究』三八八号、二〇一〇年）を参照。

（23）舘野氏前注（4）b論文、一三八～一三九頁。

（24）両剗の成立時期について、永田氏は神亀元年頃を想定する。永田英明「古代南奥のみちと政治」（入間田宣夫監修、菊池勇夫ほか編『講座東北の歴史　第四巻　交流と環境』清文堂出版、二〇一二年）参照。本官符の意義については、上記永田氏論文および窪田大介「承和二年十二月三日官符の歴史的意義―鎮守府管轄地域を中心とする陸奥出羽の支配強化―」（『弘前大学國史研究』一一二号、二〇〇二年）を参照。

(25) このほか本官符以前の事例としては、『延暦交替式』所収の延暦十九年（八〇〇）九月十二日付太政官符にもみえるが、同様に解して問題ない。

(26) 本文は、基本的に本居豊穎ほか校訂『国文註釈全書』（國學院大學出版部、一九〇八年）に拠る。あわせて、室町初期の写本である天理図書館所蔵本（天理図書館善本叢書和書之部編集委員会編『河海抄』八木書店、一九八五年）、阪本龍門文庫所蔵本（奈良女子大学阪本龍門文庫電子画像集で確認）も参照した。

(27) 同様に、事実書で挙げられている擬郡司と剗守を足しても三三人にならないので、「自余略之」とあることからも、外散位の総数は三〇一三人であると考えられる。『河海抄』は「千」字を脱しているとみるべきだろう。

(28) 木簡の釈文は、『津幡町　加茂遺跡Ⅰ』（石川県教育委員会・財団法人石川県埋蔵文化財センター、二〇〇九年）による。

(29) 平川南「小型の過所木簡―石川県津幡町加茂遺跡―」（『古代地方木簡の研究』吉川弘文館、二〇〇三年。初発表二〇〇一年）、二五八〜二六一頁。

(30) 同遺跡出土の加賀郡牓示札の冒頭部宛所に、「符深見村□郷駅長并諸刀弥（禰）等」とあることによる。牓示札の本文については、前注（28）書を参照。

(31) 金田章裕「加茂遺跡（石川県津幡町）深見村・深見駅」（『古代・中世遺跡と歴史地理学』吉川弘文館、二〇一一年。初発表二〇〇七年）三二一〜三二六頁参照。

(32) 養老公式令22過所式条、関市令1欲度関条、職員令70大国条。

(33) ただし剗についても、奈羅剗が藤原仲麻呂を首班とする政府の指示によって設置されたことからわかるように（『続日本紀』天平宝字元年〔七五七〕七月庚戌条）、政治情勢に応じて交通検察の必要性を中央政府が認めた場合は、当該国司に命じて設置させることが想定可能である。関は過所の厳格なチェックを行う恒常的な検察施設であり、次節で述べるように国司の常駐と軍団兵士の配備が必要であるから、それよりも施設・人員ともに簡便な剗を、限時的なものとして設置するのである。

しかし、このような事例は三関停廃以前では大倭国の奈羅剗のみであって、政府の膝元ゆえの特殊例ともみなせ、他地域にも適用できるかは断定できない。

(34) 養老関市令3行人度関条・7蕃客条、養老衛禁律不応度関条・私度者有他罪条、およびそれに対応する唐律令。

(35) ただし三関については、養老軍防令52辺城門条の『令義解』の注釈が、「城主」を三関国の国司に限定している点に注意したい。辺要である陸奥国などの城柵や大宰府（筑紫城）を考慮しないこの注釈をそのまま信じることはできない。しかし令における「城」に三関が含まれるのであれば、兵部卿の職掌に「城隍」とあることは、かなり迂遠ではあるものの、兵部省による三関の管理が令に示されていることになろう。

(36) 『唐六典』巻三〇、三府督護州県官吏。および巻六尚書刑部司門郎中員外郎。

(37) 仁井田陞『唐令拾遺』（東京大学出版会、一九六四年。初版は東方文化学院、一九三三年）。

(38) 『令集解』同条古記より「譏」と「関司」を大宝令文の字句として復原できることから、本条は大宝令にも存在し、内容もほぼ同じであったと考えておきたい。

(39) 『日本書紀』天武天皇元年六月甲申条に「是夜半、鈴鹿関司、遣レ使奏言、山部王・石川王、並来帰之。故置レ関焉。天皇便使二路直益人一徴」とある。

(40) 釈文は『木簡研究』二六号（木簡学会、二〇〇四年）、二一頁参照。

(41) 長門関は、海路のみではなく陸路も検察したとみられるため、山陽道の整備が八世紀以後随時進められたことも関係すると考えられる。長門関については、森哲也「下関の成立」（下関市市史編修委員会編『下関市史　原始―中世』下関市、二〇〇八年）参照。

(42) 軍団の基本的性格については、本書第一章を参照。

(43) 永田氏前注（11）論文参照。

(44) 前注（13）太政官符所引の兵部省符。

(45) 摂津国が挙げられていないことが不審であるが、この点については後考を俟ちたい。

(46) 養老職員令79軍団条に「主帳一人」とある。

(47) 国書生については、森公章「国書生に関する基礎的考察」（笹山晴生先生還暦記念会編『日本律令制論集　下巻』吉川弘文館、一九九三年）を参照。

(48) 前注（13）所引の延暦二十一年太政官符。

(49) 佐藤信監修、朝野群載研究会編『朝野群載　巻二十二　校訂と註釈』（吉川弘文館、二〇一五年）の筆者担当「㉟過所牒」（初発表二〇一〇年）を参照。三関停廃後の関剗については、窪田氏前注（24）論文、および市大樹「日本古代関制の特質と展開」（『歴史科学』二二二号、二〇一五年）を参照。

〔補記〕入稿後、舘野和己「関と交通検察」（舘野和己ほか編『日本古代の交通・交流・情報1　制度と実態』吉川弘文館、二〇一六年）に接した。本章のもととなった旧稿に対して舘野氏より批判を頂いているが、本書では反映できなかった。あわせてご参照頂けると幸いである。

第七章　大宝律令施行前後における軍事構想

——日唐捕亡令の比較検討を通じて——

捕亡令は、主に逃亡人や盗賊などの追捕にかかわる規定を定めた篇目である。盗賊などの追捕行為は平時における軍事力発現の重要な一形態であり、その法制面における位置づけや実態面を検討するにあたって、捕亡令という篇目の全体像を把握しておくことは、前提として不可欠であると考えられる。本章では日本・唐・北宋捕亡令の比較研究を通じて、律令国家の地方軍事力について考察していきたい。

とはいえ、唐捕亡令は散逸しており、『唐令拾遺』・『唐令拾遺補』においても、わずかに計六条が部分的に復原されたのみであった。(1)また日本でも『令集解』の捕亡令を含む巻が散逸しており、大宝令の復原が困難であるため、日唐令の比較研究は充分深められているとはとてもいえない状況である。しかし、一九九九年の天聖令の発見によって、研究環境は大きく変化した。天聖令残巻全体の公表は二〇〇六年になってからであるが、(2)捕亡令は田令とともに池田温氏により二〇〇〇年に学会へ提供された。(3)しかしその後、田令については日本史・中国史双方の研究者によって陸続と研究が発表されているものの、捕亡令はあまり活況を呈していないようである。(4)

天聖捕亡令については、戴建国氏と孟彦弘氏によって唐令復原の全体的な検討が行われている。(5)このうち孟氏は唐捕亡令の条文排列案を提示しているが、私見では疑問もあり、そのまま従うことはできない。よって本章ではまず、中国における捕亡令という篇目の変遷を追い、また天聖捕亡令の構造について検討する。次に、日本令と比較することで、両令の差違と同質性のもつ意味を明らかにしたい。そしてこの見通しをふまえつつ、唐捕亡令の基本条文である冒頭の第一条を復原し大宝令・養老令と比較検討することで、律令制、特に大宝律令における地方軍事力の軍事構想と養老令編纂の意義について、新たな知見を導きたいと思う。

第一節　中国律令における捕亡令

（1）捕亡令と捕亡律

捕亡令は、西晋泰始律令まで遡る篇目である。具体的な篇目名がある程度わかる北宋天聖令以前の主要な律令については、表9「律令の変遷」（枝番1で西晋～隋、2で唐・北宋・日本）のようにまとめることができる。(6)これを参照すると、南朝では捕亡令という篇目が継承されるが、北朝では消滅し、それを受け継いだ隋令にもみえない。唐令においては、『唐六典』巻六尚書刑部が載せる開元七年令の篇目には確認できないものの、開元二十五年律を伝える『故唐律疏議』に「依二捕亡令一」として逸文がみえることから、(7)開元二十五年令には存在したことが確実視できる。唐前半期に注目すると、隋開皇令を踏襲した武徳令には存在しなかったと推測されるが、大宝令に捕亡令がある以上、その藍本である永徽令には存在したとみるのが穏当である。

右のように考えたとき、唐初は捕亡令が存在しなかったものの、高宗期に新置され武則天期にも存続したが、(8)玄宗の開元七年令では削除され、開元二十五年令で復活した、という煩雑な経過を辿ることとなる。しかしここで、天聖令の巻二五冒頭に「関市令巻第二十五〈捕亡令附〉」とみえ、捕亡令が附令の形式をとっている点に注意したい。こうした形態は、たとえば隋開皇令の「倉庫廐牧」令のように、後代では独立する二篇目を合しているケースにも当てはまる可能性があり、そう考えてよければ、捕亡令という篇目名がみえない年次の令については、天聖令のように関市令など他篇目に「附」されていた可能性があるだろう。

いっぽうで律に目をやると、唐律・日本律には「捕亡律」が存在する。これは、前漢の張家山漢墓出土呂后二年律令に「捕律」・「亡律」とみえるのが現時点で最も古い事例である。その後の沿革については、『故唐律疏議』捕亡の疏文に次のようにある。

疏議曰、捕亡律者、魏文侯之時、里悝制二法経六篇一。捕法第四。至二後魏一、名二捕亡律一。北斉名二捕断律一、後周名二逃捕律一。隋復名二捕亡律一。（下略）

北魏律で「捕亡律」という篇目が成立し、北斉・北周ではそれぞれ名称が変わるものの、隋律で旧に復し、唐律もこれに従ったことがわかる（表9も参照）。中国では「捕亡」を冠する篇目が律・令双方に存在し、両者は相まって機能するという意識が長く継承されていたといえる(9)。

継承されたのは、意識だけではない。個別に条文をみても、漢代から宋代まで脈々と受け継がれた法のあり方をうかがうことができる。一例を挙げると、前漢二年律令の捕律に次のような条文がある（第一四〇・一四一・一四二簡）(10)。

群盗殺二傷人一・賊二殺傷人一・強盗、即発二県道一、県道亟為発四吏徒足三以追二捕之一、尉分将、令兼将、亟詣二盗賊発及之所一、以窮追二捕レ之。毋二敢□界而環（還）一。吏将レ徒、追二求盗賊一、必伍レ之。盗賊以二短兵一殺二傷其将及伍人一、而弗レ能二捕得一、皆戍辺二歳。卅日中能得二其半以上一、盡除二其罪一。得不レ能レ半、得者獨除。（下略）

本条は、群盗が殺傷・強盗をはたらいた場合の追捕と、これに関連する罰則について規定する。事件発生後、県・道が連動して追捕人員を派遣する際の手続き、所轄区域外への捜索に関する規定、追捕結果に対する罰則と免除、以上の三要素を見出すことができるが、この構成は北宋天聖令でも同様にうかがうことができる。

表9―1　律令の変遷（西晋～隋）

名称	年代	篇目	1	2	3	4	5	6	7	8	9	10	11	12	13	14	15	16	17	18	19	20
西晋泰始律令	二六七	律	刑名	法例	盗律	賊律	詐偽	請賕	告劾	捕律	繋訊	断獄	雑律	戸律	擅興律	毀亡	衛宮	水火	廐律	関市	違制	諸侯
		令	戸	学	貢士	官品	吏員	俸廩	服制	祠	戸調	佃	復除	関市	捕亡	獄官	鞭杖	医薬疾病	喪葬	雑上	雑中	雑下
梁天監律令	五〇三	律	刑名	法例	盗劫	賊叛	詐偽	受賕	告劾	討捕	繋訊	断獄	雑律	戸律	擅興	毀亡	衛宮	水火	倉庫	廐律	関市	違制
		令	戸	学	貢士贈官	官品	吏員	服制	祠	戸調	公田公用儀迎	医薬疾病	復除	関市	劫賊水火	捕亡	獄官	鞭杖	喪葬	雑上	雑中	雑下
北周保定律令	五六三	律	刑名	法例	祠享	朝会	婚姻	戸禁	水火	興繕	衛宮	市廛	闘競	劫盗	賊叛	毀亡	違制	関市	諸侯	廐牧	雑犯	詐偽
		令																				
北斉河清律令	五六四	律	名例	禁衛	戸婚	擅興	違制	詐偽	闘訟	盗賊	捕断	毀損	廐牧	雑律								
		令	吏部	考功	主爵	殿中	儀曹	三公	駕部	祠部	主客	虞曹	屯田	起部	左中兵	右中兵	左外兵	右外兵	都兵	都官	二千石	比部
隋開皇律令	五八二(令)、五八三(律)	律	名例	衛禁	職制	戸婚	廐庫	擅興	賊盗	闘訟	詐偽	雑律	捕亡	断獄								
		令	官品上	官品下	諸省台職員	諸寺職員	諸衛職員	東宮職員	行台諸監職員	諸州郡県鎮戍職員	命婦品員	祠	戸	学	選挙	封爵俸廩	考課	宮衛軍防	衣服	鹵簿上	鹵簿下	儀制
隋大業律令	六〇七	律	名例	衛宮	違制	請求	戸	婚	擅興	告劾	賊	盗	闘	捕亡	倉庫	廐牧	関市	雑	詐偽	断獄		
		令																				

21	22	23	24	25	26	27	28	29	30	31	32	33	34	35	36	37	38	39	40	巻数	篇目数	条文数	典拠	備考
																				二一	二〇	六二〇	『晋書』刑法志、『唐六典』巻六、『隋書』経籍志	律の条文数は、『晋書』刑法志に拠る。
門下散騎中書	尚書	三台秘書	王公侯	軍吏員	選吏	選将	選雑士	宮衛	贖	軍戦	軍水戦	軍法一	軍法二	軍法三	軍法四	軍法五	軍法六	雑法上	雑法下	四〇	四〇	不明		
																				二〇	二〇	二五二九	『唐六典』巻六、『隋書』刑法志・経籍志	律令の総条文数は、一五三〇条。
宮衛	門下散騎中書	尚書	三台秘書	王公侯	選吏	選将	選雑士	軍吏	軍賞											三〇(録一)	三〇	不明		
請求	告劾	逃亡	繋訊	断獄																二五	二五	一五三七	『唐六典』巻六、『隋書』経籍志	令は篇目不明。
																				不明	不明	不明		
																				一二(目一)	一二	九四九	『隋書』刑法志・経籍志、『唐六典』巻六	前朝までの律を簡略化。令は二八曹をそのまま篇名とする。
水部	膳部	度支	倉部	左民	右民	金部	庫部													50	28	不明		
																				一二	一二	五〇〇	『隋書』刑法志・経籍志、『唐六典』巻六	
公式上	公式下	田	賦役	倉庫廐牧	関市	仮寧	獄官	喪葬	雑											三〇(目一)	三〇	不明		
																				一一	一八	五〇〇	『隋書』刑法志・経籍志、『唐六典』巻六	令は篇目不明。
																				三〇	不明	不明		

表9—2　律令の変遷（唐・宋・日本）

名称	唐永徽律令		唐開元七年律令		唐開元二十五年律令		北宋天聖令	日本大宝律令		日本養老律令	
年代	六五一		七一九		七三七		一〇二九	七〇一（令）、七〇二（律）		七五七（施行）	
篇目	律（推測）	令（推測）	律	令	律	令（推測）	令	律（推測）	令（推測）	律	令
1	名例	官品上下	名例	官品上下	名例	官品	官品	名例上下	官位	名例上下	官位
2	衛禁	台省職員	衛禁	三師三公臺省職員	衛禁	三師三公台省職員	戸	衛禁	官員	衛禁	職員
3	職制	寺監職員	職制	寺監職員	職制	寺監職員	祠	職制	後宮官員	職制	後宮職員
4	戸婚	衛府職員	戸婚	衛府職員	戸婚	衛府職員	選挙	戸婚	東宮・家令官員	戸婚	東宮職員
5	廐庫	東宮諸府職員	廐庫	東宮王府職員	廐庫	東宮王府職員	考課	廐庫	神祇	廐庫	家令職員
6	擅興	州県職員	擅興	州県鎮戍嶽瀆関津職員	擅興	州県鎮戍嶽瀆関津職員	軍防	擅興	僧尼	擅興	神祇
7	賊盗	命婦職員	賊盗	内外命婦職員	賊盗	内外命婦職員	衣服	賊盗	戸	賊盗	僧尼
8	闘訟	祠	闘訟	祠	闘訟	祠	儀制	闘訟	田	闘訟	戸
9	詐偽	戸	詐偽	戸	詐偽	戸	鹵簿	詐偽	賦役	詐偽	田
10	雑律	学	雑律	選挙	雑律	学	公式	雑	学	雑	賦役
11	捕亡	選挙	捕亡	考課	捕亡	選挙	田	捕亡	選任	捕亡	学
12	断獄	封爵	断獄	宮衛	断獄	封爵	賦	断獄	継嗣	断獄	選叙
13		禄		軍防		禄	倉庫		考仕		継嗣
14		考課		衣服		考課	廐牧		禄		考課
15		宮衛		儀制		宮衛	関市		軍防		禄
16		軍防		鹵簿上下		軍防	捕亡		儀制		宮衛
17		衣服		公式上下		衣服	疾医		衣服		軍防
18		鹵簿		田		儀制	獄官		公式		儀制
19		儀制		賦役		鹵簿	営繕		医疾		衣服
20		公式		倉庫		楽	喪葬		営繕		営繕

21	22	23	24	25	26	27	28	29	30	31	32	33	34	35	36	37	38	39	40	巻数	篇目数	条文数	典拠	備考
																				一二	一二	不明	『唐六典』巻六、『旧唐書』経籍志・刑法志	律・令ともに篇目は推測。令は、池田氏注（6）論文に拠る。巻一～六の令篇目はほぼ確実視してよい。
田	賦役	倉庫	廐牧	関市	捕亡	医疾	仮寧	獄官	営繕	喪葬	雑									三〇	三二	不明		
																				一二	一二	五〇〇	『唐六典』巻六、『旧唐書』経籍志・刑法志	
廐牧	関市	医疾	獄官	営繕	喪葬	雑令														三〇	二七	一五四六		
																				一二	一二	不明	『唐六典』巻六、『故唐律疏義』、『旧唐書』経籍志・刑法志	令の篇目は『唐令拾遺』および池田氏注（6）論文に拠る。
公式	田	賦役	倉庫	廐牧	関市	医疾	捕亡	假寧	獄官	営繕	喪葬	雑								三〇	三三	不明		
雑																				三〇	二一	不明	『郡斎読書志』巻八	田令以下の篇目は、天一閣蔵明鈔本天聖令残巻と異なる。
																				六	不明	不明	『律』、『令義解』、『令集解』、『本朝法家文書目録』、『類聚三代格』	令の篇目については、榎本氏注（6）論文に拠る。
関市	倉庫	廐牧	仮寧	喪葬	捕亡	獄	雑													一一	二八	不明		
																				一〇	一二	不明	『律』、『令義解』、『令集解』、『本朝法家文書目録』	
公式	倉庫	廐牧	医疾	仮寧	喪葬	関市	捕亡	獄	雑											一〇	三〇	九五五		

諸有二賊盗一及被二傷殺一者、即告二随近官司・村坊耆保一。聞レ告之処、率二随近軍人及捕盗人一、従二発処一尋レ蹤登共追捕。若転入二比界一、其比界共追捕。若更入二它界一、須下共二所界官司一対量中蹤跡上。付訖、然後聴二比界者還一。其本発之所吏人、須レ待二蹤窮一。其蹤跡尽処官司、精加二推討一。若賊在二甲界一、而傷二盗乙界一、及屍在二両界之上一者、両界官司対共追捕。如不レ獲二状験一者、不レ得三即加二追考一。又不レ得下逼二斂人財一、令中其募上レ賊。即人欲二自募一者、聴レ之。

本条は捕亡令の宋2条にあたる（唐令の復原は本書第八章を参照）。ここでも、事件発生後の追捕手続き、管轄外への探索規定、そして追捕結果に対する評価、という同様の要素を抽出することができるのである。二年律令の捕律が罰則のみを規定するのに対し、宋令では褒賞も含み込む点など、当然細かな差違は認められるが、両者の構造がよく似ていることは明白である。前漢の段階では律と令の区別は曖昧であるが[11]、二年律令の捕律の規定は、その後の中国における法典編纂のなかで令に組み込まれ、北宋までの約一二〇〇年間、各時代の要請に合わせて細部を変更しながらも、骨子は脈々と受け継がれていったとみてよいだろう。

翻って日本律令をみると、大宝律令と養老律令に捕亡律・捕亡令が存在したことは確実であるが[12]、七世紀後半に撰定された飛鳥浄御原令以前の状況については一切不明である。律は散逸しているため具体的にはよくわからない点が多いものの、少なくとも八世紀以後においては、日本でも律と令における「捕亡」篇目の補完関係が保持されたと考えられる。

以上をふまえつつ、次に天聖捕亡令の構造と性格についてみていきたい。

(2) 唐・宋捕亡令の構造

天聖捕亡令は計一六条あり、このうち宋令として立条された条文が九条、「不行」として末尾に附された条文が七条である。日本の養老捕亡令は計一五条であり、天聖令条文との対応関係をみると、結果的に日本令は一条のみを削除し、他はすべて継受したということになる。

天聖捕亡令の構造、およびそれをふまえての唐令条文排列の復原については、別稿で検討した[13]。以下、別稿によりつつ、本章の検討に必要な部分について概観する。

まず、北宋天聖捕亡令の宋令の内容は、大きく三つに分類することができる。

①逃亡者・盗賊などの追捕関連規定（宋1・2・3条）

②官司による人・動産の把握にかかわる規定（宋4・宋5・宋6条）

③個人の動産の変動にかかわる規定（宋7・8・9条）

博戯で財をなした者を糾告したり、あるいは当人が自首した際の報賞規定である宋7条、逃亡または略盗された奴婢の間に生まれた子の帰属を定める宋8条、闌遺物の取り扱いについての宋9条の計三条は分類しにくいが、いずれも動産の増減（変動）にかかわる事案であることから[14]、一つにまとめることができる。

右のように分類したうえで不行唐令に目を向けると、逃亡奴婢の捉獲にかかわる条文（不行唐3・4・5・6・7条）がすべて不行となっている。いっぽうで、奴婢の登録・管理や良賤制の基本にかかわる条文は宋令として参定立条されている。ここから、北宋王朝は現状で存在する「奴婢」の把握・管理は国家的収奪および主人の既得権益の最低限の保証として行うものの、唐律令に由来する国家的身分制としての奴婢制を積極的に維持する意思はなかったものと判断できる。北宋仁宗朝において、法令としての直截的な実効性は附令勅に軍配が上がるものの、天聖令は国家の基本姿勢を示す規範であると位置づけられよう。

天聖捕亡令の性格を右のように理解したところで、唐捕亡令の条文排列はどのように復原できるのだろうか。先に

表10　唐捕亡令条文排列復原案

復原排列	孟氏案	分類	天聖令		天聖捕亡令の各条文の内容	『唐令拾遺補』	養老令	養老令の条文名
			宋令	不行唐令				
1	1	①追捕と関連処務	1		囚などの逃亡者の追捕に関する基本規定。	一	1	囚及征人条
2	2		2		盗賊や殺人傷害事件の追捕と管轄地域を規定。	二	2	有盗賊条
3	3		3		罪人追捕に軍事力を行使する際の動員方法と管轄を規定。		3	追捕罪人条
4	4			1	盗賊・逃亡者追捕のための移動手段。			
5	5		4		亡失した奴婢や財貨の届出・返却にかんする規定。		4	亡失家人条
6	7			2	盗賊を捕捉した者に対する報賞規定。	三	5	糺捉盗賊条
7	6		5		身元不明の死人が出た際の処置。		6	有死人条
8	8	②逃亡奴婢の捉獲と報賞		3	逃亡奴婢を捉獲した者に対する報賞規定。		7	官私奴婢条
9	9			4	捉獲後の奴婢の処置と、捉獲者への報賞金支払いの細則。	四	8	捉逃亡条
10	10			5	捉獲した逃亡奴婢が死亡した際の処置、および引き渡し以前に再逃亡し捕縛された際の報賞分配。	五	9	逃亡奴婢条
11	11			6	逃亡奴婢を捉獲した者に対する報賞の例外規定。		10	逃亡奴婢条
12	12			7	逃亡奴婢の価格決定と本主が賞物を出さない場合の処置。		11	平奴婢価条
13	13	③資財の変動	6		奴婢が訴良する前に誤って捉獲された際の処置。		12	訴良人条
14	14		7		博戯で財を為した者を糺告、又は自首した際の報賞規定。		13	博戯条
15	15		8		逃亡または略盗された奴婢の間に生まれた子の帰属決定。		14	両家奴婢条
16	16		9		闌遺物にかんする規定。	六	15	得闌遺物条

述べたように、天聖捕亡令は全一六条、そして養老令は一五条であり、養老令にみえない不行唐1条を除いて、両令の各条文は対応関係にある。よって宋令立条の際に条文の分割や削除はなされなかったとみてよく、唐捕亡令は天聖令と同じく全一六条と考えてよい。

そこで、天聖令中の宋令と不行唐令それぞれの順序と、養老令の順序を崩すことなく条文排列を復原すると、表10「唐捕亡令条文排列復原案」のようになる。[15] その内容は、①追捕と関連処務（復原一〜七条）、②逃亡奴婢の捕捉と報賞（復原八〜一二条）、③資財の変動（復原一三〜一六条）の三つに分類することができよう。この分類からは、宋令が分類②のほとんどを意図的に削除したことがはっきりとわかり、法制面での唐―宋間の変化をうかがう好例となるのである。

（3）唐令と日本令――地方軍事力の配備にみる日唐の差違――

前項で考察した唐令の条文排列と分類を手がかりにしつつ、本項では日本令との関係について検討したい。まず構成という点からすれば、日本令は一条を除いてすべての条文を継受しており、結果としてその分類も唐令のそれを継受していることとなる。特に分類②をそのまま継受していることは、唐の良賤制の枠組みを積極的に導入したことも同時に示しており、同じく唐令を母法とした天聖令とは、好対照をなしているといえるだろう。

日本令との最大の差異は、次の不行唐1条（復原第四条）に対応する条文が存在しない点である。

諸追二捕盗賊及逃亡一、先尽二壮馬一、二日以内、一日一夜馬行二百里、歩行一百里。三日以外、一日一夜馬行一百五十里、歩行八十里。若人馬有二代易一者、自依二初制一。如期会須速及力堪レ進者、不レ用二此数一。

これについては、すでに池田温氏が「古代日本で馬匹は使役されたがその数量は限られ、唐とは比較にならず、従って盗賊や逃亡人の追捕も人力に頼るのが一般であり、さらに馬の品質が大陸に比べ劣っていたので、壮馬に相当するものを日常的に常備するのは困難であった。かかる背景から〈養老令〉で（おそらくは〈大宝令〉でも）本條ははぶかれた」(16)と指摘している。首肯すべき見解であろう。そもそも、このような壮馬を配備するには、国家による牧の管理・整備が不可欠であり、(17)くわえて大宝廐牧令13牧馬応堪条には、(18)

凡牧馬応㆑堪㆓乗用㆒者、皆付㆓軍団㆒。於㆓当団兵士内㆒、簡㆓家富堪㆑養者㆒充。免㆓其上番及雑駆使㆒。

とあり、官の牧馬は軍団兵士が飼養すると規定されていた。しかし、このシステムは軍団の成立が前提であり、(19)八世紀に入ってからのものであると考えられる。大宝廐牧令13条は軍団兵士による官馬の飼養を規定するが、唐廐牧令復原第四条はすでに配備された官馬の活用を定めているのであって、官馬と相対する状況がまったく異なっている点に注意する必要がある。こうした点をふまえれば、復原第四条を継受しようにも、それを実現する土台となる軍団は未だ運営の端緒に就いたばかりであって、おおよそ現実的ではないことは、為政者のあいだで充分認識されていたことと思う。ゆえに、先の池田氏の指摘とあわせて、復原第四条は継受されなかったと考えられる。捕亡令においても、大宝律令制定当時の状況をふまえたうえで条文の取捨選択が行われていたことを、おさえておきたい。

次に、不行唐令から唐令をほぼそのまま復原できる復原六・八・九・一〇・一一・一二条と、それぞれに対応する養老令を比較してみると、養老令は唐令に大きく手を加えることはせず、かなりの程度字句をそのまま継受していることが指摘できる。特に八〜一二条はすべて逃亡奴婢にかかわる条文であるが、逃亡奴婢の捉獲に対し、浄御原令段階においてすでに関心が高かったことは、『続日本紀』文武天皇二年（六九八）七月乙丑条からうかがえる。

以㆔公私奴婢、亡㆓匿民間㆒、或有㆔容止不㆓肯顕告㆒。於㆑是始制㆓笞法㆒、令㆑償㆓其功㆒。事在㆓別式㆒。又禁㆓博戯遊手之徒㆒、其居停主人亦与居㆓同罪㆒。

逃亡した官私奴婢を匿い労働させた人物に対し、「始」めて「笞法」を定めて処罰し、「功」すなわち逃亡奴婢の労働代価は本主へ「償」うこと、そして「博戯遊手之徒」を禁じ、場所を提供した主人に至るまで罪の対象とすることを規定している。前半部に関係するのは、養老捕亡令8捉逃亡条である（唐捕亡令復原第九条に対応する）。

凡捉二獲逃亡奴婢一、限二五日内一、送二随近官司一、案検知レ実、平レ価、依レ令徴レ賞。其捉人欲三径送二本主一者、任レ之。若送二官司一見無二本主一、其合レ賞者、十日内、且令三捉人送レ食。若捉人不レ合二酬賞一、及十日外主不レ至、並官給レ粮、随レ能固役。

本条では、捕捉以後五日以内の届け出を規定している。これに違反した場合、本条の『令義解』の注釈によれば違令罪をもって処罰する（養老雑律違令条）が、先の『続日本紀』文武二年の記事で「始制二笞法一」とあることは、律条文がこの段階で施行されていなかったことを示している。[20] そして、逃亡奴婢の追捕については何ら言及がないことをあわせて考えると、あるいは浄御原令には捕亡令が存在し、逃亡奴婢の追捕規定（養老捕亡令8条を含む）がそのなかに何らかの形で存在していたのかもしれない。ただいずれにせよ、大宝律令施行前の段階において、逃亡奴婢の捉獲と本主への送還に対し、国家は積極的な関与を行う意思をもっていたとみてよいだろう。唐令の字句をかなりの程度そのまま継受したとはいっても、それが実効性や重要度の低さには必ずしもつながらないのである。

もちろん、字句をただ引き写したというわけでないことも、両令を比較すると指摘できる。なかでも改変の度合いが目立つのは、不行唐3条（復原第八条）と養老令7官私奴婢条である。

諸奴婢逃亡経二三宿一及出二五十里外一、若度二関棧一捉獲者、六分賞レ一。五百里外、五分賞レ一。千里外、四分賞レ一。千五百里外、三分賞レ一。二千里外、賞レ半。即官奴婢逃亡供二公廨一者、公廨出レ賞、余並官酬。其年六十以上及残廃不レ合レ役者、并奴婢走投二前主一及鎮戍関津若禁司之官於二部内一捉獲者、賞各減レ半。若奴婢不レ識レ主、牓召、周年無二人識認一者、判入レ官、送二尚書省一、不レ得二外給一、其賞直官酬。若有二主識認一、追二賞直一還レ之。(21) 私牓者、任依二私契一。

本条は、逃亡奴婢の捕捉者に対する報賞額の細則と、もとの主人が名乗り出なかった際の官司側の取り扱いについて規定する。これに対応する養老捕亡令7官私奴婢条は、左記のようにある。

凡官私奴婢逃亡、経二一月以上一捉獲者、廿分賞レ一。一年以上、十分賞レ一。其年七十以上、及癃疾不レ合レ役者、并奴婢走捉二前主一、及関津捉獲者、賞各減レ半。若奴婢不レ識レ主、牓召、周年無二識認一者、判入レ官、其賞直官酬。若有二主認一、徴二賞直一還レ之。

条文の骨子は唐令と同様であるが、唐令では奴婢の逃亡距離に応じて報賞額が変化していたところを、養老令では基準そのものを逃亡期間に変えたうえに、報賞を低額に設定している。(22) また、私契について言及しないなど、興味深い相違点が見出される。

本条について軍事的側面からみると、逃亡奴婢を捉獲する官司を、唐令では「鎮戍関津若禁司之官」としているのに対し、養老令で「関津」に改変している点が注目される。実際に唐においては、関や津（これには関である津も含まれる）だけでなく、鎮や戍といった地方の軍事組織も往来人の検察を行っていた。(23) これは、円珍将来の越州都督府過所に「恐所在州県鎮鋪関津堰等、不レ練二行由一」とあったり、(24) あるいは吐魯番阿斯塔那五〇九号墓出土の石染典過所に「三月廿一日、塩池戍守捉押官健児呂楚珪勘過」と勘過の判が加えられていることから裏付けられる。(25) よって復原第八条の規定に挙げられる捉獲官司は、このような実態の法的根拠であるとみてよい。では、これに対し日本令が「関津」のみに限定し、地方の要衝に設置される軍事単位の鎮や戍を排除していることは、どのような意味をもつのだろうか。

問題とする部分の大宝令文は、史料的制約から現時点では復原できない。ただ、養老令に鎮や戍の規定が一切存在せず、適宜他の表現に書き換えられていることを敷衍すれば、(26)大宝令でも同様であった可能性は高いだろう。とすると、「鎮戍」を除いたことは、大宝律令撰定時において、令のなかにそのような軍事単位を地方に設置する構想がなかったことによるのではないか、との推測が浮かび上がる。

とはいえ、八世紀において、実際には『続日本紀』神亀元年（七二四）四月癸卯条に「教下坂東九国軍三万人教二習騎射一、試中練軍陳上。運二綵帛二百疋、絁一千疋、綿六千屯、布一万端於陸奥鎮所一」とあり、また天平十二年（七四〇）に勃発した藤原広嗣の乱において「鎮長」「鎮小長」がみえるなど、(27)辺要である陸奥国や西海道諸国の軍事的要地に、鎮と呼ばれる軍事拠点が設置されていた。また、天平四年（七三二）八月に設置された節度使の「鎮所」が、天平六年度出雲国計会帳に見出せる。

戍についても、『続日本紀』霊亀二年（七一六）五月辛卯条に「大宰府言、豊後・伊予二国之界、従来置レ戍、不レ許二往還一。但高下尊卑、不レ須レ無レ別。宜三五位以上差レ使往還、不レ在二禁限一」とあり、豊後・伊予二国の国境に、往還を監視するための「戍」が置かれていたことがわかる。これは戍という軍事単位なのか、「まもり」と解するべきか、やや判然としないが、天平五年の節度使体制下の状況を示す『出雲国風土記』巻末総記部分には、軍事単位として「宅伎戍」と「瀬埼戍」の二例が確認できる。このように、辺要である陸奥国と西海道諸国、そして日本海に面して朝鮮半島に近く、節度使によって防衛体制が強化されていた出雲国において、(28)鎮や戍の存在が知られるのである。

しかし、陸奥国の鎮を除くと、(29)その他の鎮・戍は史料上継続して確認できず、限時的な存在であったと推測される。節度使に関しても、その設置自体が大宝律令施行後に遣唐使によってもたらされた知識にもとづくとする指摘があり、(30)鎮・戍がはたして大宝令が規定する軍事システムに元来組み込まれた軍事単位であったかは、実態面からは判断が難しい。ただ、鎮・戍は唐初からの軍事単位であるから、[31]おそらく永徽令でも条文中に何らかの形で存在したとみてよい。したがって、日本では律令軍事システムの構想に鎮・戍を組み込まなかったものの、実際には大宝律令施行後、辺要や沿岸国においては国際環境の変化などの政治状況に応じて追加的に設置することとなり、それが『続日本紀』などの諸史料に散見すると考えられる。

以上からすれば、日本で奴婢の逃亡を捉獲することが念頭に置かれている公的な検察官司は、令のレベルでは日本では「関津」のみであったこと、そしてこれは軍団以外の軍事単位を平時に地方へ常置することを想定していなかったこと、上記二点を指摘できるのである。

このような点からすると、追捕や良賤制の枠組みは基本的に唐制を忠実に導入しているものの、追捕担当官司などについては、日本の状況に合わせて改変したことが指摘できる。こうした変更点がさらにうかがえるのが、次にとりあげる捕亡令第一条である。

第二節　律令国家成立期の軍事構想——捕亡令第一条の復原と比較——

（1）唐捕亡令第一条の復原

養老捕亡令1囚及征人条は、官司で拘禁されていたり、役務に従事している者が逃亡した場合や、寇賊に入ろうとした際の捕捉について規定する。

凡囚及征人・防人・衛士・仕丁・流移人逃亡、及欲レ入二寇賊一者、経二随近官司一申牒。即告二亡者之家居所属、及亡処比国比郡一追捕。承レ告之処、下二其郷里隣保一、令レ加二訪捉一。捉得之日、送二本司一、依レ法科断。其失処得処、並申太政官。

本条の大宝令の状態については、『令集解』賦役令37雑徭条古記よりうかがい知ることができる。

捕亡令云、囚・流人・移郷人、及防人・衛士・仕丁逃亡者、経随近国司、承告之処、下其坊里五保、令加訪捉者。

養老令とは相違点があるうえ、たとえば前半部を比較すると「及欲入寇賊」「即告亡者之家居所属、及亡処比国比郡追捕」といった文言がみえない。ただ、雑徭条古記が引用する大宝令文は条文を完形で引用するとは限らないので(32)、右の引用部分にみえない箇所が大宝令に存在しなかったかどうかは個別に検証する必要があり、引用部分が大宝令の字句として復原できるにとどまる。とはいえ、養老令とは冒頭部分が大きく異なっていたことがわかる。

次に、対応する唐令は『唐令拾遺』で復旧第一条（開元二十五年令）として次のように復原されている。

諸囚及征人・防人・流人・移郷人逃亡、及欲入寇賊者、経随近官司申牒。即移亡者之家居所属、及亡処比州比県追捕。承告之処、下其郷里村保、令加訪捉。若未即擒獲者、仰本属、録亡者年紀・形貌可験之状、更移比部切訪。捉得之日、移送本司科断。其失処得処、並申尚書省。若追捕経三年、不獲者停。

本条は、次の二史料を根拠に復原されたものである。

『故唐律疏議』捕亡律1将吏追捕罪人条疏文

依捕亡令、因及征人・防人・流人・移郷人逃亡、及欲入寇賊、若有賊盗及被傷殺、並須追捕。

『宋刑統』巻二八、捕亡律部内容止逃亡〈知情蔵匿罪人〉

准捕亡令、諸囚及征防・流移人逃亡、及入寇賊者、経随近官司申牒、即移亡者之家居所属、及亡処比州比〈釋曰、比猶近也〉県追捕。承告之処、下其郷里村保、令加訪捉。若未即擒獲者、仰本属、録亡者年紀・

形貌可レ験之状一、更移二比部一切訪。捉得之日、移二送本司一科断。其失処得処、並申二尚書省一。若追捕経二三年一、不レ獲者停。

『唐令拾遺』では、冒頭の追捕対象者を『故唐律疏議』所引捕亡令逸文より取り、以降の文は『宋刑統』所引の「捕亡令」より復原している。これに対し、天聖捕亡令宋1条は、次のようにある。

諸囚及征防・流移人逃亡、及欲レ入二寇賊一者、経二随近官司一申牒、即移二亡者之家居所属、及亡処比州比県一追捕。承レ告之処、下二其郷里村保一、令レ加二訪捉一。若未二即擒獲一者、仰二本属一、録二亡者年紀・形皃可レ験之状一、更移二鄰部一切訪。捉得之日、移二送本司一〔科断〕。其失処〔得処〕並各申二所属一。若追捕経二三年一不レ獲者、停。

残念ながら天聖令残巻は書写の際の脱漏があるように思われ、孟彦弘氏は、前掲の『宋刑統』によって二箇所（亀甲括弧で示した字句）を補っている。[33]『宋刑統』と宋1条とを比較すると、『宋刑統』所引「捕亡令」の四文目の「比部」が宋1条で「鄰部」とみえ、六文目の「尚書省」が宋1条で「所属」となっているほかは、ほとんど同文であるといってよい。

右のようにみてくると、天聖令をふまえて唐令を復原するにあたり問題となるのは、冒頭句をどのように復原するかという点である。戴氏は復原にあたって『宋刑統』所引「捕亡令」（冒頭の一節は宋1条と同文）を採用し、孟氏は『唐令拾遺』の復旧案を是としたうえで、『唐律疏議』の後に行われた唐令の編修において改変が加えられ、宋1条のようになったとする。[34]

戴氏は天聖令の性格について論じた際、『宋刑統』所引の令と、『故唐律疏議』所引唐令逸文、および北宋天聖令の不行唐令を比較すると、字句が一致しない事例を見出せることを指摘した。そしてその原因について、『宋刑統』所引の令は唐令そのままではなく、個別の字句については五代・宋初の改変を被っているケースがあるとみている。[35]このような知見をふまえると、私見では『宋刑統』所引「捕亡令」および天聖捕亡令宋1条をともに宋代の史料とみなし、『故唐律疏議』所引唐令逸文とはひとまず性格を異にして扱うべきであると考える。

しかしいっぽうで、『唐令拾遺』で復原根拠となった『故唐律疏議』の記載も、唐令そのものとみなすことはできない。なぜなら、先に引用した箇所は、追捕すべきケースとして、「囚及び征人・防人・流人・移郷人の逃亡す、及び寇賊に入らんと欲す」る者と、「若しくは賊盗及び被傷殺」が発生した場合とを挙げているが、前者は捕亡令復原第一条に、後者は復原第二条にあたるのであって、引用箇所は捕亡令の計二条分をふまえた解説になっているからである。ただ、『故唐律疏議』の当該部分が、令文の字句を使用して作文した可能性は依然として残る。

この問題を解決するために注目したいのは、養老令・『宋刑統』所引「捕亡令」・天聖令宋1条の三者ともに、逃亡者の具体例として「流移人」がみえる点である。「流移人」の用語は律に散見し[36]、令では『唐令拾遺補』の復旧獄官令一二条に「諸流人科断已定、及移郷人」とあるように、「判決が確定した流人および恩赦により移郷されることとなった者」を指し[37]、流人と移郷人の総称である。流人は流刑に処された罪人であることはいうまでもないが、移郷人とは「人を殺して死刑に該当する者が、恩赦に会って死を免ぜられたときに科せられる特別処分[38]」である強制移住措置をうけた者であり、これは被害者親族による復讐の防止を目的としていた。

このように「流移人」の意味を理解すると、『故唐律疏議』捕亡律疏文の記載に「流人・移郷人」とあるのは、『宋刑統』や天聖令にみえる「流移人」の内実の具体的な説明にほかならないことがわかる。こう考えてよければ、その前文に「征人・防人」とあるのも、『宋刑統』所引「捕亡令」と天聖令宋1条にみえる「征防」をわかりやすく個別に列挙したものと考えられよう[39]。

したがって、『故唐律疏議』の記載は唐令の内容を解説したものであって令文そのものではなく、唐捕亡令第一条の冒頭句は、『宋刑統』所引「捕亡令」・天聖令宋1条と同じく「諸囚及征防流移人逃亡」と復原してよいと結論できるのである。

問題視した冒頭句を除いては、『唐令拾遺』の復原が妥当であると考える。復原案については、次のように提示できよう。

一〔唐〕諸囚及征防・流移人逃亡、及欲レ入二寇賊一者、経二随近官司一申牒。即移二亡者之家居所属、及亡処比州比県一追捕。承レ告之処、下二其郷里村保一、令レ加二訪捉一。若未二即擒獲一者、仰二本属一、録二亡者年紀・形貌可レ験之状一、更移二比部一切訪捉。得之日、移二送本司一科断。其失処得処、並申二尚書省一。若追捕経二三年一、不レ獲者停。

(2) 大宝律令施行前後における律令国家の軍事構想

唐令を前述のように復原した場合、なぜ大宝令では追捕対象となる逃亡者を「囚・流人・移郷人、及防人・衛士・仕丁逃亡者」という個別に長々と列挙する形式に改変し、養老令ではこれを唐令に近い文言に修正したのか、という点を解明する必要がある。

大宝令と復原唐令の当該箇所を比較した際、まず気付くのは、大宝令で「流移人」を「流人・移郷人」に分けて表記し、「囚」（収監された者）と一括りにして最初に掲げたという点である。これは、七世紀の日本では独自の律が施行されず、大宝律が日本初の律となったことに起因すると考える[40]。前項で述べたように「流移人」の語は律で頻用される刑事用語であることから、新しい刑罰体系である律を現実社会に適用するにあたり、令で逃亡者の追捕対象を挙げる際は、官人が理解しやすいように、具体的に列挙する方式をとったのであろう。養老令で唐令と同じく「流移人」という総称に改めたのは、律にもとづく刑罰システムが実際に運用され、「流移人」の用語を使用しても問題はないと編纂者が判断したことによると考えられる。

次に見出せる大きな相違点は、大宝令に「衛士・仕丁」が加えられている点である。日本の衛士は、唐のそれと同じく宮城防備の任務につき、良人男性から徴発された兵力によって構成されていた。(41)大宝律令施行以後については、養老軍防令12兵士向京条に、

凡兵士向㆑京者、名㆓衛士㆒。〈火別取㆓白丁五人㆒、充㆓火頭㆒〉守㆑辺者、名㆓防人㆒。

と規定するように、軍団兵士が衛士として都へ上番するのが制度上の建前となっていた。これは、西海道北部に配された防人も同様である。律令軍時体制において軍団は、全国に設置された唯一の国家的地方軍事組織として、様々な任務に必要な兵力を供給する母体だったといえる。

しかしながら衛士と防人は、大宝律令によって成立した軍団兵士制に先んじて、七世紀より存在した兵役であった。まず衛士については、『続日本紀』大宝元年（七〇一）八月丙寅条に「令㆘諸国加㆓差衛士㆒、配㆗衛門府㆖焉」とあることが注目される。同月に大宝令施行のために明法博士が西海道を除く六道に派遣されたのであるが（戊申条）、その段階で「加㆓差衛士㆒」とあることは、従来から存在していた衛士に加えて、衛門府に配するための衛士を新たに「加え差し」たものと理解できる。つまり、軍団制施行以前から衛士制は存在したのである。また防人についても、信憑性には疑問があるものの『日本書紀』大化二年（六四六）正月甲子朔条の改新詔にみえるほか、天智紀以降に散見する。(42)特に『日本書紀』持統天皇三年（六八九）二月丙申条に「詔、筑紫防人、満㆓年限㆒者替」とあって、年限の満ちた筑紫防人の交替が命じられていることは、このころには一応安定的な運用が行われていたことを推測させる。(43)

右のように七世紀後半には「衛士」・「防人」がすでに存在していたのであるが、これは五十戸ごとに二人を差点し、京師で雑事に従事させられた仕丁も同様であった。(44)『日本書紀』持統天皇三年四月己酉条には「詔、諸司仕丁、一月放㆓

仮四日二」とあり、官司の監督のもと、雑事に従事させていたのである。

そして、衛士と仕丁は、八世紀初頭からその逃亡が問題となっていた。なかでも衛士は、養老二年（七一八）に国別の定員が定められたものの、養老六年には逃亡者の多発が問題視されている(45)。さらに、天平六年度出雲国計会帳には「一　廿七日符壹道〈右衛士出雲積三国等、合二人逃亡状〉以三月十七日到国」という都からの衛士の逃亡通知や、次のような逃亡衛士・仕丁の補填貢進記事が確認される。

〔天平六年三月、民部省解文〕

一　六日進上仕丁廝火頭匠丁雇民等弐拾陸人逃亡事。

右差二秋鹿郡人日下部味麻一充二部領一進上。

〔天平六年四月、兵部省解文〕

一　廿日進上衛士勝部臣弟麻呂逃亡替事。

右附二神門軍団五十長刑部水刺一進上。

こうした八世紀前半の状況をふまえれば、七世紀後半の段階でも政府が衛士・仕丁の逃亡に神経を尖らせていたであろうことは、容易に想像できる。むしろ八世紀前半の状況は、七世紀後半の段階で内包していた衛士制と仕丁制の歪みが表面化したものと理解することができよう。そして衛士は仕丁制から分離派生したという指摘を考慮すると(46)、衛士と仕丁は強いつながりをもつものとして、大宝令で捕亡令第一条に加えられたと考えられるのである。

このように防人・衛士・仕丁は七世紀の段階から存在し、また本貫地を離れて遠方で任務に従事するという共通点をもっていた。さらに、本来別個であった防人制と衛士制は、大宝律令の施行によって軍団が防人・衛士を供給するという新たなシステムに再編成され、律令軍団制を母体とする一体的な兵制へと変化した。しかしながら防人と衛士は、制度的にこうした大きな変化を被ったにもかかわらず、これを総称する用語がなかったことから、個別に列記せざるを得なかったのだろう。そして、衛士・防人と同様に本貫地を遠く離れて逃亡の恐れがある仕丁も、衛士とのつながりから、末尾に加えられたのだと考える。

最後に問題となるのは、先の『令集解』雑徭条古記にみえる大宝捕亡令第一条の逃亡者内訳に、「征人」がみえない点である。ただこれには、①大宝令文にまさしく存在しなかったのか、あるいは②『令集解』の転写段階での脱漏、もしくは③古記が条文を引用する際の脱漏、という三つの可能性が考えられ、それぞれについて検証しなければならない。

まず②であるが、代表的な写本のうち巻一四を含む国立歴史民俗博物館所蔵田中忠三郎氏旧蔵本・宮内庁書陵部所蔵鷹司家旧蔵本・国立国会図書館所蔵清原家旧蔵本（船橋本）の当該部分を確認したところ、いずれも同文であり、その可能性は低いとみてよい(47)。次に、③古記が引用する際の脱漏、とみることの可否である。先に述べたように雑徭条古記は条文を完形で引用したのではなく、あくまで抜き書きであることから、古記成立時の脱漏とみることも可能ではある。ただ雑徭条古記の構造を顧みるならば、これも可能性は低いと考える。雑徭条古記は令条文にみえる各種役務について、それが雑徭にあたるのか否かという基準にもとづき、A「令条之内、不㆑在㆓雑徭之限㆒」とB「充㆓雑徭㆒」の二つに大宝令文を分類している(48)。このうち捕亡令第一条はAに含まれているが、分類の趣旨からして、何のための役務であるのか、ということを明瞭にしなければならないことから、追捕の対象となる逃亡者を列記するにあたり、「征人」ただ一つを省略する必然性はないと考える。よって①の可能性、すなわち、大宝捕亡令第一条には追捕の対象となる逃亡者の内訳に「征人」が含まれていなかったとみられるのである(49)。

以上をふまえ、唐令にみえる「征（人）」が大宝令で削除された原因について検討したい。そもそも「征人」の語は征討軍（唐では行軍）の兵員のことを指し、七世紀以前は国造軍によって構成され、大宝律令施行以後は軍団が主力となるものであった(50)。唐においては、行軍の兵員が逃亡した際の処置として、令では前項で挙げた捕亡令第一条に追捕規定を、律には次の『故唐律疏議』捕亡律7従軍征討亡条に罰則を定めている（疏文は省略）。

諸征名已定、及従軍征討而亡者、一日徒一年。一日加二一等一、十五日絞。臨二対寇賊一而亡者斬。主司故縦、与同罪。〈下条準レ此〉軍還而先帰者、各減二五等一。其逃亡者、同二在家逃亡法一。

日本においては、『日本紀略』延暦十四年（七九五）十二月己丑条に「逃レ軍諸国軍士三百卌人、特宥二死罪一配二陸奥国一、永為二柵戸一」とみえ、征討軍から逃亡した軍士に対して特別に死罪を免じて陸奥国の柵戸としたことから、唐律に相当する規定が養老律には存在したことが推測できるものの(51)、大宝律では定かではない（日本捕亡律は散逸）。しかし、捕亡令第一条と捕亡律第七条は両者相俟ってはじめて意味をなすことからすれば、大宝捕亡令に「征人」の語が存在しない以上、大宝律にも唐捕亡律第七条に相当する規定は存在しなかった可能性が高いだろう。

右の推測に誤りがなければ、捕亡令第一条に「征人」の語が存在しないことは、大宝律令撰定時において、征討軍を発した際に、逃亡者が発生し軍が弱体化することに対する危機感が乏しかったことを示していよう。それゆえに、戦時・平時双方を規定した唐令を改変し、「囚・流人・移郷人、及防人・衛士・仕丁」という平時に重点を置いた規定に書き換えたのである（ただし、防人や衛士は平時・戦時に関係なく維持される兵種であるので、平時に限定してとらえることはできない）。

したがって、逃亡という征討軍兵士の重大な規律違反に関する規定を設けなかったことは、大宝律令制定時の中央政府の軍事構想において、征討軍の維持に対する実態認識が甘かったことを示すと考える。追捕対象の逃亡者から「征人」を削除したのは、大宝律令施行の時点で、外征軍のような、国力を挙げて編成される征討軍を派遣する意識が乏しかったことを反映しているのであろう。そしてこの点は、養老令で「征人」の語が加えられた理由を考察することで、さらに明瞭となる。この追加は、八世紀前半において、養老令編纂までには三度の征討軍派遣の機会があり[52]、養老律令編纂中の養老四年にも隼人の反乱が勃発したことが背景にあると考える[53]。これらの反乱を鎮圧するために実際に征討軍を派遣するにあたり、兵士の逃亡を防止する必要性が改めて見出され、そのためには律令に明確な規定を設けることが不可欠である、と藤原不比等ら養老律令編纂者が認識したのではなかろうか。こうした状況の変化が、唐令のように「征人」の逃亡者追捕を加えることの原因になったものと位置づけられよう。律令軍事体制の本質に列島内部の要因が強く影響を及ぼしていることが、改めて確認できるのである。

以上の論が成り立つならば、榎本淳一氏が指摘するように、養老令には大宝律令施行後に生じた不備を修正するという側面が存在することを[54]、再確認できる。一見唐令の引き写しにみえる捕亡令も、大宝令撰定時、そして養老令編纂時のそれぞれの段階で、日本の実態に合わせて改変されているのである。捕亡令が他の篇目と比べて改変の度合いが少ないのは、高度に完成された法体系である律と密接な関係をもつため、律に抜本的な改訂を加えられなかった以上、独自に大きく手を加えることが困難だったのではなかろうか。

したがって、大宝律令施行の時点で描いた軍事構想は、その後の状況変化によって制度の改変を伴って変化し得るものであり、決して固定的なものではなかったと結論できるのである。

むすび――捕亡令からみる軍事構想――

本章では、日本・唐・北宋の捕亡令を比較検討することを通じて、日本律令国家の軍事構想をうかがうことを試みた。散漫な考察となったが、得られた結論は次のようにまとめられる。

まず第一節では、北宋までの中国諸王朝における捕亡令と捕亡律のあり方について概観し、前漢呂后二年律令にみえる捕律の規定が北宋天聖令中にも見出せることから、「捕亡」という行為の規範が前漢から北宋まで脈々と受け継がれていることを指摘し、日本においても捕亡令と捕亡律の対応関係が継受されていることを確認した。そして北宋天聖捕亡令と唐捕亡令の構造について、別稿によりつつ概観したうえで、日本令と全体的な比較を行い、特に唐捕亡令復原第八条、およびこれに対応する日本令第七条をとりあげ比較検討を行った。その結果、日本令が唐令と異なり、逃亡奴婢の捉獲官司を関津のみとして「鎮戍」を削除したのは、大宝律令施行当時の地方軍事力のあり方に規制されたことに由来するとした。

次に第二節では、捕亡令第一条を中心に据え、大宝律令施行前後における日本の軍事構想について検討した。具体的には、唐捕亡令第一条について、『唐令拾遺』の復旧案とは異なる復原案を提示した。これをふまえて、大宝令において逃亡者の内訳部分を大幅に変更したことの理由について考察した。その結果、七世紀後半の段階ですでに存在し機能していた兵役を、軍団制を母体として新たに編成し直したことや、征討軍維持に必要な要素に対する中央政府の認識が甘かった点が主要因であることを明らかにした。また、養老令で再度改変し「征人」の語が唐令のように加えられたことは、大宝律令施行後に実施された征討行動の経験から、その必要性が改めて認識されたことによると考えた。このことから、養老令には大宝令の不備を修正する積極的側面が存在すること、そして日本律令国家の軍事構想もまた、制度面においても固定的ではなく可変的な性質をもっていたと結論した。

以上、本章では捕亡令を素材にして、日本律令国家成立期の軍事構想、そして養老律令のもつ意義について明らかにすることができた。ただ捕亡令の追捕規定は、第一・二・三条が根本となっている。そして本章で詳しく検討しなかった第二・三条は、条文中に軍団が現れるなど、平時における軍事力の行使をより直截的に示している。そこで次に章を改めて、これら二条の唐令復原と日唐令の比較検討を行い、本章で明らかにし得た諸点について、さらに深く突き詰めていきたい。

注

(1) 仁井田陞『唐令拾遺』（東京大学出版会、一九六四年。初版は東方文化学院、一九三三年）、仁井田陞著、池田温編集代表『唐令拾遺補』（東京大学出版会、一九九七年）。

(2) 捕亡令の唐令復原については、孟彦弘「唐捕亡令復原研究」（天一閣博物館・中国社会科学院歴史研究所天聖令整理課題組校証『天一閣蔵明鈔本天聖令校証 附 唐令復原研究』下冊、中華書局、二〇〇六年）を参照。

(3) 池田温「唐令と日本令（三）唐令復原研究の新段階―戴建國氏の天聖令残本発見研究―」（『創価大学人文論集』一二号、二〇〇〇年）。

(4) 前掲した池田温氏・孟彦弘氏の各論考のほか、戴建国a「唐《捕亡令》復原研究」（雲南大学中国経済史研究所ほか編『李埏教授九十華誕紀念文集』雲南大学出版社、二〇〇三年）、同b「〝主僕名分〟与宋代奴婢的法律地位―唐宋変革時期的階級結構研究之一―」（『歴史研究』二〇〇四年第四期）、榎本淳一「天聖令からみた唐日奴婢売買の諸問題」（大津透編『日唐律令比較研究の新段階』山川出版社、二〇〇八年）、本書第八章（前掲大津氏編著に収載）、桂齊遜「唐代律令関係試析―以捕亡律令関於追捕罪人之規範為例―」（『唐研究』一四巻、二〇〇八年）、洪文琪「唐宋奴婢逃亡懲罰試探―以《天聖令・捕亡令》為中心―」（台師大歴史系ほか編『新史料・新観点・新視角《天聖令論集》（上）』元照出版有限公司、二〇一一年）などがある。

(5) 戴氏前注（4）a論文、孟氏前注（2）論文。

(6) 表9の備考に引用した論文は、池田温「唐令と日本令―〈唐令拾遺補〉編纂によせて―」（同編『中国礼法と日本律令制』

東方書店、一九九二年）、榎本淳一「養老律令試論」（笹山晴生先生還暦記念会編『日本律令制論集 上巻』吉川弘文館、一九九三年）である。本表の作成にあたっては、両氏の研究に多くを負っている。

（7）『故唐律疏議』捕亡律1将吏追捕罪人条疏文など。『故唐律疏議』が伝える唐律が開元二十五年律であることは、仁井田陞・牧野巽「故唐律疏議製作年代考（上・下）」（律令研究会編『譯註日本律令　一　首巻』東京堂出版、一九七八年。初発表一九三一年）参照。

（8）『旧唐書』巻五〇志三〇刑法には、垂拱令について「其律令惟改㆓二十四条㆒。又有㆓不便㆒者、大抵依㆑旧」とある。よって、垂拱令にも永徽令と同じく捕亡令が存在したとみてよいだろう。

（9）この点、同名の律が途中で消滅した関市令とは、明らかな対比をなしている。

（10）釈文は張家山二四七号漢墓竹簡整理小組『張家山漢墓竹簡〔二四七号墓〕（釈文修訂本）』（文物出版社、二〇〇六年）に依拠した。解釈は冨谷至編『京都大学人文科学研究所研究報告　江陵張家山二四七号墓出土漢律令の研究』譯注篇（朋友書店、二〇〇六年）を参考とした。

（11）冨谷至「晋泰始律令への道」（『漢唐法制史研究』創元社、二〇一六年。初発表二〇〇〇・二〇〇一年）。

（12）『令集解』戸令17絶貫条古記の問答に「答、依㆓捕亡律㆒、浮浪闕㆓課役㆒者、即同㆓逃亡㆒科㆑罪」とあることから、『故唐律疏議』捕亡律12浮浪他所条に対応する大宝律条文の存在が確認される。

（13）拙稿「天聖捕亡令と身分制―奴婢関連規定を中心として―」（『唐代史研究』一七号、二〇一四年）、七二〜八一頁を参照。

（14）『故唐律疏議』名例律47官戸部曲条の疏文に「奴婢賤人、律比㆓畜産㆒」とあるように（『宋刑統』巻六名例律官戸奴婢犯罪条でも同様）、唐では奴婢に良民のような人格は認められておらず、家畜やモノと同じ扱いであった。

（15）拙稿前注（13）論文の「表1　唐捕亡令条文排列復原案」に拠る。

（16）池田氏前注（3）論文、一二二頁参照。

（17）八世紀以降における牧については、山口英男「八・九世紀の牧について」（『史学雑誌』九五編一号、一九八六年）を参照。

（18）『令集解』同条古記、職員令79軍団条古記、廏牧令16置駅馬条古記、廏牧令19軍団官馬条古記より復原でき、養老令と同文であったことがわかる。
(19)　律令軍団制の成立については、本書第一章を参照。
(20)　本条については、瀧川政次郎氏と長山泰孝氏との間の議論と、これに対する青木和夫ほか校注『新日本古典文学大系12　続日本紀　一』（岩波書店、一九八九年）補注1―七六の見解がある。瀧川政次郎「奴婢逃亡に関する律令の法制」（『律令賤民制の研究　法制史論叢第三冊』角川書店、一九六七年。初発表一九二二年）、長山泰孝「浄御原律の存否についての一史料」（『続日本紀研究』一五一号、一九七〇年）。私見については、前注（13）論文の八四～八五頁参照。
(21)　この一文について、対応する養老令には、本文で後掲するように「徴〔賞直〕還之」とある。天聖令では「徴」字を避諱して「理」字に改めている事例が頻出するが、この場合も同様に「追」字に改めている可能性がある。ただ、養老令が独自に字句を変更した可能性も捨てきれないので、今回は天一閣本天聖令のままとしておきたい。
(22)　この点については、拙稿前注（13）論文、八五～八九頁を参照。
(23)　鎮と戍の基本的構成は、『新唐書』巻五〇志四〇兵にみえる。また、鎮・戍による交通検察については、本書第五章を参照。
(24)　円珍将来の大中九年（八五五）越州都督府過所を参照。釈文は、礪波護「唐代の過所と公験」（同編『中国中世の文物』京都大学人文科学研究所、一九九三年）に拠る。
(25)　「唐開元二十年（公元七三二年）瓜州都督府給西州百姓游撃将軍石染典過所」（73TAM509: 8/13）。『吐魯番出土文書』図録本第肆冊（文物出版社、一九九六年）、二七五～二七六頁。
(26)　大高広和「律令継受の時代性―辺境防備体制からみた―」（大津透編『律令制研究入門』名著刊行会、二〇一一年）、一六〇～一六一頁。くわえて、同「八世紀西海道における対外防衛政策のあり方と朝鮮式山城」（『鞠智城と古代社会』一号、二〇一三年）も参照。
(27)　『続日本紀』天平十二年九月戊申条。
(28)　天平四年設置の節度使については、北啓太「天平四年の節度使」（土田直鎮先生還暦記念会編『奈良平安時代史論集　上巻』吉川弘文館、一九八四年）および中尾浩康「天平期の節度使に関する一考察」（『続日本紀研究』三八八号、二〇一〇年）を参照。

(29) 陸奥国の鎮兵制については、鈴木拓也「古代陸奥国の軍制」(『古代東北の支配構造』吉川弘文館、一九九八年。初発表一九九一年)を参照。

(30) 大原良通「唐の節度使と日本の遣唐使」(『王権の確立と授受—唐・古代チベット帝国(吐蕃)・南詔国を中心として』汲古書院、二〇〇三年。初発表一九九三年)参照。

(31) ただし、その実態には時期によって変遷がある。菊池英夫「節度使制確立以前における「軍」制度の展開」(『東洋学報』四四巻二号・四五巻一号、一九六一・一九六二年)参照。

(32) たとえば雑徭条古記には「田令云、其舂」米運京者」とあり、養老田令2田租条(「凡田租、准」国土収獲早晩」、九月中旬起輸。十一月卅日以前納畢。其舂」米運京者、正月起輸、八月卅日以前納畢」)に対応する大宝令文を引用するが、これだけでは条文の体をなさないことは明らかであって、条文を必要な範囲で適宜引用したものと考えざるを得ない。

(33) 孟氏前注(2)論文。

(34) 戴氏前注(4)a論文、孟氏前注(2)論文参照。

(35) 戴建国「《天聖令》所附唐令為開元二十五年令考」(『唐研究』一四号、二〇〇八年)、九〜二一頁。

(36) たとえば『故唐律疏議』名例律24犯流応配条、捕亡律9流徒囚役限内亡条など。

(37) 辻正博「唐律の流刑制度」(『唐宋時代刑罰制度の研究』京都大学学術出版会、二〇一〇年。初発表一九九九年)、六三頁。

(38) 律令研究会編『譯註日本律令　七　唐律疏議譯註篇三』東京堂出版、一九八七年)、一三八頁。

(39) なお、個別に列挙したという点では大宝令文も同じであり、「防人」・「流人・移郷人」とみえている。ここから、永徽律疏は当該部分において永徽令を引用したが、開元二十五年律疏(すなわち『故唐律疏議』)ではこれを変更することなく字句をそのまま残しており、永徽令と開元令では冒頭部分が実際には相違していた、という想定が生まれ得る。つまり、永徽令の冒頭部分は開元令とは異なって、追捕対象を個別に列挙したのであり、大宝令はそのような永徽令の叙述方式を継受した、とみるのである。

しかし、養老令の字句について「大宝令が唐制に対して多少異をたてて独自の名称や字句を用いたのに対して、養老令ではそれを唐制なみに復した場合が多い」という坂本太郎氏の指摘を考慮するならば、唐令復原においては、養老令で「流移人」とある点を重視したい。これは本条の後段において、大宝令では「随近国司」とあったのを、養老令では宋令と同じ「随近官司」に改変している（つまり、唐令では「随近官司」であった可能性がきわめて高い）点からも支持されよう。

ただ、次項で述べるように、養老令は大宝令の不備を修正する積極的意義をもつことも重視すべきである。坂本太郎「大宝令と養老令」（『律令制度　坂本太郎著作集第七巻』吉川弘文館、一九八九年。初発表一九六九年）の五四頁、および榎本氏前注（6）論文を参照。

(40)　七世紀における律の撰定・施行の有無については、小林宏「日本律の成立に関する一考察」（『日本における立法と法解釈の史的研究　古代・中世』汲古書院、二〇〇九年。初発表一九八〇年）を参照。

(41)　衛士制については、竹内チヅ子「衛士考」（『九州史学』九号、一九五八年）、橋本裕「衛士制の運用をめぐって」（『律令軍団制の研究　増補版』吉川弘文館、一九九〇年。初発表一九七六年）、野田嶺志『防人と衛士―律令国家の兵士』（教育社、一九八〇年）、笹山晴生「令制五衛府の成立と展開」（『日本古代衛府制度の研究』東京大学出版会、一九八五年）、松本政春「衛士小論―雑使をめぐって―」（『奈良時代軍事制度の研究』塙書房、二〇〇三年。初発表一九九七年）などを参照。

(42)　『日本書紀』天智天皇三年（六六四）是歳条、天智天皇十年（六七一）十一月癸卯条、天武天皇十四年（六八五）十二月乙亥条。

(43)　防人制の成立と内実については、岸俊男「防人考―東国と西国―」（『日本古代政治史研究』塙書房、一九六六年。初発表一九五五年）参照。

(44)　養老賦役令38仕丁条。彌永貞三「仕丁の研究」（『日本古代社会経済史研究』岩波書店、一九八〇年。初発表一九五一年）参照。

(45)　『続日本紀』養老二年五月庚申条、養老六年二月甲午条。

(46)　橋本氏前注（41）論文の六二頁、および井上勝博「仕丁制の創出について」（『ヒストリア』一四一号、一九九三年）を参照。

(47) 田中本は、国立歴史民俗博物館蔵史料編集会編『国立歴史民俗博物館蔵貴重典籍叢書　歴史篇　第三巻　令集解三』（臨川書店、一九九九年）によって、清家本（船橋本）は国立国会図書館デジタルコレクションを利用して確認した。鷹司本は、宮内庁書陵部図書課図書寮文庫において閲覧した。『令集解』諸写本の系統については、石上英一「『令集解』金沢文庫本の再検討」（『日本古代史料学』東京大学出版会、一九九七年。初発表一九七九年）、および水本浩典「『令集解』諸本の系統的研究」『律令註釈書の系統的研究』（塙書房、一九九一年。初発表一九八〇年）を参照。

(48) 雑徭条古記の構造については、吉田孝「律令における雑徭の規定とその解釈」（坂本太郎博士還暦記念会編『日本古代史論集　下巻』吉川弘文館、一九六二年）、二二三～二三七頁を参照。

(49) なお、『令集解』の編者である惟宗直本が古記の記載を筆写する際に脱漏が生じた、とする考え方もあり得る。しかし現存史料からその当否を判断することは困難であり、これを支持することは建設的な議論につながらないので、ここでは考慮しない。

(50) 本書第三章を参照。八世紀以後における征討軍編成の手続きについては、北啓太「律令国家における将軍について」（笹山晴生先生還暦記念会編『日本律令制論集　上巻』吉川弘文館、一九九三年）を参照。なお、唐律において「征人」とは募兵のことを指し（『故唐律疏議』擅興律4揀点衛士征人条疏文）、折衝府の兵士ではない。ここから、大宝令で「征人」を排除したのは、日本では募兵制をとらず、軍団兵士を中核として征討軍を編成したことによるという考えがあるかもしれない。しかしそうであれば、たとえば「征人」を別の用語に改変するなどの措置を行えばよいわけであるし、養老令に「征人」とみえることの説明がつかないだろう。

(51) 利光三津夫「裁判例による律の復元」（『律令及び令制の研究』明治書院、一九五九年）、二一六～二一七頁参照。

(52) 大宝二年（七〇二）の薩摩・多褹征討（『続日本紀』八月丙申条）、和銅二年（七〇九）の蝦夷征討（三月壬戌条）、和銅六年（七一三）の隼人征討（『同』七月丙寅条）。ただし大宝二年の薩摩・多褹征討は出征将軍の任命記事がみえないため、大宰府の組織によって遂行されたと考えられる。山田英雄「征隼人軍について」（『日本古代史攷』岩波書店、一九八七年。初発表一九六九年）参照。各時代の蝦夷征討の意義については、鈴木拓也『戦争の日本史3　蝦夷と東北戦争』（吉川弘文館、二〇〇八年）を参照。

(53)　養老四年の隼人反乱については、永山修一「隼人の戦いと国郡制」（『隼人と古代日本』同成社、二〇〇九年）、八〇～八四頁を参照。

(54)　榎本氏前注（6）論文を参照。

第八章　律令国家と追捕制度

古代社会において、軍事力の発現は多様な社会のあり方や権力構造に呼応して様々な形態を取り得る。なかでも平時における国家レベルの軍事力という観点からみた場合、犯罪者を追捕し、治安を維持するという行為は、その重要な一つとして数えられる。

律令、特に令において、犯罪に対する対応は獄令と捕亡令に規定するが、『令義解』捕亡令1囚及征人条に「獄令拠二事尚隠秘、謀状未レ顕。此条為二已上道訖、事迹顕彰一。情義不レ同」とあるように、犯罪が発覚した後の具体的な追捕について定めるのは、捕亡令である。特に冒頭の囚及征人条、有盗賊条、追捕罪人条の三条は、その根幹をなす規定であった。これらの条文について、その構造を検討し、追捕行動の全体像の解明を試みたのは、下向井龍彦氏である[1]。追捕における軍事動員について、氏は国司の発兵権のみを認め、郡司のそれを否定した。これに対し松本政春氏は、郡司の軍事的基盤を認める見解を出している[2]。

本章では、大宝律令撰定段階において、捕亡令条文が当時の為政者のどのような論理をもって唐令を改変して継受されたのかという、立条意図について検討したい。両氏の説が発表されて以降、北宋天聖令には関市令に附される形で捕亡令が含まれていることが明らかとなり、日本捕亡令諸条文の立条意図について検討する条件は整ったといえるからである。また、本書第一章において、平時における軍団の機能について改めて実証的に再検討すべきことを指摘した。罪人追捕システムの解明は、平時における軍事力顕現の様相をうかがうにあたって、重要な課題であると考えられる。そのため以下では、八世紀以降の追捕の実例や関連諸制度についての議論をふまえ、軍団兵士の関与が条文上確実である養老捕亡令2有盗賊条、同3追捕罪人条をとりあげて日唐比較を行い、八世紀初頭において、律令国家が支配体制維持のため、罪人追捕という治安維持活動にどのような姿勢で臨もうとしていたのか、という点を明らかにしたい。(3)

第一節　追捕担当官司と発兵権

日本捕亡令において、罪人追捕の根本を規定するのは冒頭の三条である。前章で詳細に検討したように、養老捕亡令1囚及征人条は、囚および征人等が逃亡したり、「寇賊」に加担しようとした場合の捕捉について規定する。(4)次に捕亡令2有盗賊条は、盗賊や殺傷事件が発生した後、通報を受けた官司が兵士や人夫を徴発して追捕するに際して、犯人が管轄領域を越えて逃亡した場合の、相互協力の方式について定めるものである。

凡有㆓盗賊㆒及被㆓傷殺㆒者、即告㆓随近官司坊里㆒。聞㆑告之処、率㆓随近兵及夫㆒、従㆓発処㆒尋㆑蹤、登共追捕。若転入㆓比界㆒、須㆘共㆓比界㆒追捕㆖。若更入㆓他界㆒、与㆓所部官司㆒対㆓量蹤跡㆒。付訖、然後聴㆓比界者還㆒。其本発之所使人、須㆑待㆓蹤窮㆒。其蹤緒尽処官司、精加㆓推討㆒。若賊在㆓甲界㆒、而傷㆓盗乙界㆒、及屍在㆓両界之上㆒者、両界官司、対共追捕。如不㆑獲㆓状験㆒者、不㆑得㆔即加㆓徴拷㆒。

そして捕亡令3追捕罪人条は、通常の発兵可能人数（詳しくは後述）を超えて兵力を動員する際の手続きと、追捕が広範囲に発展した場合の連携方法について規定している。

凡追二捕罪人一、所レ発人兵、皆随レ事斟酌。使二多少堪一レ済。其当界有二軍団一、即与相知、随即討撲。若力不レ能レ制者、即告二比国比郡一。得レ告之処、審知二事実一、先須二発レ兵、相知除翦一。仍馳駅申奏。若其遅緩逗留、不レ赴二機急一、致レ使三賊得二逃亡一、及追討不レ獲者、当処録レ状奏聞。其得レ賊不レ得レ賊、国郡軍団、皆附レ考。

この追捕罪人条については、先に述べたように下向井龍彦氏と松本政春氏によって検討されている。よって具体的検討に入る前に、両氏の見解を詳しくみておきたい。

下向井氏は、国衙軍制研究の立場から、九世紀以降における国司による「追捕官符」請求の法的源泉を解明するため、捕亡令1~3条の検討を行った。その結果、これら三条を「臨時発兵」規定であるとみ、「発兵」については「「馳駅奏言」→「発兵勅符」という手続きを要するから、「発兵」権はあくまで国司が握っていたのであり、郡里に「発兵」権があるわけではない」とした。また、軍団兵士は集団戦に対応するという下向井氏の軍団に対する見方から、軍団は「臨時発兵」に不可欠の存在ではない、と位置づけている。

これに対し松本氏は、郡司の軍事的基盤について考察し(5)、郡司の軍事動員力を認める立場から反論を行った。下向井氏が養老獄令33告密条や養老公式令10飛駅上式条における発兵主体が国司であることを理由に「比国比郡」における発兵主体も一律に国司であるとするのに対し、緊急事態の場合は国司のもつ発兵権を郡司・里長が臨時に行使することはあり得た、と述べている。つまり追捕罪人条は、国司の発兵権はもちろん、一定の条件下における郡司の発兵権をも認めた規定であると理解するのである。また本条に軍団が「附レ考」と明記されていることは、軍団が罪人追捕機能に深くかかわっていたことを示すと理解している。

以上から、両氏の見解で最も問題となっているのは、発兵権をどのレベルの官司まで認めるのかという点に帰着するといえるだろう。

このような研究状況をふまえ、まず有盗賊条から検討を始めたい。本条は、犯罪発生後「随近官司坊里」に通報した後、これを受けた「処」（＝「随近官司坊里」）が「随近兵及夫」を「率」いて追捕にあたると規定する。この「随近兵及夫」について本条の『令義解』は「兵者、兵士也。夫者、人夫也」と注釈し、また追捕罪人条では軍団も追捕にあたることを明示している。律令用語としての「兵士」は軍団兵士のみを指すから、「兵」に軍団兵士が含まれることは確実である。

ここから「随近官司」に軍団が含まれることがわかるが、そもそも「随近官司」とはどのように理解すればよいのだろうか。これについて『令集解』公式令63訴訟条穴記は、「経二随近官司一、謂与二捕亡令随近一同。不レ論二上司下司及内外官一、経二便司一耳」と注釈し、公式令の「随近官司」を捕亡令のそれと同じく、官司の上下を問わず「便司」を指すと解している。よって追捕を担当する「随近官司」とは、地方では国司・軍団・郡司を指すものと考えられよう。

そしてその「随近官司」による追捕の爪牙となるのが、先にも引用した「随近兵及夫」であった。先行研究はこの内実について検討を行っているが、ここで一歩立ち止まって考えなければならないのは、そもそもこれが日本令オリジナルの文言なのか、という点である。もし唐令と同文であったならば、そこに日本独自の意図をうかがうことは困難となろう。空文の可能性もあり得るからである。有盗賊条と追捕罪人条の対応唐令については、『唐令拾遺補』においてもごく一部しか復原されていない（追捕罪人条対応唐令は未復原）[6]。よって次に、唐令の復原を詳しく行うこととしたい。

第二節　唐令条文の復原

はじめに、復原根拠資料である北宋天聖令文を掲げる。

北宋天聖捕亡令宋2条

諸有二賊盗一及被二傷殺一者、即告二随近官司・村坊耆保一。聞レ告之処、率二随近軍人及捕盗人一、従二発処一尋レ蹤登共追捕。若転入二比界一、其比界共追捕。若更入二它界一、須下共二所界官司一対量中蹤跡上。付訖、然後聴二比界者還一。其本発之所吏人、須レ待二蹤窮一。其蹤跡尽処官司、精加二推討一。若賊在二甲界一、而傷二盗乙界一、及屍在二両界之上一者、両界官司対共追捕。如不レ獲二状験一者、不レ得三即加二追考一。又不レ得下逼二斂人財一、令中其募上レ賊。即人欲二自募一者、聴之。

北宋天聖捕亡令宋3条

諸追二捕罪人一、合レ発二人兵一者、皆随レ事斟酌。用二多少一堪レ済。其当界有二巡検処一、即与相知、随即討捕。若力不レ能レ制者、即告二比州比県一。得レ告之処、審知二是実一、先須二発レ兵、相知除剪一。仍馳駅申奏。若其遅緩逗留、不レ赴二警急一、致レ使三賊得二鈔掠一、及追討不レ獲者、当処録レ状奏聞。其得レ賊不レ得レ賊、捕盗之官皆附レ考。

一見して、日・宋令ともに共通する箇所の多いことが指摘できよう。この宋2条、宋3条については、戴建国氏および孟彦弘氏による唐令の復原がすでになされている[7]。なかでも孟氏の復原研究は、戴氏のそれを批判的に継承した今後拠るべき指標であり、宋3条対応唐令の復原については、孟氏の復原案に私見も異論はない[8]。しかし、宋2条対応唐令についてはやや問題があると思われるので、次に孟氏の復原案を掲げ、改めて復原を試みることとしたい（復原の基本方針については、本書第五章の注〔13〕を参照）。

孟彦弘氏復原案（養老令2条対応唐令）

諸有㆓賊盗㆒及被㆓傷殺㆒者、①即告㆓随近官司・村坊・屯駅㆒。聞㆑告之処、率㆓随近軍人及夫㆒、従㆓発処㆒尋㆑蹤、登共追捕。若転入㆓比界㆒、須㆘共㆓比界㆒追捕㆖。若更入㆓它界㆒、須㆘共㆓②所界官司㆒対量㆗蹤跡㆖、付訖、然後聴㆓比界者還㆒。其本発之所、③吏人須㆑待㆓蹤窮㆒。其蹤跡尽処、官司精加㆓推討㆒。若賊在㆓甲界㆒而傷㆓盗乙界㆒及屍在㆓両界之上㆒者、両界官司対共追捕。如不㆑獲㆓状験㆒者、不㆑得㆔即加㆓徴考㆒。④又不㆑得㆘逼㆓斂人財㆒、令㆗其募㆖㆑賊。即人欲㆓自募㆒者、聴之。

まず確認しなければならないのは、比較対象となる養老令2条の大宝令の状態である。この点については、『令集解』賦役令37雑徭条古記に「又条、有㆓盗賊㆒、率㆓随近兵士及夫㆒、登共追捕者」とあることから冒頭部分の一節を、また本条古記逸文（紅葉山文庫本『令義解』裏書）より「不㆑得㆔即加㆓徴拷㆒」の文言を復原できる。よって最も大きな相違は、養老令で「随近兵及夫」とあるのが大宝令では「随近兵士及夫」となっていた点となるが、この意義については後述する。しかしそのほかは同一であり、復原できない文言についても、同内容であったとみて問題ないと思われる。

以上をふまえ、孟氏復原案の①～④について検討を行っていきたい。

まず①であるが、『故唐律疏議』捕亡律6隣里被強盗条疏文所引の「捕亡令」から、「即告㆓随近官司村坊屯駅㆒。聞㆑告之処、率㆓随近軍人及夫㆒」と復原できる。

②については、「所界」という表現が問題となる。正史では、安史の乱後における高適の奏言中に「今所界吐蕃城堡而疲㆓於蜀人㆒、不㆑過㆓平戎以西数城㆒矣」と一例のみ確認できるものの、[9]意味するところが判然としない。北宋天聖令中の不行唐令には用例がなく、「界」の上には「当」（当界）、「比」（比界）といった「界」の領域を指定する修飾語を冠している。[10]いっぽうで養老令2条は「所部」としており、「他界」の統轄官司という意味が明瞭である。よって、宋2条の「所界」は、天一閣で天聖令の書写にあたった書生が、[11]上文の「它界」に引きずられて誤写したものとみなし、

養老令2条に従って「所部官司」と復原する。

次に③であるが、宋2条では「吏人」とあり、養老令2条は「使人」とある。この宋令の「吏人」であるが、『慶元条法事類』巻五二公吏門名例勅に「称㆓吏人㆒者、謂職級至㆓貼司㆒、行㆑案不㆑行㆑案人並同」とあるように、南宋では胥吏のことを指していた。長谷川誠夫氏によれば、「吏人」は唐代において文書作成にあたる胥吏の「典」に類似する存在であると考えられ[12]、おそらくは北宋にあっても同様であったと推測される。

唐代の「吏人」の内実ははっきりしないが、たとえば開元の初め、李元紘が京兆尹在任時のこととして「諸王公権要之家、皆縁㆑渠立㆑磑、以害㆓水田㆒。元紘令㆓吏人一切毀㆒㆑之。百姓大獲㆓其利㆒」[13]とあることは下級官人や胥吏を指すようにみえ、他史料に散見する「人吏」が胥吏を指すとみられることも考慮すると[14]、唐代においても胥吏を指す用語と理解してよいだろう。

唐代の追捕業務は、州では司法参軍事が担当し[15]、県においては捕賊官の肩書きを帯びた司法担当の尉が行ったと考えられる[16]。ただ、盗賊が比県に逃れた場合、県尉が所属県における他の本務をすべて放棄して比県に逗留し続けたとは考えにくく、おそらくその場合は配下の胥吏にいったん後事を任せて、本県に帰還したと考えるのが妥当ではないだろうか。したがって、当該箇所は唐令においても「吏人」であったとみて問題ないと考える。

最後に問題となるのは、④である。宋2条の当該部分は、追捕にあたる官吏が被害者家族・親族などから追捕に必要な労働力・財物を無理矢理供出させ、「賊」と称される無頼の徒を雇って追捕することを禁止するが、被害者側が自発的に供出して人を雇い、追捕に貢献することは許容する、という規定である。これは養老令にはない規定だが、はたして唐令に存在したのであろうか。

曽我部静雄氏によれば[17]、宋代の地方における罪人追捕システムは、府州レベルでは軍事機構である巡検が管下の兵士を駆使して追捕を行い(18)、県レベルでは県の官人である県尉が、上等戸から職役として差発される弓手を率いて捕盗任務にあたった(19)。また県の下の郷レベルでは、農村の職役として徴発された耆長・壮丁が追捕を行ったとみられる(20)。

ここで注意したいのは、追捕にあたる「捕盗之官」が民衆から金品を供出させることに対する禁制が、真宗・仁宗期に相次いで出されている点である。たとえば『宋会要輯稿』所収の真宗天禧二年（一〇一八）十二月詔では、罪人追捕を名目にして平人を勾追し、銭物を恐喝することを禁止している(21)。また仁宗の治世下ではこれがさらにエスカレートし、無実の人々を犯罪者に仕立て上げて捕らえ、資財を「逼取」る状況がみてとれる(22)。

孟氏は当該規定を唐令として復原するが、真宗・仁宗期における右のような追捕の弊害を考慮すると、これはむしろ戴氏が述べるように、宋代において新たに規定されたとみなすのが穏当であると考える。

煩雑な考察を積み重ねてきたが、以上の諸点を総合して唐捕亡令有賊盗条を復原すると、次のようになろう。あわせて追捕罪人条の復原案も提示する（条文番号は本書第七章による）。

復原唐捕亡令2有賊盗条

二〔唐〕諸有二賊盗一及被二傷殺一者、即告二随近官司村坊屯駅一。聞レ告之処、率二随近軍人及夫一、従二発処一尋レ蹤、登共追捕。若転入二比界一、須下共二比界一追捕上。若更入二它界一、須共二所部官司一対量二蹤跡一。付訖、然後聴二比界者還一。其本発之所吏人須レ待二蹤窮一。其蹤跡尽処官司、精加二推討一。若賊在二甲界一、而傷二盗乙界一、及屍在二両界之上一者、両界官司対共追捕。如不レ獲二状験一者、不レ得三即加二徴拷一。

復原唐捕亡令3追捕罪人条（孟彦弘氏復原案に同じ）

三〔唐〕諸追二捕罪人一、合レ発人兵者、皆随レ事斟酌。用二多少一堪レ済。其当界有二軍府一、即与相知、随即討捕。若力不レ能レ制者、即告二比州比県一。得レ告之処、審知二是実一、先須二発レ兵、相知除剪一。仍馳駅申奏。若其遅緩逗留、不

レ赴二警急一、致レ使三賊得二鈔掠一、及追討不レ獲者、当処録レ状奏聞。其得レ賊不レ得レ賊、州・県・軍府皆附レ考。

日本令は唐令の字句・構成をかなりの程度そのまま継受しているが、実際の追捕担当官司や追捕要員については変更を加えていることが明らかとなった。この改変の意味するところを解明するのが、次節の課題である。

第三節　罪人追捕システムの構造

日唐令を比較した際、まず問題となるのは、大宝捕亡令2有盗賊条に「随近兵士及夫」とある箇所を唐令では「随近軍人及夫」とする点である。唐の「軍人」を大宝令では「兵士」に改変したのであるが、そもそも「軍人」とは具体的に何を指すのだろうか。北宋天聖令には本条を除くと計四例がみえ、[23]そのうちの三例が不行唐令である。宋令は改変の可能性があるのでひとまず措き、不行唐令の事例を検討することにしたい。まず、田令不行唐46条には次のようにある。

諸屯之処、毎二収刈時一、若有二警急一者、所管官司与二州・鎮及軍府一相知、量差二管内軍人及夫一。一千人以下、各役二五日功一、防援助レ収。

屯田の収穫時に寇賊の来襲などの緊急事態が発生した際は、「軍人及夫」を派遣し、防援しつつ急ぎ刈り入れることを規定する。この「軍人」が、鎮や軍府所属であることは条文より明らかであり、「夫」と対比して挙げられていることからも、武装した兵士を指すものと解される。ただし、不行唐令のもととなった開元二十五年令の段階では、辺要における軍鎮の兵力は長征健児および団結兵によって構成されていたので、[24]「軍人」を一般兵士と解した場合でも、その内実は一律ではない点に注意する必要がある。また、これらの兵士を率いる下級指揮官まで含むのかどうかは判然としない。

次の二例は、いずれも医師にかかわる条文である。まず廐牧令不行唐3条には、

諸繋飼、馬・駝・騾・牛・驢一百以上、各給二獣医一人一。毎二五百一加二一人一。州軍鎮有二官畜一処亦准レ此。太僕等獣医応レ須レ人、量レ事分配。〈於二百姓・軍人内一、各取下解レ医二雑畜一者上為レ之。其殿中省・太僕寺獣医、皆従二本司一、准レ此取レ人。補訖、各申二所司一、並分番上下。軍内取者、仍各隷二軍府一〉其牧戸奴・中男、亦令下於二牧所一分番教習上、並使二能解一。

とあり、既舎に入れて飼育する馬などの官畜の治療については、太僕寺の獣医のほか「百姓・軍人」からも獣医学を解する者をあたらせるとする。「百姓・軍人」と区別されているのは、軍籍に入れられているかどうかの区分にもとづくとみられるが、この「軍人」が軍府内の人員のどの程度の範囲までを指すのかは明確でない。このことは、鎮戍で防備を行う防人の治療について規定する、医疾令不行唐21条についても同様である。

諸鎮戍・防人以上有二疾患一者、州量遣二医師一救療。若医師不レ足、軍人百姓内有下解二医術一者上、随レ便遣レ療。毎レ年申レ省、下二太常寺一、量給二傷寒・時気・瘧痢・瘡腫等薬一、貯レ庫安置。若当鎮土地所レ出者、並自采充。

本条についても、治療の対象が「防人以上」となっており武官も含まれることから、軍人を一般兵士に限定する必然性は弱いように思われ、下級指揮官も含まれる可能性は排除できない。よって以上三例からは、「軍人」とは一般兵士（ただしその兵種は複数）を中心に指すように推測されるものの、下級指揮官クラスを含み込む理解も可能であり、断定できないのである。

　そこで視点を変えて、本条の復原根拠が律の疏文であることから、『故唐律疏議』にみえる「軍人」を検討してみよう。

まず、太廟門や山陵への侵入を禁ずる衛禁律1闌入太廟門条疏文には「守衛、謂下軍人於二太廟山陵太社一防守宿衛者上。（中略）守衛、謂二防守衛士一。昼夜分レ時専当者。非レ持レ時不レ坐」とあることから、「軍人」＝「防守衛士」であることが知られる。しかしいっぽうで、宮城宿衛人の冒名を禁ずる衛禁律5非応宿衛自代条疏文には、「宿衛者、謂二大将軍以下衛士以上一。以レ次当上、宿二衛宮殿一。上番之日、皆拠二籍書一。若以下非レ応二宿衛一人上、謂下非二諸衛大将軍軍人一以外上」とある。この場合、「大将軍以下衛士以上」と「諸衛大将軍軍人」が対応し、後者は「諸衛大将軍」と「軍人」の意であるが、左右十二衛には大将軍以下種々の武官が存するので[25]、「軍人」とは「衛士」のみではなく、武官と衛士を含む一般的呼称であると考えられる。このことは、駅使の遅着を罰する職制律33駅使稽程条の「以レ故陥二敗戸口軍人城戍一者絞」についての疏文が、「為レ由二駅使稽遅一、遂陥二敗戸口軍人衛士募人防人一人以上、及諸城戍一者絞」と解し、「衛士」・「募人」・「防人」が、「軍人」の具体例として新たに挙げられていることからもうかがえよう。さらに、この疏文は先の三者とは別に「軍人」が依然として記されていることから、武官のみを指す場合もあったと考えられるのである。

したがって唐制における「軍人」は、軍務に従事する者を広く指す一般的呼称として使用され、その指す範囲は場面に応じて柔軟に変化したと結論できる。そして、唐令の「軍人」を大宝令で「兵士」と変更したことは、軍団兵士が罪人追捕にあたることを国家が想定していた事実を明確に示しているのである。

注目されるのは、先にみた『故唐律疏議』職制律33条の「以レ故陥二敗戸口軍人城戍一者絞」の一文が、対応する養老職制律でも同文であり、「軍人」の語をそのまま継受している点である。つまり、「軍人」の語句については唐制をそのまま継受している条文もある一方で、この捕亡令2有盗賊条については、明らかに独自の意図をもって改変しているのである。軍団は設置当初から罪人追捕、すなわち治安維持機能を求められていたといえるだろう。

それでは、なぜ養老令では大宝令の「兵士」を「兵」に変更したのであろうか。これは、追捕罪人条の「人兵」が深く関係すると思われる。

追捕罪人条は、「人兵」動員についての総合規定→事件発生郡に軍団が存した場合の規定→「比国比郡」が援助する際の規定→賊の逃亡を許した場合の規定→追捕結果の考課への加味規定という流れで構成されている。

このうち、冒頭の「凡追二捕罪人一、所レ発人兵、皆随レ事斟酌。使二多少堪一レ済」は、追捕にあたる「官司」による人員動員の総合規定であり、これに続いて軍団の動員について特に定めている。ではなぜ軍団について特記せねばならなかったかだが、これは次の闘訟律52犯罪経所在官司首条に関係する。日本律は一部しか復原されていないので、ひとまず『故唐律疏議』より唐律を掲げる（傍線部は日本律が復原、破線部は推測されている箇所を示す。復原されている箇所は日唐律同文である）(26)。

諸犯レ罪、欲二自陳首一者、皆経二所在官司一申牒。軍府之官不レ得二輒受一。其謀叛以上、及盗者聴レ受。即送二随近官司一。若受、経二一日一不レ送、及越二覧余事一者、各減二本罪三等一。其謀叛以上、有レ須二掩捕一者、仍依二前条承レ告之法一。

本条は、「軍府之官」（折衝都尉など）が受けることのできる「告」の基準を規定する(27)。日本律では肝心の「軍府之官」の語を含む部分が復原されていないが、自首についての規定が別に存在することや、謀叛以上の罪に対する規定は前文に続いて「軍府之官」についてのものであることを考慮すると、未復原の部分も存在しなければ本条はまったく意味をなさないので、ほぼ同文が日本律に規定されていたと考えられる。

そこで内容をみると、軍府の官人は謀叛以上の大罪、および「盗」罪についてしか「告」を受けることができず、「告」を受けた際は、即座に「随近官司」すなわち州県などの一般行政官司に通報すべしと規定する。つまり、仮に「告」

を受けても単独で追捕にあたることは許されていないのである。(28)

唐律のいう「軍府之官」とは、日本の地方官では軍団の大少毅を指す。よって軍団は謀叛以上の大罪や、治安維持に直結する「盗」罪しか即時対応を認められていなかったといえる。このような律による制限を考慮すると、追捕罪人条には、「当界」（事件発生郡）に軍団が存する場合に限って、軍団と「告」を受けた官司との追捕協力が特記される必要があったと考えられよう。

ここで追捕の流れをまとめると、罪人を追捕するにあたっては必要な「人兵」の数を「斟酌」し、現場の郡内に軍団があれば、通報を受けた官司とともに追捕にあたる。そしてもし一国内で対処できなければ、「比国比郡」に「告」し、これを受けた「比国比郡」は事実関係を確認した上で、「兵」を動員して速やかに協力して追捕を行い、馳駅申奏して天皇へ事後報告する、となろう。

ポイントとなるのは、軍団の有無にかかわらず、まず現場の郡内で対処を行うことが想定されている点と、「比国比郡」の救援内容があくまで「発兵」である点である。そもそも、発兵については大きな制約が存在した。養老軍防令17差兵条には、

凡差二兵廿人以上一者、須二契勅一、始合二差発一。

とあり、二〇人を超える「兵」を差発する際は、「契勅」が必要であった。(29) 罪人追捕における「人夫」の差発上限は不明だが、急を要する堤防の修理では五百人までは認められていたから、(30) 発兵とは別論理であったと考えられる。これは、一部復原されている養老擅興律1擅発兵条に、

凡擅発レ兵、廿人以上、杖一百。五十人、徒一年。五十人、加二一等一。其寇賊卒来、欲レ有二攻襲一、即反叛、若賊有二内応一、急須レ兵者、得二便調発一。雖レ非二所属一、比国郡司、得二調発給与一。若有二逃亡盗賊一、権差二人夫一、足二以追

捕㆒。及㆓公私田猟㆒者、不㆑用㆓此律㆒。

とある傍線部で、逃亡・盗賊の追捕に「人夫」を差発する場合は擅発兵条の制約外であったことからもうかがえる。(31)ゆえに、二〇人を超える数を発兵したり、他国に救援を求める事態というのは、かなり大規模な追捕が想定される。

このように考えると、発兵権の所在を考える上では、「馳駅申奏」という行為が重要となってこよう。「馳駅申奏」は、養老公式令10飛駅上式の書式で行われるが、その主体は国司である。したがって下向井氏も述べるように、二〇人を超える規模の発兵行為はすべて「馳駅申奏」を通した天皇の発兵権にもとづくものでなければならず、律令法規上それを行い得たのは国司のみであったと考えられる。

では、松本氏が想定する郡司の発兵権は、法的に否定されるのだろうか。ここで、「人兵」をいかに理解するかが重要となってくるのである。

そもそも、「人兵」という語が日本令オリジナルのものであるかがまず問題となるが、前節の復原から、「人兵」の語は唐令のそれをそのまま継受したことが明らかとなった。そこで唐令の「人兵」の内実がどうであったかだが、これは唐捕亡令復原第二条の追捕人員が「随近軍人及夫」となっていたことから、「人」は人夫を指し、「兵」は「軍人」と同様に、ここでは武装した人員を指す一般的呼称であると考えられる。

このような唐令の解釈をふまえると、日本令における「兵」とは本来、一般的称呼としての「兵」であって軍団兵士に限定されないのではないかと推測される。『続日本紀』天平二年（七三〇）九月庚辰条には、次のようにある。

詔曰、京及諸国多有㆓盗賊㆒。或捉㆓人家㆒劫掠、或在㆓海中㆒侵奪。蠹㆓害百姓㆒莫㆑甚㆓於此㆒。宜㆘令㆓所在官司㆒厳加㆓捉搦㆒必使㆗擒獲㆖。（中略）又造㆑陸多捕㆓禽獣㆒者、先朝禁断。擅発㆓兵馬・人衆㆒者、当今不㆑聴。而諸国仍作㆓陸籬㆒、擅発㆓人兵㆒、殺㆓害猪鹿㆒。計無㆓頭数㆒、非㆔直多害㆓生命㆒、実亦違㆓犯章程㆒。宜㆘頒㆓諸道㆒並須㆗禁断㆖。

本記事から、京および畿内の盗賊追捕が「所在官司」の責任で実施されたことと、この時期に地方豪族が百姓を徴発して武器をもたせ、狩猟を行うことが常態であったことがうかがえる。ここで、「兵馬・人衆」と対応する形で「人兵」がみえる点に注意したい。この「兵」とは、その狩猟という性格から軍団兵士のみを指さないことは明らかであろう。したがって、「人兵」の「兵」が一般的呼称であることは間違いない。このように考えると、平時において国家は二〇人以下という少人数に限定して、武装した人夫である「兵」を用いた緊急時の追捕活動を認めたこととなる。

すでに下向井・松本両氏も指摘するように、そもそも現実問題として、居場所を突き止めるだけなら人夫だけでもよいが、賊を捕縛するにあたっては、ある程度の人数の武装集団が必要となろう。事件発生郡内に軍団があれば問題ないが、軍団はすべての郡に置かれたわけではない。事件発生現場から里長を介して通報があった場合、まず追捕を行う責任があったのは郡司であり、また前掲の擅発兵条においても、「寇賊」の来襲という差し迫った非常事態での郡司による発兵は認められていた。

したがって平時においては、あくまで追捕活動に限定して、差兵条に抵触しない二〇人以下ならば、郡司による〝武装した人夫＝「兵」〟の動員が追捕罪人条では容認されていたと考えられよう。もちろん律令国家の建前として、郡司に恒常的な兵権を付与することは考えられないが、「糺察所部」・「粛清所部」(32)と称される国司の治安維持的諸活動を補佐する罪人追捕に限っては、限時的に容認されたといえるのである。

では、兵士以外にどのような人物がこの「兵」たり得たのであろうか。『続日本紀』慶雲三年（七〇六）二月庚子条に、「京及畿内盗賊滋起。因差二強幹人一、悉令二逐捕一焉」とあることに注目したい。これは、藤原京および畿内で盗賊が頻発したため「強幹人」を差発して「逐捕」させたことを示している。下向井氏が指摘するように、私見でもこの「強幹人」が「兵」として追捕にあたったものと考える(33)。

よって郡司が差発する「兵」とは、松本氏が想定するように、百姓の中で「強幹」かつ「便於弓馬」なる者を、郡兵庫に収められた器仗をもって武装させたものと判断できる。(34) このような軍団兵士ではない「兵」を差発するにあたっては、郡司の地方官としての性格と地方豪族という立場による指導力が、遺憾なく発揮されたものと考えられるのである。

以上から、追捕罪人条が規定する「人兵」を用いた追捕については、次のような運用状態が判明した。すなわち、事件発生郡に軍団が存する場合は郡司と軍団が協力して即座に追捕を行う（この場合、軍団兵士が加わっているので郡司は人夫のみを差発するのだろう）。これに対して軍団不在郡については、郡司が「強幹人」を武装させた「兵」を、軍防令や擅興律に抵触しない限りで差発し、人夫とあわせて追捕にあたる。そして増員が必要な場合は国司に上申して軍団を動かし、さらに大規模な追捕に発展した場合は、「馳駅申奏」して国司が国内の郡司・軍団を総動員して追捕を行ったと考えられるのである。

このように追捕のあり方を考えていくと、大宝令段階で有盗賊条に「兵士及夫」とあったのを養老令で「兵及夫」に変更した理由は自ずと明らかになろう。有盗賊条と追捕罪人条は一体の関係にあるため、先に述べたように、「兵士及夫」と「人兵」は対応する。よってこの改変は、追捕罪人条の実際の運用状況を考慮した際に、追捕罪人条の前提となる有盗賊条が「兵士」という軍団兵士に限定される表現になっていては不都合が生じる、と養老令編纂者が感じたためと考えられるのである。(35) 有盗賊条と追捕罪人条は、犯罪発生後の罪人追捕を規定する重要な条文として、養老令でさらに整合性を図られたと結論できるのである。

むすび――追捕システムと軍団――

罪人の追捕は、国司・郡司・軍団が相互に連携をとって行い、軍団は地方において恒常的に兵力を有する唯一の官司として、律によって厳しく制限されつつも、一連の活動のなかでその軍事力を有効に活用することを期待され、捕亡令の追捕構造に組み込まれていた。

大宝令文においては、軍団は国司の下部機構として主体的な役割を果たし、追捕においてもその安定した軍事力を遺憾なく発揮することを明記されていた。したがって平時において軍団は、現行政府による支配のための軍事力として機能することを、その設置時点から想定されていたと位置づけられよう。

そして問題となった郡司の発兵権については、「寇賊」の来襲といった緊急事態のみならず、平時の追捕においても、軍防令17差兵条や擅興律1擅発兵条に抵触しない範囲での即時「発兵」は特別に容認されていたと考えられる。

律令法規上の追捕システムは、国司・軍団・郡司・里長・五保が〝相互監視→通報→受理・動員→追捕〟という一連の流れのなかで連動して機能することによって、完遂されるものであった。特に有盗賊条は、追捕罪人条とより一層の円滑な運用を目指して養老令編纂段階で修正が施され、地方の軍事システムの変化に柔軟に適応し得る形態へと変化した。ゆえに両条は、軍団制が停廃された九世紀以降も、罪人追捕の根幹規定として命脈を保ち続けることとなるのである。

注

（1）下向井龍彦「捕亡令「臨時発兵」規定について―国衙軍制の法的源泉―」（『続日本紀研究』二七九号、一九九二年）。以下、氏の論はこれに拠る。

（2）松本政春ａ「郡司の軍事指導とその基盤」（『律令兵制史の研究』清文堂出版、二〇〇二年。初発表一九八六年）、同ｂ「捕亡令追捕罪人条について」（前掲書に同じ、初発表一九九三年）を参照。以下、松本氏ａ論文、同ｂ論文と呼称する。また、錦織勤「養老令の臨時発兵規定に関する覚書」（『日本歴史』七六九号、二〇一二年）もあわせて参照されたい。

（3）よって本章でいう犯罪とは、盗賊や殺傷事件といった、養老捕亡令2有盗賊条および同3追捕罪人条が想定する犯罪行為のみに限定されることを、はじめに断っておく。

（4）「寇賊」の内容については、中尾浩康「律令国家の戦時編成に関する一試論―八世紀における「寇賊」と征討―」（『日本史研究』五八一号、二〇一一年）、および松本政春「養老令の臨時発兵規定について―錦織勤氏の批判に接して―」（続日本紀研究会編『続日本紀と古代社会―創立六十周年記念』塙書房、二〇一四年）三四九～三五一頁を参照。

（5）松本氏前注（2）ａ論文を参照。

（6）仁井田陞著、池田温編集代表『唐令拾遺補』（東京大学出版会、一九九七年）。

（7）戴建国「唐《捕亡令》復原研究」（雲南大学中国経済史研究所ほか編『李埏教授九十華誕紀年文集』雲南大学出版社、二〇〇三年）、七一～七四頁。孟彦弘「唐捕亡令復原研究」（天一閣博物館・中国社会科学院歴史研究所天聖令整理課題組校証『天一閣蔵明鈔本天聖令校証　附　唐令復原研究』下冊、中華書局、二〇〇六年。以下、『天聖令校証』と略称）、五四四～五四六頁。

（8）ただし、「警急」の復原については留意が必要である。というのも、仁井田陞氏によると、「軍機」などといった場合の「機」は開元年間にしばしば避けられていることが確認されるからである。
よって養老令3条は対応部分を「機急」としていることから、宋3条の「警」は玄宗の諱（「基」）の避諱であると考えられよう。これは、開元二十五年律疏である『故唐律疏議』衛禁律24越州鎮戍等垣城条の疏文に「警急駅使」とある一方で、大宝律とほぼ同文であると推測される養老律同条疏文は「機忽（急ヵ）駅使」とあることも証左となろう。

養老令3条の当該部分の大宝令文は復原されていないが、坂上康俊氏によれば、養老令編纂の際には玄宗治世下に編まれた開元三年令を参照し得たとみられるので、おそらくはすでに大宝令において「機急」とあり、これは永徽令に拠るものと考えられる。したがって当該箇所は、永徽令では「機急」、開元令では「警急」と復原できるだろう。仁井田陞「唐の律令および格の新資料―スタイン敦煌文献―」（『中国法制史研究―法と慣習・法と道徳』東京大学出版会、一九六四年。初発表一九五七年）の二六九頁、および坂上康俊「舶載唐開元令考―『和名類聚抄』所引唐令の年代比定を手懸りに―」（『日本歴史』五七八号、一九九六年）を参照。

(9)『旧唐書』巻一一一列伝六一高適伝。

(10)「当界」は田令不行唐47条、「比界」は厩牧令不行唐27条にみえる。宋令も含めると、用例はさらに増える。

(11)袁慧「天一閣蔵明鈔本官品令及其保護経過」（『天聖令校証』上冊）参照。

(12)長谷川誠夫「唐宋時代の胥吏をあらわす典について―典吏・典史と関連して―」（『史学』四九巻二・三号、一九七九年）、六六～六七頁参照。

(13)『旧唐書』巻九八列伝四八李元紘伝。

(14)『旧唐書』巻一〇〇列伝五〇王志愔伝など。村上嘉実「吏事―『吏事の研究』その4：六朝隋唐時代のうち―」（『古代学』一三巻二号、一九六六年）を参照。

(15)『唐六典』巻三〇、三府督護州県官吏、法曹・司法参軍。

(16)礪波護「唐代の県尉」（『唐代政治社会史研究』同朋舎、一九八六年。初発表一九七四年）参照。

(17)曽我部静雄「宋代の巡検・県尉と招安政策」（『宋代政経史の研究』吉川弘文館、一九七四年。初発表一九六四年）。また宋代の地方司法制度全般については、梅原郁『宋代司法制度研究』（創文社、二〇〇六年）の第一部第一・二・三章を参照。

(18)『宋会要輯稿』職官四八巡検に、詳細な説明がなされている。曽我部氏前注（17）論文、一四九～一七三頁参照。

(19)曽我部氏前注（17）論文、および梅原氏前注（17）書の第一章を参照。

(20)『宋史』巻一七七食貨志上五役法上には、役法の説明として「役出二於民一、州県皆有二常数一。宋因二前代之制一、以二衙前一主二官物一。以二里正・戸長・郷書手一課二督賦税一。以二耆長・弓手・壮丁一逐二捕盗賊一。（下略）」とある。曽我部氏前注（17）論文の一七八頁参照。

(21)『宋会要輯稿』一七七冊、兵一一捕賊、天禧二年十二月詔。

(22)『宋会要輯稿』一七七冊、兵一一捕賊、景祐元年（一〇三四）六月十八日、閏六月一日奏言。

(23)本文で次に掲げる不行唐令計三条のほか、雑令宋18条にみえる。なお『唐令拾遺補』の復旧唐令では、本条（捕亡令復旧第二条）のみに「軍人」の語が確認される。

(24)濱口重國「府兵制度より新兵制へ」（『秦漢隋唐史の研究　上巻』東京大学出版会、一九六六年。初発表一九三〇年）、菊池英夫「節度使制確立以前における「軍」制度の展開」（『東洋学報』四四巻二号、四五巻一号、一九六一・一九六二年）参照。

(25)『唐六典』巻二五諸衛府を参照。

(26)養老律の復原については、律令研究会編『譯註日本律令　三　律本文篇下巻』（東京堂出版、一九七五年）、および高塩博「日本律復原に関する一考察」（國學院大学日本文化研究所編『日本律復原の研究』国書刊行会、一九八四年。初発表一九七四年）の五六四頁を参照。

(27)養老名例律自首条参照。

(28)これは、軍府の軍事力が頻繁に行使されることの危険性を考慮したものと考えられる。なお、いわゆる神火事件において軍団が鎮火に動かなかったことについては、この律条の制約も考慮に入れて再検討すべきだろう。

(29)『令集解』同条は「有レ開国須レ契、余国皆待二勅符一」と注し、三関国は契を都に進上して発兵許可を請い、他の国司は飛駅にて申奏した後、勅符が至るのを待つとする。なお、差兵条や擅発兵条の「廿人以上」が、具体的には二〇人を超える数（現代用語の二一人以上）を指すことは、松本政春「軍防令差兵条に関する二、三の考察」（前注〔2〕書、初発表一九八五年）の五〇〜五四頁を参照。

(30)養老営繕令16近大水条参照。五〇〇人を一度の人数とするか、のべ人数とするかについて明法家の間で議論があるが、ここでは一度の人数とする令釈の解釈に従っておく。

（31）　人夫については、逃亡人の捜索を雑徭とみなさないと理解する点で、『令集解』戸令10戸逃走条の古記と『令義解』が一致することを考慮すると、『令集解』賦役令37雑徭条古記が有盗賊条を「不レ在二雑徭之限一」とみなすことに従うべきだろう。吉田孝氏が述べるように、長屋王の事件で徴発された百姓に対して雑徭が免じられていることは（『続日本紀』天平元年〈七二九〉二月壬午条）、罪人追捕にあたる人夫が雑徭で徴発されていなかったと考えられる。雑徭条古記は捕亡令3追捕罪人条を掲げておらず解せないが、この点は今後の課題としたい。吉田孝「律令における雑徭の規定とその解釈」（坂本太郎博士還暦記念会編『日本古代史論集　下巻』吉川弘文館、一九六二年）、二二七〜二三七頁参照。

（32）　養老職員令70大国条、同考課令46条（国司之最）。

（33）　「強幹」については、養老軍防令38兵衛条に「郡司子弟強幹便二於弓馬一者」とみえ、同令47内六位条にも「身材強幹、便二於弓馬一」とあるように、「便二於弓馬一」とセットになって使われていることから、武藝に対する素質を示す用語であると考えられる。

（34）　郡兵庫については、松本氏前注（2）a論文の一三六〜一四〇頁、および同論文の補注3を参照。

（35）　養老令における有盗賊条の改変理由について、旧稿では実際の運用状況における不都合だけでなく、養老三年（七一九）の軍団削減による軍団不設置国の発生も挙げた。しかし後者については松本政春氏より、養老三年の措置は永続的なものと当時理解されていたかは不詳であり、一時的な状況が令文の改変理由になるのかは疑問である、という批判を頂いた（「養老三年の軍団減定・停止とその復旧」『日本歴史』七八一号、二〇一三年）。この点について、本章および本書第二章の検討を進めていくなかで、養老三年の措置を令文の改変原因とみるのは難しいとの結論に至った。よって旧稿の記述を一部削除し、本文のように修正している。

終章　律令国家と軍事

一

本書は「律令国家の軍事構造」と題し、法と軍事力の関係を中心に検討を行ってきた。またその際には、律令の個別規定が単独でどのような意味をもつのかという点だけではなく、法規全体のなかでの位置づけを行うため、律令の篇目内の構造をはじめとした総合的な視点からの考察を重視した。各章での考察をふまえ、律令制の規定する軍事構造について明らかにしてきたことをまとめると、以下のようになる。

軍事力の編成方法は、兵役のあり方に密接に関連する。一般農民を法にもとづいて画一的に徴兵し、その時々の政治的要請の有無にかかわらず全国的に常時維持する常備軍は、七世紀末の持統天皇三年（六八九）に至るまで確認できない。これ以前の兵役については、力役と渾然一体となった徴発形態の範囲を出るものではなかった。力役から制度的に明確に分離した、常備軍を根底から支えるための兵役は、持統天皇三年閏八月の施策によって成立すると考えられる。

そして律令国家の常備軍である軍団制は、大宝律令の施行をもって成立した。軍団は、平時においては国司の下部機構と位置づけられ、その「糺察」活動の実行手段として機能し、戦時では出征将軍の指揮下で征討軍の主力として征討任務にあたった。七世紀以前の地方軍事力とは異なり、中央政府の意向により恒常的に使用することが可能で、様々な政治目的に対し即座に行使できる基本的な常備軍を、はじめて国司の強力な指揮下に創出した点に、軍団制成立の大きな意義があった。白村江の敗戦（六六三年）と壬申の乱（六七二年）という性質の異なる戦争をふまえて成立した軍団制は、対内・対外的脅威を問わず、現行政府による支配体制の維持・展開を阻害する一切のものに対応する基本的な武力手段だったのである。ただし、軍団は大宝律令施行時における一つの段階を示しているにすぎず、地方兵制の過渡的形態である点に注意しなければならない。慶雲元年（七〇四）に軍団を通じた国司による帯勲者の把握が始まった段階から、国司の軍事権をさらに強化した地方兵制のあり方を、すでに律令政府は模索し始めていたのである。

こうした律令兵制・軍制の基本構造は、財政的側面からさらに具体化し得る。軍団の施設修造費用であった兵家稲は、国郡一般行政にまったく依存する形で出挙運用されていた。また軍団兵士の射藝技術向上のための財源である諸国射田は、毎郡一町の割合で均一に設置されており、これは出身郡のまとまりが軍団に存在することを背景として、射藝訓練の奨励という形で当郡出身兵士を資養する意味をあわせもっていたと考えられる。射田は賃租経営され、その穫稲は兵家稲と同様に出挙運用されていたと思われる。そして射田の設置と田種変更の過程は、国司の地方軍事権の強化と対応するものであった。これらのことから、軍団の財政的独立性はきわめて弱く、国司を頂点とした国郡行政を主軸に運用されていたといえるのである。

右のような平時体制を前提として、臨時的戦時動員体制が構築された。日本の征討軍は軍団を兵力の主力としていたが、軍防令においては、大毅以下の軍団官人も、こと刑罰という点では一般兵卒と同等の扱いであり、中央派遣官である出征将軍以下の将校団と、地方動員の軍団との間に明確な線引きがなされていた。節刀を仮授されて天皇大権の一部が委譲される出征将軍は、大毅以下の専殺権をもつが、他の将校については保持しなかった。これは、古代日本の征討軍の内部秩序が七世紀以前からの征討軍編成――すなわち、中央氏族による地方軍事力の統括――を発展的に継承している側面があることによる。募兵制にもとづいて編成される唐の行軍とは異なり、あくまで軍団を基盤として征討軍が構想されていた点は、日唐間の大きな差違であり、これは律令軍事体制の基本構想と、七世紀以前から継承するところの支配構造の双方が影響していると考えられる。征討軍は列島内外の敵対勢力に向けて編成される軍事的実行力であることからすれば、軍団がすべての国に存在することは、日本における征討軍編成の不可欠の前提であったことを示していよう。

このような基本構造をふまえつつ、国家の防備体制の具体的な発現という点で注目されるのが、関のシステムである。北宋天聖関市令という新たな法制史料を得て、日唐の関制度について詳細な比較検討を行った結果、日本では関という交通検察施設の歴史は浅く、大宝律令の施行によって関のシステムが完備されたことや、日本では関の通行および関司の勘過に対し、唐よりもさらに厳密な態度で行人に臨もうとしていたことが明らかとなった。そして、日本の関は縁辺とのかかわりを希薄化し、内地の関を主眼としているという性質を法制面から導き出すことができた。日本は壬申の乱を経て独自の関のあり方を形成していたが、これを最大限生かすために、唐の関制度における京師防衛という性質を吸収して、大宝律令内部にシステマティックな関制度を構築したのである。

以上の見通しを得たところで、日本の律令制下における関・剗の設置方針・機能・性格について検討を加え、律令関制度のもつ京師防衛という基本的性質（主として叛乱対策という形で体現される）の存在を論証した。八世紀以後のセキは、京師防衛のために設置された国家的重要拠点である律令の「関」と、地域支配の必要性にもとづき国司によって設置された往来の検察施設である「剗」の二重構造をとっていた。そして、関の管理官司である「関司」は、国司・軍団官人・兵士によって構成されており、大宝律令施行当初において具体的に想定されていた関は、主として三関であった。三関にとって軍団兵士の軍事力が不可欠であったように、関を設置するにあたっては軍団の存在が前提となっており、関の設置と軍団制とは密接にかかわっていたといえる。律令関制度は、叛乱対策という対内的要因に主軸を置きつつも、対外的脅威も包括した京師防衛を根本的性質にもち、現行政府による全国支配を保持するための防備体制だったのである。

このように、支配体制の保持と軍事力とを密接不可分のものとしてとらえていった場合、問題となるのは平時の治安維持活動における軍事力の発現形態である。これを規定するのは捕亡令である。軍事的観点からは、日本令は唐令と異なり、逃亡奴婢の捉獲官司を関津のみとして「鎮戍」を削除していることなどから、大宝律令撰定段階における地方軍事力の構想に、軍団以外の恒常的な軍事単位を設置しない方針があったことを見出すことができる。

この点をふまえて唐捕亡令第一条の復原と日唐令の比較検討を行ったところ、逃亡者の内訳に「征人」がみえないなど、大宝令では変更を加えていたことが判明した。これは、七世紀末の段階ですでに存在し機能していた兵役を、軍団制を母体として新たに編成し直したことや、律令国家がその軍事構想のなかに、緊迫した形の征討軍（外征軍）派遣の意図をもたなかったことによると推測される。そして養老令で再度改変し「征人」の語が加えられたことは、大宝律令施行後に実施された征討行動の経験から、その必要性が改めて認識された結果であった。このことから、養老令には大宝令の不備を修正する積極的側面が存在し、日本律令国家の軍事構想もまた、制度面においても固定的ではなく可変的な性質をもっていたと位置づけられる。

そして治安維持活動の第一である罪人の追捕は、国司・郡司・軍団が相互に連携をとって行い、軍団は地方において恒常的に兵力を有する唯一の官司として、律によって厳しく制限されつつも、一連の活動のなかでその軍事力を有効に活用することを期待され、捕亡令の追捕構造に組み込まれていたと考えられる。したがって平時において軍団は、現行政府による支配のための軍事力として機能することを、その設置時点から想定されていたと位置づけられる。特に養老捕亡令2有盗賊条は、同令3追捕罪人条とよりいっそうの円滑な運用を目指して養老令編纂段階で修正が施され、地方軍事システムの変化に柔軟に適応し得る形態へと変化した。ゆえに両条は、軍団制が停廃された九世紀以降も、罪人追捕の根幹規定として命脈を保ち続けることとなったのである。

律令軍事制度は、中央政府が全国統治を行っていくうえで不可欠であり、有事はもとより平時においても、支配体制の維持・展開を担う重要な一要素として作り出されていた。その指向性は、叛乱などの対内的要因、あるいは唐・新羅の侵攻という対外的要因のどちらか一方のみに限定されるものではない。本書で明らかにしてきたように、軍事力の行使が一つの目的に限定されない以上、その本質も一つの要因によってのみ定義することはできないのである。中央政府の支配体制を阻害し得る一切の脅威（および不安定要素）を排除し得る常備軍を、可視的な形で国司の直接的な統制下に配置し、政治状況に応じて即座に行使することを可能にするシステムを保持することが、律令軍事構造の要諦であった。そしてこうしたシステムを初めて法で規定し、現実に構築できたことに大宝律令施行の大きな意義があるといえる。

ただ誤解してはならないのは、これは決して、中央政府が目指した軍事編成の完成形ではなく、あくまで過渡的形態であったという点である。地方軍事体制においては、地方豪族の影響力を可能な限り排除して、国司主体の軍事編成が行われる状況となることを中央政府は目指していた。そのための試みは大宝律令施行直後から始められ、また大宝律令自体も、その不備を養老律令において改められた。法に定められて管理される軍事力は、現実社会の影響をうけてその性格を変質し得るものであり、これを金科玉条のごとく固定的にとらえることは、かえって危険なのである。

二

法と軍事力の関係を右のように位置づけたとき、腑に落ちない点もある。令全体の三分の一とはいえ、まとまって状態をうかがうことのできる北宋天聖令と養老令とを比較した際、もともと軍事力と強い関係をもつ篇目である関市・捕亡・獄（官）令を除くと、日本令は軍事にかかわる規定のかなりの量を削除している。このことからは、日本令の軍事色の弱さを指摘できるのである。

ここで思い起こされるのは、かつて坂本太郎氏が指摘した、日本律令の右文主義である。氏は、日本の律令には「文を重んじ武を二の次にした精神」が存在するとし、律令内部に軍事国家の側面は必ずしも熱心にとり入れられておらず、軍事面は消極的であると位置づけた(1)。この見方は、日本の軍事体制を考えるうえで、近年ほとんど注意されることがなかったように思う。しかし、日・唐・宋令の比較研究によって史料面からある程度裏付けられる以上、本書で明らかにしてきたことをふまえて、坂本氏の指摘とあらためて正面から向かい合う必要があるだろう。

律令軍事体制の最も大きな意義の一つは、日本古代史上、はじめて定額の常備軍をすべての国に設置し、その国家的軍事力を天皇の名代である国司の統括のもと、唯一の地方軍事力として支配構造のなかに位置づけた点にある。大宝律令撰定時の日本の為政者には、唐の鎮・戍のような地方軍事単位を、軍団と別個に設置する意思はなかったとみられる。この点からすれば、中央政府は軍団という基礎的な常備軍を地方軍事力として設置するに止め、あえてそのほかの軍事単位は律令に規定しなかったといえる。つまり大宝律令撰定時では、国家の基本的軍隊を成立させることにもっぱら主眼を置いており、これ以外は意図的に埒外に置いたものと考えられる。そして、徴兵や官馬の管理などにおいて唐の折衝府のような軍事に関する強い権限を軍団に与えなかったのも、地方豪族が就任することが暗黙の前提であった軍毅に対し、法にもとづく軍事権を極力与えないことで、国司の軍事権を相対的に強めることをはじめから目論んでいたからといえるのである。

このように考えていくと、大宝律令撰定時の構想では、軍団という基本的な常備軍を、地域支配・京師防衛・征討行動にあたって不備のない範囲で、最低限の権限と機構をもつものとして意図的に作り上げた、という一つの見方を導き出せよう。律令軍事制度の基本構造は、中央では衛府、地方では軍団に大きく区分される。ただ、衛府の軍事力を担う衛士は軍団からの上番兵士であったし、兵衛は軍毅と同じく地方豪族からも多く供給されていた。そこで着目されるのは、大宝令においては宮衛令が独立して存在せず、その条文は軍防令に組み込まれていたと推測される点である。これは、榎本淳一氏が指摘するように都城の構造的問題にも起因するものの(2)、それだけではなく、中央の衛府制度と地方兵制の要諦である軍団を中心とした、律令軍事制度の統一性を重視した結果ではないかと考えられる。そして、国司側に地方の軍事力を完全に組み込めなくとも、地方豪族から任用された軍毅が統括する軍団を、国司と地方豪族との間に止揚して設けることで、国司側に引き寄せることを意図したことも忘れてはならない。

以上の諸点をふまえれば、律令法規における軍事色の弱さは、大宝律令撰定時に構築可能であった常備軍のあり方を、日本独自に模索した結果であるといえる。すなわち、大宝律令の施行によって国司に軍事権を含めた地方行政権全般が任されることとなったが、如上の地方支配の限界をふまえた結果、軍事権については運用後に手を加える余地を残し、あえてシンプルかつ基礎的な形式にとどめたのではないだろうか。施行後に格などによって改変することを前提として（あるいは次回の律令編纂を見越していたか）、当時の状況に対応し得る可変性・柔軟性のある常備軍の設立をまず目指したと考えられるのである。大宝律令施行後まもなく、上番システムについての政策が発せられたり、[3]特定地域の軍団を停止していることは、[4]このことを如実に示している。日本の律令に規定された軍事的側面の弱さは、軍事力に対する消極的な姿勢がもたらしたものというより、政治状況や実態の変化に合わせて改変を加えることを前提とした意図的な所作——ただし、大宝律令で規定した軍事体制は即座に実行され、着々と修正も加えられており、決して「あるべき目標」としての「青写真」[5]ではない——であると結論できるのである。

大宝律令の施行によって構築された律令国家の軍事構造は、運用開始以後、随時修正を加えていき、八世紀末には辺要を除く地域の軍団制の停廃という、大きな転換を迎える。八世紀から九世紀にかけての律令国家の軍事組織の変質過程については、すでに別稿「古代国家の軍事組織とその変質」で通時的に考察したので、[6]ここでは繰り返さない。本書で明らかにしてきた結果をふまえると、次に大きな問題となるのは、本書で考察の対象外とした中央軍事力の解明、そして平安時代において国司の軍事権が支配のあり方と対応してどのように展開していったのかという点になろう。この二点を今後の課題とし、ひとまず本書を閉じることとしたい。

注

（1）坂本太郎「日本律令の右文主義とその伝統」（『律令制度　坂本太郎著作集第七巻』吉川弘文館、一九八九年。初発表一九八六年）。
（2）榎本淳一「養老律令試論」（笹山晴生先生還暦記念会編『日本律令制論集　上巻』吉川弘文館、一九九三年）。
（3）『続日本紀』慶雲元年六月丁巳条。
（4）『続日本紀』養老三年（七一九）十月戊戌条。

（5）大宝律令を「青写真」ととらえる見方については、吉田孝「律令国家の諸段階」（『律令国家と古代の社会』岩波書店、一九八三年。初発表一九八二年）を参照。

（6）拙稿「古代国家の軍事組織とその変質」（大津透ほか編『岩波講座日本歴史　第4巻　古代4』岩波書店、二〇一五年）。

主要史料典拠刊本一覧

【日本史関係】

律令研究会編『譯註日本律令』二・三 律本文篇上・下巻（東京堂出版）
養老律
日本思想大系3『律令』（岩波書店）
養老令
日本古典文学大系（岩波書店）
日本書紀
新日本古典文学大系（岩波書店）
続日本紀
日本古典文学全集（小学館）
万葉集
訳注日本史料（集英社）
延喜式（巻一～巻二七）
新訂増補国史大系（吉川弘文館）
日本後紀、続日本後紀、日本文徳天皇実録、日本三代実録、類聚国史、日本紀略、令義解、令集解、類聚三代格、弘仁格抄、延暦交替式、弘仁式、延喜式（巻二八～巻五〇）、政事要略、扶桑略記
『大日本古文書』、林陸朗・鈴木靖民編『復元 天平諸国正税帳』（現代思潮社）

正税帳
沖森卓也・佐藤信・矢嶋泉編著『出雲国風土記』（山川出版社）
出雲国風土記
平川南「出雲国計会帳・解部の復原」（『漆紙文書の研究』吉川弘文館）
出雲国計会帳
京都大学文学部国語学国文学研究室編『諸本集成倭名類聚抄』（臨川書店）
倭名類聚抄
小野勝年『入唐求法巡礼行記の研究』（鈴木学術財団）
入唐求法巡礼行記

【東洋史関係】

中華書局標点本
史記、晋書、隋書、旧唐書、新唐書、宋史、資治通鑑、唐六典、通典、元和郡県図志、安禄山事迹、宋刑統
律令研究会編『譯註日本律令』二・三　律本文篇上・下巻（東京堂出版）
故唐律疏議
仁井田陞『唐令拾遺』、仁井田陞著、池田温編集代表『唐令拾遺補』（東京大学出版会）
復旧唐令
天一閣博物館・中国社会科学院歴史研究所天聖令課題組校証『天一閣蔵明鈔本天聖令校証 附 唐令復原研究』（中華書局）
天聖令（宋令、不行唐令）
古典研究会影印本

大唐開元礼、慶元条法事類

上海古籍出版社標点本

唐会要

商務印書館標点本

唐大詔令集

中華書局影印本

十三経注疏、廣雅疏証、太平御覧、文苑英華、冊府元亀、宋会要輯稿

江蘇古籍出版社影印本

玉海

〔備考〕　各史料の本文を引用するにあたり、細字注はすべて山括弧で表示した。

初出一覧

序　章　本書の視角と構成（新稿）
第一章　律令軍団制の成立と構造（『史学雑誌』一一六編七号、二〇〇七年）
第二章　射田と軍団（新稿）
第三章　日唐征討軍の内部秩序と専決権（新稿）
第四章　日唐軍防令と北宋天聖令（原題「軍防令研究の新視点」、大津透編『律令制研究入門』名著刊行会、二〇一一年）
第五章　律令関制度の構造と特質（『東方学』一一七輯、二〇〇九年）
第六章　律令制下における関剗の機能（『日本歴史』七七四号、二〇一二年）
第七章　大宝律令施行前後における軍事構想――日唐捕亡令の比較検討を通じて――（新稿）
第八章　律令国家と追捕制度（大津透編『日唐律令比較研究の新段階』山川出版社、二〇〇八年）
終　章　律令国家と軍事（新稿）

あとがき

本書は、二〇一一年に東京大学大学院人文社会系研究科へ提出した博士論文に改訂を施し、新稿を加えて再構成したものである。

私が九州大学文学部に入学したのは、幼い頃より折にふれて参拝していた郷里大分県の宇佐神宮、そして八幡信仰について関心をもったためである。入学後は、坂上康俊先生の謦咳に接して古代史の広い世界に目を向けるようになり、初心はそれとして保持しながら、八幡神とかかわりのあるテーマ、すなわち軍事力に関心が向き、ひとまず本書としてまとめることができた。しかしいま振り返ってみると、結局のところ私はまだ一度も、本来自分がやりたかったテーマに到達していないことになる。

研究の世界に分け入っていくにあたり、望外の幸運だったことが二つある。一つは、大学に入学した一九九九年に北宋天聖令が発見され、日唐律令比較研究の新たな進展のなかで、研鑽を積むことができた点である。学部二年生になって国史学研究室に進学した後、最初の古代史演習のテキストは天聖令であった。いま思い出してもとにかく四苦八苦した記憶しかないが（篇目は田令、割り当てられたのは不行唐11・12条だった。しかもよりによって、12条は日本令で削除された条文である）、この経験が、その後の私の研究スタイルを決定づけたといってよい。

第二は、学生時代（九州大学文学部、東京大学大学院）から現在にいたるまで、私を導いて下さる先生方にご指導を仰ぐことができ、自身の可能性を広げる機会を頂けたことである。すべての先生のお名前を挙げることはできないが、学生時代より変わらず、厳しくも温かいご指導を賜っている坂上先生、佐藤信先生、大津透先生、そして日本学術振興会特別研究員（ＰＤ）を受け入れて下さった榎本淳一先生のお名前を逸することはできない。また、私の中国唐代史研究を、まがりなりにも発表するレベルまで高めることができたのは、池田温先生が主催されている律令制研究会の末席に加えて頂けたからである。研究会の席上における池田先生、窪添慶文先生のご指導がなければ、私の日唐比較研究は成り立たなかったと思う。お世話になったすべての方々に対し、これまでのご教導に深く御礼申し上げたい。現在、一人の研究者として歩みを進められているのは、ひとえに私を導いて下さる方々があってのことである。今後はその学恩をお返しすることはもとより、日々勉学に励んでいる勤務校の学生に、私が頂いてきた様々なものを、自分なりの形に変えて返していきたい。

本書をなすにあたっては、弘前大学人文社会科学部の武井紀子氏から多くの有意義な意見を頂戴した。心から感謝申し上げる。また同成社の佐藤涼子氏には多大なご面倒をおかけした。改めて感謝する次第である。

最後になるが、私の可能性を信じ、温かく見守り続けてくれている両親に、本書を捧げたいと思う。

本書は、ＪＳＰＳ科研費（ＪＰ一〇Ｊ〇九八八五、ＪＰ二五八八四〇五七、ＪＰ一五Ｋ一六八一三）による研究成果の一部である。

二〇一六年五月

吉永　匡史

律《りつ》令《りょう》国《こっ》家《か》の軍《ぐん》事《じ》構《こう》造《ぞう》

■著者略歴■
吉永匡史（よしなが　まさふみ）
1980年　大分県に生まれる
2003年　九州大学文学部史学科卒業
2011年　東京大学大学院人文社会系研究科博士課程修了。博士（文学）。
現　在　金沢大学人間社会研究域歴史言語文化学系准教授
主要論文
「古代国家の軍事組織とその変質」（大津透ほか編『岩波講座日本歴史　第4巻　古代4』岩波書店、2015年）、「天聖捕亡令と身分制—奴婢関連規定を中心として—」（『唐代史研究』17号、2014年）、「『日本国見在書目録』刑法家と『律附釈』—律受容の一断面—」（榎本淳一編『古代中国・日本における学術と支配』同成社、2013年）。

2016年 7月 31日発行

著　者　吉永匡史
発行者　山脇洋亮
印　刷　三報社印刷㈱
製　本　協栄製本㈱

発行所　東京都千代田区飯田橋4-4-8（〒102-0072）東京中央ビル　㈱同成社
TEL 03-3239-1467　振替 00140-0-20618

ISBN978-4-88621-730-1 C3321

同成社古代史選書

①古代瀬戸内の地域社会
松原弘宣　著　三五四頁・八〇〇〇円

②天智天皇と大化改新
森田　悌　著　二九四頁・六〇〇〇円

③古代都城のかたち
舘野和己　編　二三八頁・四八〇〇円

④平安貴族社会
阿部　猛　著　三三〇頁・七五〇〇円

⑤地方木簡と郡家の機構
森　公章　著　三四六頁・八〇〇〇円

⑥隼人と古代日本
永山修一　著　二五八頁・五〇〇〇円

⑦天武・持統天皇と律令国家
森田　悌　著　二四二頁・五〇〇〇円

⑧日本古代の外交儀礼と渤海
浜田久美子　著　二七四頁・六〇〇〇円

⑨古代官道の歴史地理
木本雅康　著　三〇六頁・七〇〇〇円

⑩日本古代の賤民
磯村幸男　著　二三六頁・五〇〇〇円

⑪飛鳥・藤原と古代王権
西本昌弘　著　二三六頁・五〇〇〇円

⑫古代王権と出雲
森田喜久男　著　二二六頁・五〇〇〇円

⑬古代武蔵国府の成立と展開
江口　桂　著　三二二頁・八〇〇〇円

⑭律令国司制の成立
渡部育子　著　二五〇頁・五五〇〇円

⑮正倉院文書と下級官人の実像
市川理恵　著　二七四頁・六〇〇〇円

⑯古代官僚制と遣唐使の時代
井上　亘　著　三七〇頁・七八〇〇円

⑰日本古代の大土地経営と社会
北村安裕　著　二六二頁・六〇〇〇円

⑱古代天皇制と辺境
伊藤　循　著　三五四頁・八〇〇〇円

⑲平安宮廷の儀式と天皇
神谷正昌　著　二八二頁・六〇〇〇円

（全て本体価格）